当代西方学术新视野译丛

本译著获得西安外国语大学英文学院学科建设经费资助出版

Translation and Emotion 翻译与情绪

[英] 塞维林·许布舍尔-戴维森 / 著
Séverine Hubscher-Davidson

师媛 / 译

陕西新华出版 陕西人民出版社

图书在版编目（CIP）数据

翻译与情绪 /（英）塞维林·许布舍尔－戴维森著；
师媛译. — 西安：陕西人民出版社，2024.10
ISBN 978-7-224-15163-3

Ⅰ.①翻… Ⅱ.①塞… ②师… Ⅲ.①翻译—研究
Ⅳ.① H059

中国国家版本馆 CIP 数据核字（2023）第 211128 号

著作权合同登记号　　图字：25-2024-179

Translation and Emotion 1st Edition / by Séverine Hubscher-Davidson / ISBN: 9781138855335
Copyright © 2018 Taylor & Francis
Authorized translation from English language edition published by Routledge, part of Taylor & Francis Group LLC; All Rights Reserved.
本书原版由 Taylor & Francis 出版集团旗下 Routledge 出版公司出版，并经其授权翻译出版。版权所有，侵权必究。

Shaanxi People's Publishing House is authorized to publish and distribute exclusively the Chinese (Simplified Characters) language edition. This edition is authorized for sale throughout Mainland of China. No part of the publication may be reproduced or distributed by any means, or stored in a database or retrieval system, without the prior written permission of the publisher.
本书中文简体翻译版授权由陕西人民出版社独家出版并仅限在中国大陆地区销售，未经出版者书面许可，不得以任何方式复制或发行本书的任何部分。

Copies of this book sold without a Taylor & Francis sticker on the cover are unauthorized and illegal.
本书贴有 Taylor & Francis 公司防伪标签，无标签者不得销售。

出 品 人：赵小峰
总 策 划：关　宁
策划编辑：李　妍
责任编辑：李　妍　张阿敏
整体设计：杨亚强

翻译与情绪

作　　者	［英］塞维林·许布舍尔－戴维森
译　　者	师　媛
出版发行	陕西人民出版社
	（西安市北大街 147 号　邮编：710003）
印　　刷	陕西龙山海天艺术印务有限公司
开　　本	889 毫米 ×1194 毫米　1/32
印　　张	9.5
字　　数	228 千字
版　　次	2024 年 10 月第 1 版
印　　次	2024 年 10 月第 1 次印刷
书　　号	ISBN 978-7-224-15163-3
定　　价	59.00 元

如有印装质量问题，请与本社联系调换．电话：029-87205094

致　谢

我要感谢TREC研究团队的成员对本研究的持续关注和支持。他们在各种会议上的严谨反馈、富有挑战性的问题，以及有益的建议为我带来了启发，让我更好地思考本书的主题。这些建议和问题在我撰写本书时一直萦绕在我的脑海中。还要特别感谢劳特里奇出版社的三位匿名读者，正是他们的审慎批评才使本书得以成型。另外，也要感谢克里斯蒂娜·舍夫纳（Christina Schäffner）教授多年来不断提供的建议和鼓励。

感谢我的朋友、同事、学生的宝贵贡献，特别是那些自愿花时间参与案例研究的专业翻译人员。还要感谢佩特里迪斯教授在这项研究的早期阶段发表的有益评论。尤其要感谢马蒂亚斯·阿普费尔塔勒（Matthias Apfelthaler）对本书的浓厚兴趣，以及他针对我的疑问提出的富有洞察力的建议。感谢汤姆·盖尔（Tom Gale）对我提出的问题提供了独特的专业视角。感谢克劳迪娜·博格（Claudine Borg）对我的信任。

感谢家人多年来对我的爱和他们在精神和智力上给予我的支持。特别要感谢我的丈夫史蒂夫，他帮助我在工作时保持情绪稳定。没有他不懈的爱和支持，这本书可能不会付诸出版。

目 录
Contents

绪 论
1. 研究背景 / 3
2. 研究目的 / 7
3. 概述 / 9

第 1 章
情绪与翻译过程
1. 心理学中的情绪 / 14
2. 特质情绪智力与翻译过程 / 36
3. 个案研究 / 50

第 2 章
情绪感知
1. 情绪感知与心理学 / 74
2. 情绪感知与翻译 / 93
3. 情绪感知的个案研究 / 104
4. 结论 / 117

第3章
情绪调节

1. 情绪调节与心理学 / 124
2. 情绪调节与翻译 / 140
3. 个案研究中的情绪调节 / 150
4. 结论 / 165

第4章
情绪表达

1. 情绪表达与心理学 / 171
2. 情绪表达与翻译 / 195
3. 个案中的情绪表达 / 210
4. 结论 / 221

第5章
结束语

1. 主要研究结果摘要 / 229
2. 对教学和职业发展的启示 / 239
3. 结论与未来的研究方向 / 252

附录1 / 260

附录2 / 262

参考文献 / 263

索　引 / 291

绪论

1. 研究背景

> 每个人都知道将事情做得精致和完美有多么困难——所以拥有这样的能力将会产生最大的奇迹。
>
> ——巴尔德萨·卡斯蒂廖内

> 劳拉的身体一动不动。埃尔莎在女儿冷漠的脸上看到了深深的痴迷，这种痴迷引起了她无法控制的极度强烈的情绪。她被一股原始的力量所淹没，这股力量突然爆发，鞭打着她、干扰着她、劈砍着她。仇恨如同佛罗伦萨的柏树一般，高大、黝黑、尖锐而又纤细。这种仇恨盖过了其他乱糟糟的情绪。要不是因为劳拉，这个像熟透了的果子一样瘫软、因毒品而腐烂的女人，埃尔莎一定会杀了阿列克斯。
>
> 卡迪纳尔（1991：80-81）

在阅读玛丽·卡迪纳尔所著的《奉献与混乱》（*Devotion and Disorder*）的这段节选时，浮上我脑海的第一个问题是：在写这本书时，作者的感受是怎么样的？她是否将自己代入了主人公/叙述者——劳拉的母亲？她是否根据自己的个人经历所写？我们甚至会揣测在阅读这部小说时读者可能会有怎样的感受，会做何反应，他们是否像作者所期望的那样感受到了主人公的情绪？还是他们自己的阅读经验会让他们产生不同的感受？叙事研究已经表明，读者各自不同的生活经历会影响他们对小说人物的动机、决策和行为的评价，因此读者反应各有不同（Jacovina & Gerrig，2010）。所以我们可能会想知道，对于这种蕴含着强烈情绪的文章，读者情绪反应幅度大概有多大。此外，由于这本书是个译本，我们可能问自己的另一个问题是：情绪成分在多大程度上能被翻译到另外一种文化环境中去？世界各地的读者对情绪的反应各不相同，法文译本的读者和中文译本的读者对于同一个故事的理解和反应肯定不同。那么译者的理解和反应又是怎样的呢？他们又是以怎样的方式影响文本和翻译任务的呢？作为原文的读者和译文的作者，译者的情绪反应很有可能是塑造不同语言译本的关键因素。因此本书的主要目的就是通过关注具体的情绪特质来探索翻译过程中情绪的影响和相关性，以展示情绪对翻译工作的影响。

因此，本书连接起了两大研究领域：翻译研究和情感科学。通过对155名职业译者的个案研究，本书将情绪科学的研究成果运用到了对译者的研究中，以此来探索翻译中与情感有关的方面。正如让·安德森（Jean Anderson）所说，目前很少有著作记录或分析译者与他们作品之间情感上的互动（2005：179）。为了填补这一学术空白，我们将对译者的情绪智力进行分析，主要探讨以下三个具体的情绪特质：情绪感知、情绪调节和情绪表达。所使用的方法包括已被用于其他各种研究领域（包括二语习得、创造性写作）中的情绪智力量表。

本书的写作初衷源于以下事实：虽然在翻译研究中，跨学科研究已经迅速成为范式[1]，但对译者情绪在翻译中所起作用的研究几乎无人涉足。近年来对翻译过程的研究广泛地借鉴了认知科学[2]的模式和框架，但却无益于隶属于情感科学这个大学科之下的具体性研究。大部分探讨翻译中的情绪这一课题的研究关注的仅仅是情绪材料或情绪化语言如何被翻译到目标语中去[3]。然而，研究表明，情绪参与了翻译过程中几乎所有的决策制定和问题解决行为，可以说情绪在三大领域明显地影响译者：原文中包含的情绪材料、译者自身的情绪、原文和译文读者的情绪。第一个领域涉及情绪感知，第二个领域涉及情绪调节，第三个领域涉及情绪表达。因此，通过研究译者情绪智力中情感特质的具体方面，本书将进一步探索译者对上述这些情绪环节（情绪感知、情绪调节、情绪表达）的处理。

传统上，译者一般会保持缄默，不喧宾夺主，不指手画脚。但是近年来译者的声音却越来越响亮和执着，甚至令人不安。如果我们将情绪性定义为当一个人对刺激产生情绪反应时，我们自己或他人所能观察或感知到的一系列反应（Rajah, Song & Arvey, 2011: 1107），我们就不得不承认情绪状态在译者工作中起到的作用。安德森（Anderson, 2005: 177）谈到在翻译时曾经感觉到原文引起的身体不适以及需要努力"克制"情绪抗争的感觉。另一位译者也提到了自己在 2009 年美国翻译者协会上的发言，分享了她在翻译一份尸检报告时的反应：

> 这不是我第一次翻译这种报告，但却是最可怕的一次。行凶者罪行太过恶劣，最终被判处 102 年监禁以及永久性的社会隔离。也许有大量的资料描述验尸官如何实际进行尸体解剖，但它们对我的帮助微乎其微，我只能求助于另一位同

行译者，因为只有他能够理解一篇文章是如何触及了我的内心深处。

（Jones，2009）

如上述情况，译者对原文的情绪反应很少被谈及。大多数情况下，译者自己尽己所能独自处理自己对译文的情绪。当谈到自己从事文学翻译的经历时，希尔斯说：

> 我不得不调动自己所有的写作技巧，以便尽己所能地将文章翻译得出彩。然而，与此同时，我必须尽量保持情绪稳定……尤其是我最近刚写了一部同样令人悲伤的小说，因此在翻译涉及类似主题和心理状态的文章时，我会有强烈的情绪波动。

（Hills，2012：84）

彼得·布什（Peter Bush，2012：122）也列举了译者与编辑之间关系紧张的例子，认为这反映了译者对作品的情绪和脑力投入的程度。本研究则证明了译者感知、调节和传递情绪内容的具体方式如何影响他们的译文，这些影响并非全都是负面的。事实上，像安·琼斯（Anne Jones）这样的译者认为有些文章翻译起来令人身心愉悦，可以唤醒和滋养译者完整的自我。

将心理学视角纳入翻译研究所带来的益处已经得到了公认。基于过程的翻译研究（TPR）采用了各种方法（如眼球追踪、有声思维、键盘记录等）来研究译者的行为和翻译过程。然而，翻译过程研究（TPR）作为"纯粹"翻译研究的一个分支（Holmes，2000/1972），通常侧重于探索译者的大脑活动过程以及人类信息加工技巧（Bell，2001）。本书认为，除了研究纯粹的认知过程外，翻译心理学研究还必须包括对态度、人格和性格的研究。

2. 研究目的

最新研究普遍赞成这样一种观点：翻译不仅仅是一种产品，更是一种可以通过译文实现原文各种可能性的活动（Wilson & Gerber，2012：IX）。可以说，原文的各种可能性也是通过译者的种种努力才得以实现的。译者对原文进行了非常仔细的阅读，与一般读者相比，他们与原文作者和原文进行了更深入的交流。可以说，翻译过程将译者与原文作者紧密联系起来，为译者提供了原文作者如何工作、建构意义、传授知识、表达自己等基本信息。如果译者如此用心翻译的作品恰好包含引发情绪的爆炸性内容，译者可能会变得情绪不稳、犹豫不决，甚至恐惧不安。希尔斯（Hills，2012：77）认为，一旦开始翻译，就犹如进入一段关系，通过接触他人的语言，译者可以更好地了解自己。我认为这段话对情绪同样适用。接触他人的情绪可以使人更好地了解自己的情绪，从而更好地调节情绪。然而，也可能存在一种风险，即沉浸在他人的情绪中而迷失自我，说到这里，我不禁想起一个众所周知的比喻——翻译犹如在钢丝绳上跳舞。

尽管译者在工作时受到了种种约束，但他们并不是受害者。像安德森（Anderson，2005：178）一样，人们也许会猜想译者实际上不是他自己创作的主要推动者。在翻译时，译者感知情绪、调节情绪和转移文本中的情绪，然后塑造了一个将各种情绪信息都考虑进去的文本，包括译文读者可能的反应——因为不同文化的读者对译文中情绪的理解和接受必然不同。译者有责任传递具体的、个人的、感情的、与身份相关的他性。译者推动了译文的诞生，而译文将揭示并赋予原文新的意义和互文性空间（Henitiuk，2012：4）。

翻译这一重要活动包含双重的解读过程。让我们假设译者接到一份原文文本，其中包含用他的第二语言写成的能够引发强烈情绪的内容。那么首先，译者必须充分理解和解释原文；其次，他必须用另一种语言试图重新表达这一复杂的情绪内容。希尼塔克认为，当我们感知、接收和重写的内容来自不同的文化和不同世界观时，我们的感官并不总能可靠地传递信息（Henitiuk，2012：9）。不可避免地，译者需要殚精竭虑地搜索自己情绪经验中的资源和情绪语言，以便尽可能地理解和传达信息。希尔斯强调，翻译情绪材料迫使译者更深入地探索各种情绪和语言，更绞尽脑汁地寻找方法去传递核心意思，"去重新学习如何呼吸"（Hills，2012：80）。上述双重解读过程将译者同时变成一个医生和病人，因此译者必须同时履行二者应尽的义务：一方面感知和理解文本中的情绪，一方面表达翻译中产生的情绪。

为了出色地完成任务，译者需要拥有安德森称之为"在人格层面向另一种语言所带来的陌生感敞开心扉的能力"（Anderson，2005：175）。正如我在本书中所持有的观点，能够对自己和他人的情绪持开放态度的译者更有可能在翻译行业获得成功。因此，本书讨论的就是译者的情绪感知、情绪调节和情绪表达。通过借鉴多名译者的自述以及对 155 名职业译者的个案研究，本书致力于提出一种新的方法来研究翻译中的情绪问题，以期证明个体差异对翻译过程的干扰。

3. 概述

在第 1 章中，我主要介绍了本研究的理论背景，即心理学领域对情绪的科学研究。探讨了情感与认知的研究方法，包括情绪智力的概念和测量方法，提出了情绪智力测试理论的关键问题（效度和一致性），证明了运用可靠的方法分析情绪的重要性。此外，我还对运用心理学方法进行翻译研究的进展进行了概述，并集中讨论了现有的用来分析翻译过程的方法，尤其强调了软技巧的使用及其对翻译研究的重要性。这一理论背景借鉴了翻译学和心理学领域最具影响力的著作，为个案研究提供了背景知识。

在接下来的几章中，我详细讨论了三个具体的情绪特质：情绪感知（第 2 章）、情绪调节（第 3 章）以及情绪表达（第 4 章）。这三个特质与翻译关系最为密切。每章都包含情感科学中对这个关键特质的定义和解释，并有一节专门讨论该特质与翻译的相关性（运用翻译和心理学的研究文献），此外，也会对参与个案研究的译者所表现出的相关特质进行分析和讨论[4]。

在最后一章中，我将进行总结分析，讨论在前几章和个案研究中得出的主要发现，以此来说明情绪是如何、为什么以及何时影响译者的。我还将讨论情绪发挥作用的不同领域，并提出一些重要的问题，例如特质是否会随着时间的推移发展起来？以及良好的（或不良的）情绪会带来什么样的后果？

结论部分回顾了本书的主要成就，为以后进一步的研究指出了方向。

注释

1. 最近的一系列会议证明了这种跨学科性，如 2017 年 9 月在文茨皮尔斯大学举办的"首届国际跨学科语言与文化交流会议"；2014 年 3 月在比得哥熙卡基米日维尔基学院举办的"跨学科翻译研究"；2013 年 4 月在伊玛目礼萨国际大学举办的"跨学科翻译研究国际会议"。

2. 连接这些学科的两篇最新文章为 Shreve & Angelone，2010 和 Ehrensberger-Dow et al.，2013。

3. 参见 Lee，2003 或 Wittwer，2007。

4. 第 2 章专门探讨了译者对原文文本中包含的情绪材料的感知，第 3 章探讨了情绪调节过程，第 4 章主要探讨译者对目标语读者的情绪表达。

第 1 章

情绪与翻译过程

> 虽然有很多翻译理论，却很少有讨论日常翻译心理学的著作。
>
> ——艾丽斯·卡普兰（Alice Kaplan）

语言与情绪密不可分，因为一方面情绪因素都蕴含在多种语言的使用过程中，另一方面语言又会反过来塑造一个人的情绪。对情绪和语言的研究呈现的是一个复杂而动态的画面。这一画面向我们表明：用各种语言感知、加工和交流情绪或多或少与过去和现在的经历相关，也与心理因素相关。作为一种运用语言进行沟通的形式，翻译必然会涉及情绪。因此翻译和语言必然会共同成为研究的对象。

本章的目的是回顾心理学和翻译研究领域对情绪的三个具体领域的最新研究，然后用这些研究成果来指导一个由专业译者参与的实证研究。

如果我们将"翻译"理解为任何种类的转换和变形（Brownlie，2016：1），那么它无疑是一个很宽泛的概念和研究领域。同样地，"情绪"也可以被宽泛地解读为多方面的具体现象，包括在主观体验、行为和外围神经上松散成对的变化（Mauss et al., 2006）。本书随后的三个章节将分别集中探讨情绪加工过程中的三个关键方面：情绪感知、情绪调节，以及情绪表达。

本章中，我将首先给出心理学上的情绪的定义，解释这一概念在本书中如何被运用。接下来，我将探讨翻译过程研究如何开始关注情绪现象，回顾近期探讨过译者情绪的开拓性研究。之后，我将通过介绍个案研究，解释本书是从哪些角度研究翻译问题的，并着重关注情绪研究领域最新的进展，通过探讨翻译中情绪的作用，主要试图阐明情绪如何影响译者的职业生涯，无论他们的具体翻译领域是什么。

1. 心理学中的情绪

1.1 各种定义和理论框架

情绪被现代心理学认为是一个处于危机中的词（Dixon，2012），这可能是因为科学界很难就情绪到底由什么构成、或者哪些状态或过程属于情绪等问题达成一致。有时候，它被称为"情绪科学"或"情感科学"，因为几个世纪以来，情绪研究一直从神经科学或基因学等诸多学科中汲取养分，对情绪的研究不同学科也给出了大量不同的定义（Frijda & Scherer，2009：142）。尽管如此，科学界对情绪的以下特征还是达成了共识：当个体认为一个情境对自己的目标有意义时就会产生情绪，引发情绪的事件需要机体进行反应，继而影响行为，最后情绪可以打断我们手头正在做的事情，甚至优先于它发生。虽然这些打断行为并不总是有优先权（Suri，Sheppes & Gross，2013）。

近年来传统上对理性思维和所谓的主观感情之间所做的明显区分已经受到了严峻的挑战，因为有越来越多的证据表明认知和情绪并非彼此独立的个体（Ronbinson，Watkins & Harmon-Jones，2013：4）。虽然关于情绪和认知之间的本质关系尚不具有普遍共识，但人们越来越倾向于认为情绪和认知是一体的,认为认知功能是理解情绪加工必不可少的部分。以下引用费尔普斯(Phelps,2006:44/46)的话总结这种观点:

> 某些刺激可能会引发情绪反应,而这些刺激如何被加工和解读可能会对一个人的内心状态以及外在表现和行为产生深远的影响。通过有意识的策略和做法,个体可以改变对某一刺激的解读然后改变情绪反应。通过推理和策略改变情绪反应强调了认知对于情绪的影响力。情绪和认知的机制似乎在刺激处理的所有阶段都交织在一起,所以区分它们非常困难。

因此,情绪和认知相互作用来共同指导行为。尽管人们一致认为:(1)情绪是一个由多种成分组成的过程,包括很多以非线性的方式组织起来的不同机理;(2)把情绪和认知放在一起考虑有一定价值。但情绪研究者还是不能就研究情绪的统一理论框架达成共识。帕夫连科(Pavlenko,2012:408/409)在研究了双语和多语的情感加工之后,总结出三种从不同思维学派中产生的主要理论潮流:

基本情绪理论把主要的情感加工视为一系列早于认知判断且互不相连、独立于语言的内在反应。

评估理论把情绪加工过程视为按照刺激物与个体的目标、价值和需求的相关程度对刺激物的主观评价,这些刺激物将会导致内分泌、植物性神经及躯体神经系统的改变。

建构理论否定了"无情感"的思想(Duncan & Barrett,2007)的存在,认为情绪就是认知,是把生物体的神经生理和躯体内脏状态

（核心情绪）转为用某种语言特定的情绪词可以理解的经验。

并非所有的心理情绪理论都可以清楚地归入上述三大理论传统。鉴于每种理论使用的术语、背后的机制和使用方法的不同，情绪研究可分为很多不同的种类。尽管如此，就下列一些情绪的构成元素还是可以达成共识：引发过程、生理反应症状、运动神经表达、动机改变、主观感觉等（Scherer，2009：148）。尽管使用了一些静态的模型，学者们还是倾向于认为情绪过程是动态且循环往复的。

鉴于本书研究的重点是翻译，我将不再详细阐述不同的情绪理论。接下来每章的开头我都会提供与每章具体探讨的情绪加工的阶段（情绪感知、情绪调节、情绪表达）相关的文献综述。这些情绪加工的各个阶段之所以被挑选出来，是因为它们多多少少代表了各种情绪理论中的各种模型，虽然在不同理论中使用了不同的名称。但据格罗斯（Gross，2008：703）的研究，人们一致认可：（1）情绪最初产生于吸引人注意力的场合；（2）在此之后情绪被评估；（3）进而引发复杂的反应。表1.1简单阐明了本章所用的概念[1]如何宽泛地对应现有的各个模板。

表1.1 本研究的概念对应的三种情绪理论

情绪感知	情绪调节	情绪表达
刺激/事件（基本情绪理论）	自动评估（基本情绪理论）	感受状态（基本情绪理论）
唤起（建构理论）	评价（建构理论）	感受状态（建构理论）
多层次评估（评估理论）	动机改变/行为倾向（评估理论）	生理反应/运动反应和分类感受（评估理论）

在本书中，我的目标是结合不同的情绪理论中的见解，探讨上面提到的情绪的三个阶段，并评估各个阶段与翻译的关系。因为情绪和翻译本质上都是跨学科的，所以似乎有必要整合与广义的情绪研究相关的观点来满足本研究的需要。

谢勒（Scherer，2009：150）强调："大部分情绪理论本质上并不相互矛盾，恰恰相反，它们只不过是在情绪引发、反应组织、行动准备，或概念化等方面强调的程度不同罢了。"正因如此，我将参考相邻学科的理论和概念来解释我们的研究。我将根据情绪理论或本书中讨论的理论框架使用感情、情绪、情感等这类术语。就像帕夫连科（Pavlenco，2012）一样，我将对英语中包含有不同的术语这一事实忽略不计。

情绪的另外一个备受争议的方面就是：情绪这一研究领域涵盖的范围以及是否区分即时情绪（持续时间有限的情绪）和长期情绪（情绪化的态度或持续一生的特质）。

上述争议与我们的研究有很大关系，因为我们的个案研究就是探究译者的情绪，但是我们阅读过的文献中所关注的是即时情绪，因为即时情绪才与译者行为相关。这种方法是合理的，因为即时情绪和长期的情绪具有相同的结构，"都可以通过客体、对客体的评价和与该客体相关的行动的特殊倾向来表征。——就情感而言，即时情绪是一种潜在的气质倾向；就情绪而言，是一种急性的、即时的倾向"（Frida，2008：73）。在奥特雷和约翰逊-莱尔德最近的一篇论文中（Oatley & Johnson-Laird，2014：137）他们声称：不同的情绪现象有着不同的持续时间，有的只持续几秒，而有些，例如基于情绪的人格特质则会伴随人终生。一段所谓的成熟的情绪据说是时间、地点、感觉、行动和评估的综合，而性格则代表上述这些特点经过一段时间和一定空间的发展之后的整合（Ortony，Norman & Revelle，2005）。据雷维尔和谢勒（Revelle & Scherer，2009：304）所言：

> 人在情绪性[2]上的特质差别增加了人体验与其特质一致的情绪的概率。换句话说，焦虑特质明显的个体会增加焦虑的风险，愤怒特征指数高的更易被激怒，等等，不一而足。

因此，为了解释情绪影响译者行为的不同方式，我们可以从连续而非离散的角度看待即时情绪与长久的特质之间的区别。接下来的几章将会把对长期情感的研究和短期情绪的波动的研究结合起来，以便对译者的情绪过程有一个更加全面的研究。弗里达（Frijda，2008：84）指出：从不同层面出发比较各种研究发现和解释不同情绪现象是一件有价值的事情。

1.2 性格与情绪

现有文献显示早期重复性的情绪体验可以造成人性格结构性的改变，最终形成基础性的人格。这些结构变化会转化成稳定的情感特质[3]，进而使个体产生持久的期望，并以可预测的方式影响一个人的感情世界和行为（Magai，2008）。有意思的是，雷维尔和谢勒（Revelle & Scherer，2009：304-305）强调：这些习惯性的情感特质（比一般人更频繁地体验某些情绪的倾向）都在基本的神经过程中反映出来；脑功能图已经表明：各种情感特质都与大脑不同区域的激活有关。当把正情绪价值或负情绪价值的幻灯片展示给个体时，与大脑关联的各种情绪特质产生联系，大脑相应区域就会被激活，引发不同的感情特质（Revelle & Scherer，2009）。

如前所述，在对情绪的研究中，存在着各种相互矛盾的理论和框架，本书试图梳理和整合来自不同领域的研究成果，以便解释译者情绪加工时的不同阶段和不同方面。然而，个案本身侧重于讨论特质情绪智力，因此研究将在以人格心理学和特质理论。在个案研究中，我的目的是探索不同的专业译者在性格层面进行情绪加工时的个体差异。为了达到这个目的，探索译者特质层面上的特点似乎比分析个别行为更为可靠。尽管如此，我也考虑了研究性格的其他方法，例如：

> 加工法认为，人格是一个由认知-情感因素相互协调而成的、井然有序的系统，会与个体所在的环境互动；加工法的关注点已经变为去发现掌控大脑运行的原则和掌控人与社会环境互动时影响社会行为的一般原则，这些一般原则都是在广泛的社会认知理论框架内形成的。
>
> （Mischel & Shoda，2008：209）

社会认知法提供了一种非常宝贵、有别于特质法的对个性的陈述。巴伦巴姆和温特（Barenbaum & Winter，2008：15）声称：尽管特质心理学家早就认同自我的重要性，但认知革命进一步丰富了与自我相关的变量，包括植根于社会认知法的自我概念理论。自我概念理论解释了人们如何感知和调节自己的情绪，也提供了一个解释别人行为的角度，该理论包含认知评价（Fiske & Tayor，2013）。不管这些理论的渊源是什么，据说自我效能等存在个体差异的变量似乎与从实证研究中得到的特质紧密相关。确实，麦克雷和科斯塔（McCrae & Costa，2008：160）提出：大部分心理学调查问卷都会测试某些形式的性格特质。

另外，社会认知法经常被人批评忘记把稳定的个体气质差异考虑进去（Mischel & Shoda，2008：209）。本书之所以把特质理论当作理论框架是基于以下信念：某些稳定的性格特质和行为倾向对于成功的翻译大有益处，而其他一些特质却并不能如此。在我看来，特质理论能帮助我们理解和描述译者以及译者之间的差异。麦克雷和科斯塔（McCrae & Costa，2012：15）认为人格特质模型与很多种类的理论方法契合，所以成为大部分性格研究的基础。

必须承认，特质方法也曾经被批判过，尤其是因其没有充分揭示行为背后的心理过程，因此使人很难做出行为改变；事实上，米歇尔和舒达（Mischel & Shoda，2008：209）指出：概括一个群体的特质及其相似点和差异是一回事，解释清楚导致这些差异的原因以及如何加以改变则是另一回事。这种批判的声音非常重要。麦克雷和科斯塔（McCera & Costa，2008）认为：人格特质描述在理解一个人过去的人生轨迹时比预测这个人未来要干什么更有用处。因为，每种理论指导下的实证研究都会发现一些个体差异，解释这些差异背后的心理过程和心理结构非常重要，因此之后各章都会包括对理论的讨论，致力解释从特质方法和其他相异的范式的研究成果中找出的稳定差异背后的心理过程。这样，通过译者的自我报告发现的个体间特质差异就可以通过对决定行为的过程的研究来解释。毕竟，米歇尔和舒达（Mischel & Shoda，2008：234）认为在性格研究方面，几个主要方法之间的差别比起本质上的不相容，更多地反映了分析上的不同偏好。

性格心理学被等同于通俗心理学，而不被视为科学研究对象的日子早已过去。20世纪70年代的这种批评引发了很多理论研究，重新恢复了人们对性格特质研究的价值的信心。如今，大量的实证研究证实了性格特质的存在（McCrae & Costa，2008：160）。根据麦克雷

（McCrae，2002）的说法，"人格心理学目前积累了大量可复制的研究成果，主要讨论人格特质的起源，发展和功能"（McCrae & Costa，2008：159）。人格特质具有生物学基础，是行为、思想、情绪等构成一个人特定行为的综合习惯性模式（Kassin，2004；Ozanska-Ponikwia，2013；Dewaele，2016a）。科学家们普遍认同有五个高阶人格特质，就是所谓的"大五特质"：开放性，尽责性，外倾性，宜人性，神经质（McCrae & Costa，1996）。人格特质是按等级组织起来的，在等级最顶端是"大五"，而一些更为具体、狭义或低阶的特质组合成更为笼统的高阶特质（Ozanska-Ponikwia，2013）。麦克雷和科斯塔声称，"大五"特质模式采纳了特质理论的基本原则："可以根据相对长久的思想、感情和行为模式来描述个人"；"特质可以被量化评估并且表现出一些跨情境的一致性"（2008：160）。

　　本书的个案研究采用了人格心理学和特质理论，为我们提供了译者情绪的实证知识，让我们知道译者是怎样的，以此为基础，我们就能集中探讨了有关情绪和翻译之间彼此关系的一系列现象和话题。每章的文献综述都包括一部分，专门探讨从人格心理学得出的实验发现，更具体地说，是和本章研究的情绪概念相关的东西。在这些综述中，我们对神经心理学给了特别的关注，因为它和情感层面的个体差异明显相关（Revelle & Scherer，2009：304）。

　　据说，人格特质在人的一生中[4]是相对稳定的，可以影响人性中的很多方面，包括人们逐步要解决的一些问题（McCrae & Costa，2008：171）。正因如此，研究人格特质可能是理解一个人如何完成翻译任务的关键。正如斯特恩（Stern，1983：379）曾经说的那样，某些人格特质对于语言学习有利，有些则不利，也可以说某些人格特质对成功的翻译有利或不利。马修斯、迪里和怀特曼（Matthews, Deary &

Whiteman，2003：396）声称预测特质有效性的证据有很多，这些特质在很多方面与个体差异相关，如行为、主观体验、生理机能等。

话虽如此，但就争议人格特质是否也受其他文化和环境因素的影响，一直存在争议。虽然麦克雷和科斯塔（McCrae & Costa，2008：169）举出证据证明："大五"模式具有生物学基础，具有跨文化的普遍适用性，因此他们提出：个体的不同经验并不会造就不同的人格特质。德韦勒（Dewaele，2016a）却认为能说多种语言的人，因为受到了不同语言和文化的影响，都有感知情绪、表达情绪的独特方法，因此也会给性格带来明显的影响。重要的是，要考虑到即使大部分人格特质在面对正常的生活事件时，都能表现出一定的韧性——如果移居到不同的国家或学习新的语言也算作大的生活事件的话（Matthews, Deary & Whiteman，2003：75）——但经过一段时间后，依然会出现一些特质的改变。该领域还需要更多的研究，其多年来一直被性格心理学家所忽视。另外一个相关的发现是新谷、埃尔斯沃思和山口（Niiya, Ellsworth & Yamaguchi，2006）通过研究发现的，他们质疑了情绪的文化独特性。这些研究者发现人们所谓的某种文化独有的情绪其实在其他文化中也并非完全不能理解，因为人类具有体验各种情绪的能力，即使有些情绪在本土文化中不被强调。在本书呈现的个案研究中，必须强调我们运用的情绪特质变量表现出了跨文化的稳定性（Petrides，2009b）。即使人格测试能够提供证据证明多种特质的跨文化稳定性，也必须牢记这不一定意味着某一特质在不同文化中具有相同的分量。

1.3 个体差异和情绪智力

个体差异研究，或称个体心理学，致力解释为什么个体在情感、行为、认知、动机等方面会有差异，以及如何不同。个体心理学研究者们运用了五花八门的研究工具和理论方法，从心理测量到大脑成像，来证明个体在情感、行为、认知和动机等方面的差异（Chamorro-Premuzic, von Stumm & Furnham, 2011：3）。研究者们运用可量化的特质维度如智力和人格来展示个体差异。

近年来，对情绪智力的研究如日中天。广义来说，情绪智力指的是"个体处理、加工和使用负载情感的人际信息（管理他人情绪）或内心信息（管理自己情绪）的不同方法"（Petrides, 2009a：10）。情绪智力研究可以上溯到E.T.桑代柯（E.T.Thorndike, 1920）提出的"社会智力"的概念，以及加德纳（Gardner）对于多元智力的研究。

加德纳提出人类具有七种不同类型的智力，其中包括交际智力（即理解他人的能力），以及自省智力（即了解自己并且确立自己身份的能力）（Gardner, 1983）。加德纳的研究激励了很多心理学家研究人们如何评价和交流情感，如何利用这些知识来解决问题。自从戈尔曼（Goleman）1995年出版了畅销书"情绪智力系列"之后，就引发了人们对情绪智力的广泛兴趣。最近的研究强调了情绪智力在各个领域的关键作用，如工作表现、心理健康、身体健康等方面。

有意思的是，米科拉杰克（Mikolajczak, 2010：25）强调情绪智力最初被认为是构成一种新智力的一系列能力的总和，被称为情绪能力。但是其他学者却相信情绪智力在概念上与神经过敏症和述情障碍症中的个性因素相关，因此也应该被认为是一套与情感相关的特质。认为情绪智力具有人格基础的这种观点推动了特质情绪智力概念的发展。米科拉杰克认为特质情绪智力概念是有用的，"因为它在一个单一的框架之下把零落地分布于'大五'的各个维度情感方面的个性差异组织起来"（2010：26）。佩雷-冈萨雷斯和桑切斯-鲁伊斯（Perez-

Gonzalez & Sanchez-Ruiz，2013：53-54）也报告说，特质情绪智力说比"大五"理论提供了更为全面的、更详细的关于人格中情感方面的可操作性，而且"情绪智力理论和'大五'理论有很强的相关性，可以复制，而且受到基因影响"。与此观点一致的是，德韦勒（Dewaele, 2016a）指出：特质情绪智力比"大五"理论在预测生活满意度、交际风格，以及对情绪的辨识方面更为有效。特质情绪智力因而可以被定义为一系列位于人格等级较低层次的与情绪相关的倾向的总和，也与神经过敏症和外倾性的总特质密切联系（Petrides, Pita & Kokkinaki, 2007）。情绪智力在"大五"因素里是一个独特的因素，其可遗传部分大约占到40%。作为一种低阶的人格特质，特质情绪智力体现了一些个性的独特差异，尤其是它捕捉到了人们如何体验、辨认、理解和利用自己与他人的情绪。总而言之，特质情绪智力理论整合了人格中的情感方面，关注了我们对自己情绪能力的感知。这就意味着情绪智力涉及我们自认为在多大程度上能够感知、调节以及表达情绪，以便适应环境保持身心健康。从特质情绪智力的角度来说，移情、情绪表达、适应性以及自控都是人格特质中的概念，在心理测量学方面与大脑思维能力并无关联。在最近对这一概念进行综述的一篇文章中，佩特里迪斯等人（Pertrides et al., 2016）证实特质情绪智力的个体差异可以预测人一生的行为。

情绪是我们日常生活中不可或缺的一部分，可以看到人们已经从各个角度用理论框架对其进行了分析和研究。

鉴于我们研究的是译者情绪的个体差异，特质情绪智力方法要比上述的其他方法更为合适。事实上，把情绪智力当作一种智力的形式或能力的观点就需要用类似智商表现测试的测量工具（如 Kong, Zhao & Yu, 2012; Mayer, Salovey & Caruso, 2008; Siegling et al.,

2012），而把情绪智力当作人格特质的观点，则需要用自我报告等人格调查问卷（Petrides，2010）。虽然两种观点明显各有优点，我们在个案研究中还是刻意选择把特质情绪智力当成工具。首先因为它与我们采纳的观点一致，即某些情感人格特质对于成功的翻译或多或少有所帮助；其次运用特质情绪智力据说可以对主观情绪有一个直接的测量（Petrides，Niven & Mouskouni，2006），而测量情绪智力能力却和测试有效性及心理测量学的问题相关。特质情绪智力据说"有广泛的实验支持，且可以从大量研究中得到一贯的可复制的结果。这些研究都是理论指导下的，用复杂的方法独立完成的（Petrides，2010：138）"。正是因为特质情绪智力测量显示出了很高的标准有效性，并且具有强大的预测能力（Joseph & Newman，2010），我们才决定在本研究中使用特质情绪智力框架。最后，文献强调情绪智力学说已经引发了大量的反面研究结果，受到了学术界的批评，所以情绪智力是智力的组成部分这一观点还不能令人信服（Austin & Saklofeke，2014）。[5]

佩特里迪斯等人（Pertrides et al.，2016）的大量研究已经发现：对情绪能力的感知可以影响实际行为，且特质情绪智力在结构上和功能上与神经生理学相关。这些研究成果更加证明了本研究使用特质情绪智力理论的合理性。大脑情绪加工相关领域受到损害的患者在情绪智力特质方面得分较低；特质情绪智力与关键的情绪领域灰质的量和密度呈正相关，而且与大脑中被认为是社会和情绪认知核心部分的区域相关。另外，特质情绪智力与神经活动相关，不管神经处于活跃还是休眠状态。例如脑电图（EEG）研究表明：特质情绪智力高的人在压力情况下静息态左额叶激活速度更高，反应性更低（Mikolajczak et al.，2007a）。佩特里迪斯等人（Pertrides et al.，2016：3）最后得出结论："生理上的相关性……进一步证实，特质情绪智力既不是一种人为创造的方法上，也不是理论上不可捉摸的东西，因为它与一些操作非常精确的标准有关联性并且具有预测性。"佩特里迪斯（Pertrides，2009a）认为：情绪智力理论的主要优势在于它的概念内容和解释力，正如其他文献（Hubscher-Davidson，2013a）讨论过的那样，有证据表明无论用于预测还是解释，特质情绪智力都是富有成效的。例如：特质情绪智力已经被证明能够很好地预测情绪和社会标准，并且与负载感情的变量强相关。

19　　特质模型认为情绪智力是一个多面的结构，具有13—15个与情绪相关的行为倾向，人们认为这些倾向会影响个体应对需求和压力的方法（Nelis et al., 2009）。佩特里迪斯（Petrides et al., 2011：37）声称：有许多测量特质情绪智力的优秀量表，可以全面覆盖采样域，在各研究之间表现出一个稳定的因素结构，并显示出良好的心理测量特性。米科拉杰克等人（Mikolajczak et al., 2007）在研究一个情绪智力量表中的某一特质时，特别强调：特质情绪智力对于有着强烈情绪内容的职业非常重要，尤其是在教育领域区分好学生和差学生的时候，非常有用。特质情绪智力理论为解读通过自我报告测试情绪智力（Andrei et al., 2016）的数据提供了合适而系统的框架。

　　情绪智力特质理论认为某些情绪特征在有些情境中有利，在其他情境下则不然。比如，在为翻译公司服务时，擅于社交、善于表达情绪是两种非常合适的特征，但是对于一个在家工作的自由译者来说就不那么适宜了——在这种环境中，自我激励这类特征反倒更加有利些。不同的工作、情景和环境，需要不同的个性特征。"对于预测行为来说，某种特质情绪智力是否可取取决于某人要预测的行为的背景和类别（Petrides, 2011：661）。"情绪智力特质测试得分高并不一定意味着成功，有可能也会导致不如人意的结果，对此我们将在后面章节中进行讨论。总之，我们有必要说明，一个情绪智力高的人并非一定会在所有领域都成功，在翻译行业亦是如此。

1.4 特质情绪智力量表及应用

本研究所选用的特质情绪智力量表是由科斯坦丁诺斯·瓦西基·佩特里迪斯（Kostantinos Vasiky Petrides，2001，2004，2009a）开发的特质情绪智力量表（TEIQue）。选择该量表测试特质情绪智力，是因为它全面覆盖了特质情绪智力采样域，并且是指定的测试情绪智力的工具（Petrides，2011）。这个量表非常可靠，相比一些局限性很强的量表更具有真正的优势（Petrides，2009a）。虽然还有一些其他的使用自陈报告的测量情绪智力的办法，但是这些方法都无法做到全面测量，效度太低（如Siegling，Petrides & Martskvishvili，2015）。与其他自陈报告的测量表截然不同的是，特质情绪智力量表具有很强的理论和心理测量基础（Andrei et al.，2016：262）。

大量的文献都证实了特质情绪智力量表对于很多结果的校标效度[1]（比如使用适应性的应对策略、压力反应等）。安德烈等人（Andrei et al.，2016：263）指出，"初级研究和元分析研究都一致表明：与其他的情绪智力自陈报告测量表相比，特质情绪智力量表有着更优越的心理测量特性和更好的效度"。在对情绪智力和健康的关系进行元分析之后，马丁等人（Martin et al.，2010）发现，与其他情绪智力特质测量表相比，特质情绪智力量表对生理和心理健康具有最强预测能力。

在特质情绪智力量表中，共有15个维度，每个维度下面有大约

---

[1]所谓效标效度，就是考查测验分数与效标的关系，看测验对我们感兴趣的行为预测得如何。因为效标效度需要有实际证据，所以又叫实证效度。（本书脚注均为译者注）

10 个小项目，共计 153 个项目。从表 1.2 可以看出，"成人特质情绪智力"主要有四大因子，分别为：幸福感（与性格情绪相关的特质：自尊、快乐、乐观）、自我控制（与情绪和冲动调节相关的特质：情绪调节，压力管理，低冲动性）、情绪性（与情绪感知和表达相关的特质：情绪感知，同理心，情绪表达，人际关系等）、社交性（与人际关系利用和管理相关的情绪特质：决断性，情绪管理，社会知觉）。其他两个维度（适应性和自我激励），直接与总的特质情绪智力得分相关。根据安德烈等人的研究（Andrei et al., 2016: 262），特质情绪智力量表具有坚实的心理测量基础，这反映在四因子结构的跨文化稳定性上。该量表已经被翻译为多国语言。一个完整的特质情绪智力量表具有总的情绪智力分数，以及在四个因子和 15 个维度上的测试分数。维度是量表能分析的最低单位。

表1.2　成人特质情绪智力的采样域

因子	维度	高分者自我感觉
幸福感	特质性乐观 特质性幸福 自尊	自信且更易看到生活中的光明面； 兴致勃勃，对生活感到满意 成功且自信
社交性	情绪管理 果断性 社会认知 特质性共情	能够影响他人情绪 坦率，直白，愿意维护自身权益 擅于合作，有很好的社交技巧 能够采纳别人的视角
情绪性	情绪感知（自己和他人） 情绪表达 人际关系	清楚自己和他人的感受 擅于把自己的感受传达给别人 能够有圆满的人际关系

续表

因子	维度	高分者自我感觉
自我控制	情绪管理 低冲动性 内在压力管理	可以控制情绪 经常反省，不太会冲动做事 可以承受外在压力管理内在压力
自助维度	自我激励 适应性	面对逆境不轻易放弃，自我激励 灵活且愿意适应新环境

对于量表的维度和因子的详细描述可以在佩特里迪斯（Petrides，2009a）开发的技术手册上找到，跟我们本次研究尤其相关的因子/维度会在随后几章深度探讨。特质情绪智力量表的各个小项目按照李克特 7 点计分法，回答从 1(完全不同意)到 7(完全同意)设为 7 个区间。特质情绪智力量表及其译文可以从伦敦大学伦敦心理测量实验室免费获得。图 1.1 是特质情绪智力量表（TEIQue）的 15 个维度与相关因子的关系图。

需要强调的是，每个项目的答案并无对错之分。作为一个自我报告（自陈）的问卷，特质情绪智力量表测试答卷人的主观感受和倾向。佩特里迪斯（Petrides，2009a）认为，答卷人的反应可能偏离模板答案，但是我们不能因此认定答案是错误的而将其解读为代表低智力，或能力、技巧的缺失。虽然已经有大量的文献讨论自我报告和自我感知的准确性，我们必须牢记：

（1）自我报告对认知、行为、精神健康有着强烈的影响，不管它准确与否；

（2）对于自我感知并不存在真实的打分标准，所以无法客观地确定准确与否（Petrides，2009a：15）；

（3）本研究默认参与者对本研究中的匿名问卷进行了诚实作答。

总而言之，自我报告工具可以而且也确实在科学研究中起宝贵的作用。桑切斯-鲁伊斯（Sanchez-Ruiez，2011：113）认为，使用诸如特质情绪智力量表这样的自我报告是基于如下理解：个人对于自己的人际关系质量和内心素质的报告是有意义的且对他们的行为有着重要影响。安德烈等人（Andrei et al.，2016：273）承认：现存的关于情绪智力特质的文献过分依赖自我报告问卷，但是我们只能使用它，因为许多心理标准都是主观的，只能如此测量。

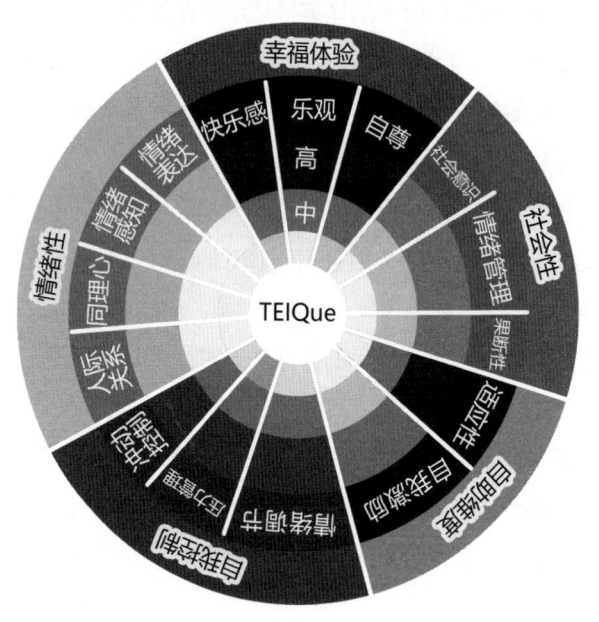

图 1.1 特质情绪智力量表（TEIQue）相关维度、因子关系图

在很多场合，特质情绪智力量表和特质情绪智力理论一起使用。佩特里迪斯（Petrides，2009a：7）观察到："情绪影响着日常生活的方方面面，这意味着在许多不同情境和场景中，特质情绪智力可以是

许多不同变量的预测指标。"作为一种可以在不同场景下推广的工具[6]（Petrides，2009a），特质情绪智力量表可以被（已经被）应用在很多不同的场合，从评估酒精依赖（Uva et al.，2010）、领导有效性（Siegling et al.，2014），到情绪劳动（Mikolajczak et al.，2007；Austin，Dore & O'Donovan，2008）、心理健康（Mikolajczak et al.，2007b）。事实上，已经有大量的研究证实了特质情绪智力（用特质情绪智力量表来测量）和各种与身心健康相关的变量之间显著而强大的关联。这表明特质情绪智力高的人面对生活压力有很强的适应能力。（Mikolajczak et al.，2009；Uva et al.，2010；O'Connor et al.，2017）。

事实上，人们发现特质情绪智力可以明显降低压力反应（e.g Mikolajczak et al.，2007a；Mikolajczak et al.，2009；Mikolajczak et al.，2007），并且会降低出现精神障碍的风险，如焦虑和抑郁（Mikolajczak et al.，2010）。特质情绪智力高的人更倾向于使用迎难而上的策略而不是逃避策略（Petrides et al.，2007），更倾向于做出亲社会行为（Petrides et al.，2016），更倾向于将情景评估为充满挑战而不是充满威胁（Mikolajczak & Luminet，2008），更倾向于以鼓励积极情绪体验、阻止消极情绪体验的方式思考和行动。

除了上述这些对健康和社交的益处之外，特质情绪智力也被证明在工作环境中给人带来益处。高特质情绪智力的人更可能被提拔到管理岗位，说明特质情绪智力高的雇员更擅长熟练地利用他们的情绪来提升工作表现（Siegling et al.，2014）。学术贡献和成就也与特质情绪智力相关联（如 Di Fabio et al.，2015）。高特质情绪智力对提升动机、制定工作规划和心态调整以及更好的决策制定大有助益（Davis & Humphrey，2012；Ferrando et al.，2011）。也有证据表明特质情绪智力直接和职业满意度、工作适应性、上进行为、工作投入度相关

（Ahmetoglu et al., 2011; Akhtr et al., 2015）。

佩特里迪斯等人（Petrides et al., 2016）对近期关于特质情绪智力的研究进行了综述，向我们提供了临床医学、健康、社会心理学、教育心理学、组织心理学和发展心理学等领域对特质情绪智力的应用研究。他们得出结论：在就业指导和培训方面，应该对特质情绪智力予以认真考虑；学者们应该尽可能减少对"其他五花八门的特质情绪智力量表"的依赖，而应该使用特质情绪智力量表这一测量工具，因为它在心理测量上更为可靠，更适合在科学研究和应用环境中使用（同上，5）。因此，特质情绪智力量表是本研究的不二之选。

1.5 情绪智力与语言研究和写作研究

对翻译学者和从业者来说，特质情绪智力量表的运用与他们相关的部分就在于多种语言的使用、二语习得，以及写作研究。在之前介绍的文献中（Hubscher-Davison, 2013a; 2016），我强调了特质情绪智力和翻译相关领域研究的相关性，尤其是德韦勒（Dewaele, 2010）和奥赞斯卡-波尼克维亚（Qzanska-Ponikwia, 2013）在多种语言使用领域进行的研究。运用特质情绪智力量表，德韦勒证明了特质情绪智力在多语者如何运用语言来沟通、表达情绪，以及如何看待自己的语言能力时所起的重要作用。在相关的研究中，德韦勒、佩特里迪斯和弗纳姆（Dewaele, Petrides & Furnham, 2008）探讨了多语者的特质情绪智力和其他社会生物学变量对外语焦虑和交际焦虑的影响。他们的研究结果表明：在参与测试的464名多语者中间，具有高特质情绪智力的人表现出的交际和外语焦虑明显更少，而且能更好地判断谈话对方的情绪状态。在测试了137名双语受试者之后，奥赞斯卡-波尼克维亚（Ozanska-Ponikwia, 2013）发现：自我评估的二语熟练度与情绪智力得分呈正相关。这些研究表明特质情绪智力也许是一个人格变量，可以部分影响一个个体在其他语言中如何沟通、沟通的熟练度，以及他对沟通的感受。除此之外，这一方面的研究还表明：特质情绪智力会影响多语者如何感知、调节和表达情绪。

虽然帕夫连科没有使用特质情绪智力框架，但是她对情绪和多语的研究也强调了情感在多语者语言使用中的关键作用。她探讨了情绪词和情绪概念在不同语言之间的加工方式如何不同，也证明了不同语言中的单词体现了不同程度的情绪性——这些会影响多语者的转码和语言选择。双语研究和多语研究清晰地表明：学习新的语言和文化对于德韦勒（Dewaele，2016b）所称的"情绪地理"有着深刻的不良影响。尽管如此，帕夫连科强调不同语言中不同情绪概念的存在并不一定意味着语言的使用者有着明显不同的生理体验。"恰恰相反，这意味着他们在评估和解读自己与他人的情绪体验时各有不同的优势。"（Pavlenco，2008：150）总的说来，对情绪和多语者关系的研究突显了语言和情绪的相互影响以及积极和消极情绪对二语习得和外语学习的重要性。这项研究表明情绪智力应该被纳入双语研究、多语研究以及相关领域各方面更深入的研究。

在写作研究中，人们发现天才作家往往与各种情感相关的疾病之间存在相关性。（Kyaga et al.，2013；Piirto，2009；Pourjalali et al.，2009）。二者之间的关联似乎说明：作家们可能具有独特的"情绪地理"，他们可能对与文章相关的情绪激发物做出激烈的反应，而这些反应可能存在潜在的危险性（Junks，2002）。鉴于此，要想对能够激发强烈情绪反应的文本做出恰当反应，就需要读者和作者具有一种调控情绪的能力，以避免不好的后果发生。此外，越来越多的文献表明情绪智力在阅读理解和写作中的预测有效性（如 Abdolrezapour，

2013）。情绪智力策略已经被证明对于写作水准和理解他人的立场有着重要的作用。以文学为基础的活动被证明可以提高人的情绪智力水平（Abdolrezapour & Tavakoli, 2012; Shao et al., 2013; Oarley & Johnson-Laird, 2014）。这给我们提供了更多的证据证明个体如何解读文本和处理文本。创意写作研究也提供了一些证据——情绪智力高的人容易写出创造性的文章（如 Russ, 2009）。我们因此可以假设：能够灵活地感知、调控和表达情绪的译者应该可以更高效、更高质量地解读和翻译文本。

总之，与翻译相关的研究领域已经发现：情绪智力特质会影响双语或多语者处理情绪的方式，也会影响作者的写作水准。由于译者也可以被视为双语写作者，那么探究特质情绪智力对译者的潜在影响尤为重要。

1.6 情绪智力与翻译

下面这则逸事是一位译者告诉我的（应其要求，用的是化名）。这个故事向我们展示了译者必须面对的一个挑战：译者必须发挥自己的情绪智力来创造一个可行的译本。故事的某些细节有轻微改动。

> 迈克是一个资深的自由职业译者，有着多年在各领域翻译的实践经验。一天，他从客户那里接到一个翻译任务：翻译一份来自医院的报告。当事人是一位病人，跟他年龄相当，却身患包括癌症在内的多种疾病。他接到这个翻译任务的那周恰逢他母亲因乳腺癌病逝一周年。因此翻译的时候，迈克很自然地对那位患者的情绪感同身受，再加上翻译这份报告本身难度很大，整个翻译过程异常艰难，几乎无法完成，因

此迈克花了比平时更多的时间。虽然他几欲放弃,但还是坚持了下来。但是他决定每翻一段就要休息一会儿,比如出去遛个狗,这样他就不必长时间地思考这个翻译任务。最后他成功地按时保质保量地完成了翻译任务,把译文交给了客户。

很显然,如其他人一样,译者也需要掌握一些管理和调节情绪的技巧,只是他们对于这些技巧的掌握程度有所不同。在上述例子中,迈克决定不放弃这个翻译任务的原因在于他掌握了情绪调节的技巧,能够理解自己的反应,并且知道这种反应给自己工作带来的潜在影响。首先,迈克必须感知自己的反应是一种情绪状态,其次他必须能够预料到自己的反应会给工作带来怎样的影响,最后他必须选择一定的行动来调整他表现情绪的行为。因为迈克似乎是在根据他的目标(交翻译稿)来管理情绪状态,我们可以说他用"高情绪智力"(Salovey & Mayer, 1990; Wranik et al., 2007)调节了自己的情绪状态。尽管如此,在相同情景下的其他译者可能不能像他那样很好地调节情绪,或者那些译者在自己的翻译生涯中也碰到过其他有挑战的情景,但他们无法处理得很好。所以,利用特质情绪智力作为主要的变量来研究译者情绪似乎是合适的。因为我们相信:一个译者的情绪智力越高,他就越容易在翻译过程中感知、调节和表达情绪。本研究将进一步探索情绪智力高的译者是否比情绪智力低的译者更可能表现出适应性的翻译行为。

在个案研究中,我用佩特里迪斯(Petrides, 2001)最先提出的特质情绪智力框架来开启对于翻译过程的讨论,探讨是怎样的过程使得迈克这样的译者有效地调节情绪反应。我希望证实特质情绪智力理论为我们提供一个有用的框架,使我们理解译者如何在特定情况下为特定的目的塑造他们的情绪反应。因为情绪智力包括三大阶段:(1)感知自己和别人的情绪;(2)调节这些情绪以做决策;(3)把这种情绪传达给别人。本书将在后续的章节中一一讨论这三大阶段,以验证如下观点:对情绪的深刻了解将有助于译者管理好自己职业生涯中的情绪事件。在之前的例子中,迈克很清楚自己的情绪(第一阶段),他想出了办法控制自己的情绪(第二阶段),他用恰当的方式很好地完成了这个负载情感的任务(第三阶段)。从例子中可以看出,这三个阶段都清清楚楚,说明译者必须在这三个阶段都运用技巧以便很好地应对职业译者所面临的各种挑战。

2. 特质情绪智力与翻译过程

在我们回顾对译者特质情绪智力所做的专门研究之前,需要把这类研究置于翻译过程研究的范围(TPR)之内。也有必要对译者的人格特点和情绪研究做一个简单的概述,因为这两者都是本研究的基础。

2.1 翻译过程研究:总论

翻译过程研究(TPR)[7]是翻译研究的一个分支,研究的是译者完成译稿的所有过程(Jakobsen,2017:21)。这一研究领域致力理解译者(口译者)的行为,视翻译为一种复杂的活动,需要译者在过程中应用一系列具体技能以解决问题、做出决策。以过程为导向的研究是描述翻译学(Holmes,1988)的三大分支之一。针对译者行为,该研究领域使用了大量的研究方法,收集了可以推导出大脑活动过程的各种类型的数据。

对翻译过程以及译者的思维活动的研究可以说在20世纪80年代就已经取得一定进展,当时翻译学者们刚开始使用有声思维法(TAPS,

也称口头报告）来收集译者思维的数据以进入所谓的译者大脑"黑匣子"。有声思维法的使用是"心理学对笔译研究做出的第一个显著贡献"（Ferreira et al.，2015：5）。这一方法第一次被应用在对翻译过程进行的系统的实证研究中，旨在针对翻译中存在的问题找到解决策略。尽管如此，口头报告还是受到了严厉批评，因为在当时实验设计不太系统化，缺乏清晰的目标，样本小（个案研究）而且各研究者使用的方法和概念都不一样，因此实验得出的结论五花八门，无法归纳统一（Alves & Hurtado，2010：29）。20世纪90年代后，随着更加复杂的数据收集工具的开发（如键盘录入软件、视频采集、眼动追踪），扩大了面向过程的研究范围，对研究结果进行三角互证的研究方法成为可能，使人们可以用更为严谨的方式处理数据。

经过几年的发展，有声思维领域涌现出了各种各样的研究课题，比如，创造性（kuβmaul，2000；Bayer-Hohenwarter，2010）、翻译能力（PACTE，2011；Göpferich，2013）、置信水平[1]（Fraser，2000）、冒险行为（Künzli，2004）、专业技术（Englund Dimitrova，2005）、时间压力（Hansen，2006）、隐喻的翻译（SjØrup，2011），以及人类工程学（Ehrensberger-Dow & O'Brien，2015），仅列举一二。在最近十年，有声思维法扩大了研究范围，把外部因素及内部因素对思维过程的影响纳入研究范围，研究者们已经大胆走出实验室，进入译者的工作环境，这一举动在米诺·马丁看来恢复了认知研究的人类、社会、文化角度，开辟了新的研究通道（Munoz Martin，2014：67）。这将把翻译视

---

[1]置信水平是指特定个体对特定命题真实性的相信程度，也就是概率，是对个人信念合理性的量度。对概率置信度的解释表明，事件本身并没有什么概率，事件之所以指派有概率只是因为指派概率的人头脑中所具有的信念证据。 置信水平是指总体参数值落在样本统计值某一区间内的概率；而置信区间是指在某一置信水平下，样本统计值与总体参数值之间误差的范围。

为一种情境化活动的观点已经引发了新的研究潮流,尤其是研究译者如何与环境、工具、其他译者同行,以及与同事互动等(见 O'Brian,2012;Ehrensberger-Dow & Massey,2014;Rosku,2014)。从许多方面来说,本研究正是顺应了上述这种艺术潮流,主要研究:(1)在翻译过程中人的因素所起的作用(人的感觉、情绪);(2)用新方法来研究译者在工作环境中的心理机制。本研究响应了翻译过程研究中重新调整研究方向的呼声,把兴趣转移到个体译者上来。(如 Halverson,2014)。

近期的研究中对个体译者的强调、研究译者如何与环境互动,以及其对翻译表现的影响也激发了人们对描述翻译过程中译者特点的新兴趣。的确,人们越来越认可:虽然每个译者都是独一无二的,但是他们也有共同的心理、社会、文化和生理特质,这些特点可以和他们处理译文的个体差异相关联。所以,有些过程研究者转向了人格心理学和差异心理学研究,以期理解译者如何,以及为什么在行为、情感、动机方面有所不同。萨尔达尼亚和奥布莱恩(Saldanha & O'Brian,2013:147)认为:

> 通过目前已经发表的研究翻译过程的文章,我们观察到了小组内部稳定的个体差异。显然不管实验中如何实施控制,译者各自的性格、经验、态度等都(会对译文)产生影响。在更详细地探索这些影响时,人格分析也许会是一个更为有用的工具。

认知心理学、实验心理学和个体差异心理学的传统已经渗透到翻译过程研究,并对其发展造成影响,这使得研究者可以从各种新的角度研究译者的思维"黑匣子"。

因为篇幅有限，我们这里就不对翻译过程研究做一个更全面的描述了。尽管如此，我也对它的发展做了综述，概括了该领域内五花八门的研究题目和方法、强调了该领域的跨学科性质。越来越多的人认识到：探讨译者的个体差异可以为我们在翻译过程研究领域曾经忽略的方面提供宝贵的见解。下面我将更详细地探讨人格和情绪领域的翻译研究。

2.2 翻译中的人格研究

虽然本书主要探讨笔译问题，但是在口译方面的重要研究成果也值得一提。事实上，对人格特质的研究已经有了相当长时间的发展。1974 年，沙因写了一篇关于为聋人服务的口译员的人格特征的文章。他使用了一系列测试（如爱德华个人偏好量表[1]），最后得出结论：口译员通常渴望关注，个性独立，不害怕犯错，并且性格不执拗。手语翻译研究据说在人格研究领域遥遥领先，因为它在 20 世纪 80 年代就运用各种量表探索了手语学生的人格类型，包括基于"大五"理论（如 Wilcox, 1981）的迈尔斯-布里格斯类型指标（MBTI）[2]（如 Wilcox, 1981）。对口译员和笔译员人格进行对比的研究也很普遍。1984 年，

---

[1] 爱德华个人偏好量表由15个需要量表和1个稳定性量表组成，整个测验共有225道题，每道题含有一对叙述，其中有 15 个题目重复两次。答题时，被试者必须对每道题都做出选择。完成整个测验需 40—50 分钟。该量表自编制起至今大约已有 30 年的历史，被广泛应用于研究和咨询工作。根据该测验的结果能较快地了解人的一般性格特点与需要特点，能对从事不同职业的人加以区分，还可以对特定工作中的人员做出可能成功与失败的预估。

[2] 迈尔斯-布里格斯类型指标（Myers-Briggs Type Indicator, MBTI）是由美国作家伊莎贝尔·布里格斯·迈尔斯和她的母亲凯瑟琳·库克·布里格斯共同制定的一种人格类型理论模型。该指标以瑞士心理学家卡尔·荣格划分的 8 种心理类型为基础，从而将荣格的心理类型理论付诸实践，经过 20 多年的研究后，编制成了迈尔斯-布里格斯类型指标。迈尔斯在荣格的优势功能和劣势功能、主导功能和从属功能等概念的基础上，进一步提出功能等级概念，并有效地为每一种类型确定了其功能等级的次序，又提出了类型的终生发展理论，形成四个维度。

亨德森将卡特尔16种人格因素问卷[1]（16PF）发给65名职业笔译者、35名会议口译员、46名学生。通过问卷调查，他发现：大众对内向译员和外向译员的刻板印象不受他的数据支持。有意思的是，他发现笔译员"更易受到情绪的影响"，而口译员"情绪更稳定"。（Henderson, 1984: 240）2005年，施韦达-尼科尔森（Schweda-Nicholson）发表了两篇论文，探讨口译实习生的人格特质。他发现：经过MBTI的评估，思考型女性口译员大大多于感觉型女性口译员，这一发现与一般人群中的类型倾向恰恰相反；具备不太受个人感情影响和爱好逻辑分析这两个特质的人更适合口译这个职业。最近几年，关于口译员人格的研究主要集中于人格在决定口译表现方面起的作用（Shaw et al., 2008；Timarova & Salaets, 2011；Rosoers et al., 2011；Bontempo & Napier, 2011）。赞尼拉托（Zannirato, 2013）警告研究者，在决定"理想的"口译员是什么样时，不要仅仅使用人格分析，但他同意人们对这个领域的研究重新产生了兴趣。邦特波（Bontempo, 2014: 36）认为当人格变量与其他的认知思维能力放在一起解读的时候，人格变量可以帮助预测个人在口译生涯中取得成功的可能性。

对口译研究的最新实证证据表明：人格在成功的口译中起着重要作用；一些高超的口译员也具有一些常见的低阶人格特点和情绪处理技巧。比如，自尊、神经质、对经验的开放态度和尽责等人格特

---

[1]16种人格因素问卷是美国伊利诺伊州立大学人格及能力测验研究所卡特尔教授编制的用于人格检测的一种问卷，简称16PF。16PF适用于16岁以上的青年和成人，现有5种版本：A、B本为全版本，各有187个项目；C、D本为缩减本，各有106个项目；E本适用于文化水平较低的被试者，有128个项目。我国现在通用的是美籍华人刘永和博士在卡特尔的赞助下，与伊利诺伊州立大学人格及能力测验研究所的研究员梅瑞狄斯博士合作，于1970年发表的中文修订本，其常模是根据2000多名港台地区的中国学生得到的。

点被认为是口译能力重要的预测指标（Bontempo & Napier, 2011；Bontempo et al., 2014）。麦卡特尼（Mcartney, 2016）发现经验丰富的口译员一般意志坚定，能够持之以恒。希尔德（Hild, 2014）报告说发言者的言语行为会激发同传译者的情绪反应，这就需要译者进行情绪调节。他的发现很有意义，是本领域急需的重要研究成果，因为会议口译研究领域传统上对个人投入或情感投入等概念在专业口译情景中的应用持怀疑态度。近来，口译的各个研究领域都在呼吁人们对人格中情绪的一面做进一步研究，如共情（Merlini, 2015），压力管理（Bontempo & Malcolm, 2012），情绪稳定（Bontempo et al., 2014）等。弗马内克的专著（Furmanek, 2005: 59）探讨了译员过去的情绪体验对其言语行为的影响（转码、借译、笔译等）。她还认为口译员有言语情绪包袱，会影响对术语的应用、言语表达和其工作的其他方面。综上所述，情绪特质已经被证明在口译中起着重要作用，且对译员的个体差异的研究与我们的研究有一定的相关性。因此，在随后的章节，我将做一些必要的相关补充。

近年来，学者们对于笔译员的人格特质的研究一直较为有限，该领域最初的研究并不像我们今天理解的那样与过程导向相关。正如我在之前的文章中强调的那样，早期，人们试图研究翻译过程中的译员的人格问题，但是这样的研究相对较少，而且间隔甚远（Hubscher-Davidson, 2009）。有两篇较早的文章值得一提。赖斯参考了斯普兰格的类型学，把译者描述为拥有各种各样复杂个性但在理论、经济、审美、社会、宗教等方面具有显著特点的人（Reiss, 2000: 110）。另外一个对译者特点进行的开拓性理论研究来自巴博尼（Barboni, 1999）。他受心理分析的启发，认为有些人格更适合某种工作。例如，他认为一个有着偏执狂类型人格结构的译者可能更喜欢翻译清晰规范的文本，如专利翻译（1999：24）。虽然这两项开创性研究都没有使用实验证据来支持自己的分析，但它们为之后更深入的译者人格特质研究开辟了道路。

受上述这些研究的鼓舞，以及其他研究译者的态度性行为的过程研究学者（如 Laukkanen，1996；Fraser，2000；Jääskeläinen，1999）的启发，我决定更全面地探讨译者的人格问题。我在2002年到2007年攻读博士学位期间，用心理测量以及其他方法实证研究了20位译者的人格和他们在文学翻译上的表现之间的联系。其中有个很有意思的发现："直觉"这个人格特质似乎对文学翻译过程和学翻译的学生的作品都有积极的影响。就这个题目我发表了两篇论文（2009，2013b）。与此同时，过程研究领域的学者们越来越多地认可描述译者特点的必要性，以及探讨人格特质和翻译能力之间关系的必要性（参考 Munoza Martin，2010a；Jääskeläinen，2012；Saldanhan & O'Brian，2013）。越来越多的翻译能力描述中［如2007年的《国家翻译职业标准》(National Occupational Standards for Translation)］[8] 开始纳入人格特质，这进一步证实了其与专业翻译的相关性（Hubscher-Davidson，2013a）。

2016年，基于现有的研究成果和"大五"理论，以过程为导向的研究者雷卡-保罗（Lehka-Paul）和魏亚特（Whyatt）进行了一项试点研究，力图把人格特质和翻译表现联系起来。他们发现：受训译员和专业译员都在勤奋和开放性这两项上有不错的分数。这一发现尤其有意思，因为这些特质可能是翻译能力和口译能力重要的预测指标（如 Bontempo & Napier，2011）。尽管如此，还需要对此做更进一步的研究才能得出结论。

近年来，译者人格特质领域的研究以及心理测量工具的广泛使用，使得许多学者开始探索其他能对翻译表现带来影响的个体差异，包括情感。下一节将简要回顾这一领域的文献。

2.3 过程研究中的情绪研究

学者们早已提出情绪在翻译过程中可能起作用（例如库斯莫尔在1995年出版的著作中提到译者的情绪素养），但是直到最近几年，情感因素才开始真正成为过程导向研究中[9]深入研究的对象。正如我在其他文献中探讨的那样，在翻译研究文献中对译者行为的情绪方面的研究并不多见，最常见的就是研究情绪材料或情绪化语言（Hubscher-Davidson, 2013a）能被翻译到什么程度。译者自己的情绪，以及这些情绪对于翻译过程和作品可能产生的影响都很少涉及。

早期试图从过程导向这个角度探索翻译中的情感过程的论文有亚思卡莱宁（Jääskeläinen）1999年的研究。她力图确定译者个人的情感投入在翻译中起到的作用。她发现：比较成功的译者在整个翻译过程中似乎都在"打造一种和原文作者以及想象中的译文读者的亲密关系"（Jääskeläinen, 1999: 224）。她认为对于同一作品，不同译者的翻译千差万别，有可能跟译者的情感和性格因素有关，积极的情感，比如投入的程度和热情的态度都会对译文质量有影响。

其他早期的研究还有弗雷泽（Fraser, 1996）对译者自信水平的研究。她认为译者对作品的个人精力和情感的投入程度似乎能影响译作的质量；1996年劳卡宁（Laukkanen）对译者规约中的评价性表达进行了研究，揭示了译者翻译过程中的情感差异，解释了由此导致的译文质量的差别。劳卡宁指出：

> 对自己翻译能力的自信与译文的成功有明显可见的联系，

而对自己能力的不自信可能导致译文的失败。研究表明：害怕失败、被动心理和译者对任务的其他消极态度都会妨碍主体尽最大努力，相应地削弱他们的能力。这之间存在着无可争议的关联。

（Laukkanen，1996：263）

上述这些早期的翻译过程研究强调了翻译过程中态度和感情的因素，以及它们与译者作品质量可能的关联。在 2005 年的一篇文章中，汉森（Hansen）也提到了情绪对翻译的影响，指出译者的决策过程可能受到感受和过去情绪体验的干扰：在进行翻译、组织语言的过程中，图像、情绪以及先前的经验都被下意识不受控制地激活，然后反过来对真正的决策过程产生影响（Hansen，2005：516）。同样，达武（Davou，2007：45）在一篇讨论材料加工中认知和情绪互动的文章中提出：一篇文章对译者产生的情绪冲击的力度会影响译文质量。她还观察到：源语文本会对译者个人产生重大的影响；消极情绪会增加语言加工的难度，而积极情绪会扩大译者的注意力范围，增加创造力。尽管上述这些开创性研究提升了我们的认识（情绪是翻译不可或缺的一部分），但他们却常常使用较小的样本或诸如有声思维法这样的曾因其可信度低（如 Bernardini，1999，2001）而饱受争议的方法。直到最近，学界还没有想出如何用大的样本来操作或者测试这些与翻译有关的情绪变量。

　　大量最新的实证研究给情绪可能与翻译过程尤其相关这一观点带来启示。比如莱尔（Lehr，2013）考察了专业译者在日常工作环境中的表现，发现积极或消极的情绪会带来不同的翻译风格。她的研究发现证实了达武之前的猜测，因为她的发现表明积极情绪（比如情感投入高）会提升创造性和强化译作的风格，而消极情绪（如焦虑）会提高翻译准确性以及术语的连贯性。在莱尔的研究基础上，罗霍和拉莫斯·卡罗（Rojo & Ramos Caro，2016）针对40名西班牙翻译专业的本科学生做了一项实验，研究积极和消极的情绪刺激对他们翻译表现的影响。像莱尔一样，这些学者发现：不同效价的情绪对于翻译过程和翻译表现有着不同的影响（比如积极的情感会影响创造力，消极的情感会增加准确性），虽然这些研究发现都没有统计显著性。

近年来，对具体的情绪特质的研究吸引了越来越多的学者关注过程导向的翻译研究。学者们已经发现：在同理心（Apfelthaler，2014）、自我效能（Bolanos Medina，2014）、对模糊的容忍（Hubscher-Davidso，即将出版）等方面，个体差别不同程度地影响译者工作的各个方面，比如译文的读者倾向、对原文的理解、检索能力，以及职业满意度。这类实证研究已经开始支持以前的学者无意识中形成的想法：在翻译创作时，译者的感情有时候要比他们的语言能力更为重要；情绪过程理应是翻译研究中的一个研究领域、对象。在此我非常赞同罗霍的看法：对于情绪特质的研究，不仅有助于解释其对翻译过程的影响，还会帮助我们理解情感在问题解决和沟通任务中的重要作用（Rojo，2015：739）。然而，对于这些变量所起的确切作用的研究才刚刚起步，还需要更进一步测试它们对译者表现的影响。的确，我们的研究还远未到成果可以被复制的阶段，也很难比较不同语言、小样本以及不同文本类型之间的研究结果。尽管如此，我们的研究正在朝着正确的方向进行。最近的实证研究已经表明，译者的情绪特质可能不仅仅影响译作的最终面貌，还会影响译者对原文的理解和读者对译文的接受。事实上，对源文本情绪感知的实验测试表明，情绪和创造性之间可能存在联系（如Lehr，2013）。玛丽娜·拉莫斯和安娜·罗霍（Ramos Caro & Rojo，2014；Ramos，2016）的相关实证研究报告了音频描述对目标观众情绪反应的影响，尤其关注视听译员的情绪表达对目标读者和视译者的情绪体验的影响。他们的发现表明：视听翻译可以有效地在视力良好和视力受损的听众中制造情绪。在另一项研究中，罗霍、拉莫斯和瓦伦苏埃拉（Rojo, Ramos & Valenzuela, 2014）测量了10个西班牙语参与者的心率，发现不同的翻译策略可能给受众带来不同的情绪冲击。像这样的探索性研究表明：对译者调控情绪的方法的研究大有可为。尽管如此，如前所示，截至目前，在过程导向的翻译学研究中，对个体情绪差异的研究还不成体系，样本非常有限，研究结果也并不总是具有统计显著性。更重要的是，我们研究的是翻译与情绪的关系，而这在情绪智力的理论体系中还没有形成正式的概念。

显而易见，能够评估和传递自己与他人的情绪是跨文化交际的关键条件，因此也是译者的必备技能。正如我们所见，翻译中的决策过程至少在一定程度上受情绪的管控，这一观点在翻译过程研究中越来越为人们接受，尤其是在学界不再把译者大脑视为计算器而是重新关注翻译认知（Munoz Martin, 2016a, 2016b）中人的因素这种大背景之下。对于越来越多的对翻译中的情绪问题以及其他影响译者行为的人为因素的研究，本书希望能尽一己之力。"从主体的情绪、直觉和个人的行为风格等角度研究主体行为的各种变化。"（Munoz Martin, 2014: 67）本书是基于前述翻译过程的研究，采用心理学的新视角、新方法，探索已经被初步研究过的一些概念，以及至今尚未被研究过的新概念，以便把它们应用到对译者的研究上面。

2.4 职业译者工作中的情绪

在翻译行业，有两大来源可以搜集职业翻译人员感兴趣或关心的问题：译员的老板和译员自己。

　　首先可以说，译员的雇主越来越把情绪特质作为译员介绍中的重要内容。2013年，联合国发展署（UNDP）在对高级翻译的职位要求中，就包括高情绪智力能力和积极的态度[10]。英国秘密情报服务机构（MI6）招聘语言专家从事翻译工作时，要求申请人必须"表现出很高的情绪智力"[11]。在其他领域工作的雇主也越来越认可情绪在译员工作中起到的重要作用。比如，威尔士安格尔西岛县议会译员招聘广告就强调了该工作对情绪智力的要求，比如"能够处理令人难受和情绪化的事宜，例如在会议翻译中翻译儿童保护相关话题"，以及"纪律问题""偶尔与带有侵略性的人打交道""能够处理具有重大公众利益争议性的、易让人高度情绪化的事宜"（2017年安格尔西岛县议会）[12]。对于这些译员的老板来说，情绪处理是公认的专业翻译的核心素养。

　　其次，译员们越来越多地谈起情绪在他们的工作中起到的作用。在讨论翻译中的情绪问题的一期专刊中，希尔兹和克拉克（Shields & Clark，2011：2-3）呼吁人们注意：职业译者们对此最有发言权。在这一期专刊中，译者们讨论的问题——在后面几章我们也会探讨——包括如何翻译情绪负载词、译者自身的情绪如何才能在译文中反映出来，以及译者如何为读者创造性地翻译新的情绪材料。希尔兹和克拉克强调译者可能会经历各种情绪劳动过程，认为译者被迫"传达一些情绪元素，即使这些情绪元素非常有问题"（同上，5）。这一期专刊中，职业译者们的论述是对译者主观体验的承认，是提高人们对翻译中情绪问题觉察的重要一步，并且为译者提供了讨论他们经历的平台。上述这些反省性和描述性的论述都被纳入本书，使我们的研究可以由此纳入译者的专业视角。毕竟，如汉森（Hansen，2013：89）提到的，有着亲身翻译体验的人应该能够对情绪问题给出最精确的描述。

最能表现情绪的干扰作用的翻译领域就是文学翻译，这一领域产出了大量有趣的论文，这些论文专门研究情绪对翻译过程的影响。我曾在其他论文中提及（Hubscher-Davidson，2016），美国文学翻译家协会等组织已经强调过：文学翻译可以在语言和文学之间架起微妙的情绪桥梁，由此突显文学翻译中的情绪的一面。安德森（Anderson，2005：172）也认为文学翻译比技术翻译中更频繁地出现个性化的阅读和私人化的决策，因为文学翻译本质上具有主观性。最近一些专业文学翻译的叙述使我们对翻译是一种情绪现象有了更深刻的了解。有人把翻译过程描述为"知道如何去调整不满情绪"（Bernfsky，2013：230）或者"从生理上让感官满足的过程"（Cole，2013：11），甚至还有人说"翻译过程能带来深度快感"（Rose，2013：15）。这些情绪化的表达为我们当下的翻译过程研究带来宝贵的启发，同时也说明我们对这一问题的研究是非常及时的。

那些反思或记录过自己翻译工作的职业文学译者为我们理解译员如何管理情绪提供了宝贵的见解。比如，职业译者及学者马瑞拉·费尔特林-莫里斯（Marella Feltrin-Morris，2012：73）是这样描述译者的："译者是一个高超的中介，他一手牵动着原文一手牵动着译文读者的情绪之弦，在译文读者和看不见的原文作者之间建立了联系。"著名的文学翻译家玛丽莲·加迪斯·罗斯（Marilyn Gaddis Rose）也呼吁我们注意在文学翻译的过程中情绪是如何被改变的，她说，翻译可以"平息、激化、聚拢或驱散原文的情绪"（2012：26）。她认为降低情绪强烈程度并不一定会误导读者，因为读者有自己的心路历程，这决定了他们对文学作品的解读有自己独特的方式。在解释对情绪的管理/情绪失控的同时，像加迪斯·罗斯这样的文学翻译家也对文学作品预设的效果和目标读者对情绪材料的接受贡献了自己的独特见解。

第 1 章　情绪与翻译过程

　　尽管有大量的文学译者的证词可供研究[13]，他们的见解在本研究中也得到了足够的重视，但是我们的共识是：情绪和各种类型的文本的翻译都有关系，因为非文学文本也会饱含情感因素，引发强烈的情绪反应，所以在接下来的几章中我们也会引用一些非文学翻译的例子。

　　对于职业译者的情绪纠结，除了他们的书面叙述外，也可以从聆听他们谈论在会议上或工作坊的工作经历中感受到。2013 年在圣安东尼奥召开的美国翻译家协会的会议上，一位译员建议台下的听众只翻译那些令自己感到舒适和快乐的文本，或者有认同感的文本。另外一名译者声称翻译文学作品使自己得到了升华，灵魂得到了滋养。2014 年在伦敦召开的一个专题研讨会上，一群女性译者讨论了翻译如何让她们感到伤害，使她们厌倦、难过或者兴高采烈。除了这些证词，目前学界对译者的情绪世界还鲜有研究，本文将试图扭转这个趋势，弥补这个缺憾。

　　任何致力译者情绪和译文关系的研究，如果能将职业译者的观点考虑进去，这个研究就更有成效。在前文中，我说过过程研究者可以利用定量和定性的方法来理解译者的观点以及这些观点对译者行为的影响，尤其是翻译过程中更难以触摸的一面，比如情绪化行为和直觉行为（Hubscher-Davidson，2011）。在设计本次研究的时候，一个重要的考量就是纳入译者的声音，把他们的经验和体验考虑进去。除了特质情绪智力量表（TEIQue）的数据之外，我们似乎也有必要适当关注译者对自己译文的情绪，以及对整个翻译行为的看法。我认为：我们可以从译者的个人陈述中发现情绪和翻译的联系，这将不亚于用规范的研究方法（例如心理测量实验）得到的收获。因此，后面三章将包括译者对于翻译过程中情绪的感知、调节和表达的论述，这些论述有着各种各样的来源（如会议报告、论文集以及研讨会）。此外，译

37

者对文本中情绪的感知、翻译过程中的情绪调节，以及向读者传达文本中情绪等方面的观点等都将被收入各个章节。

3. 个案研究

在本章，我将介绍个案研究，解释本研究的数据是如何被收集和分析的。本研究可以说采用的是一种混合的研究方法，即把译者的陈述和对数据的分析结合在一起。单独采取定量或定性的研究方法都各有优缺点。正如德韦勒（Dewaele，2013：33-34）所说：一方面定量方法涉及精确测量，但不能对"个人生活的主观多样性"（Dornyei，2007：35）予以足够的关照；另一方面，虽然定性研究可以收集大量丰富的数据，但是却在方法上有失严谨。总之，汉森（Hansen，2013：89）提出：使用定性还是定量研究方法取决于具体研究的对象，而两者的结合被认为是研究情绪变化的最佳方法（Dewaele，2013：34）。

3.1 研究目标和假设

在本章伊始，我就明确说明，论文的目的是揭示情绪在翻译中所起的作用，尤其是情绪如何影响专业译者。文献综述中已经说明情绪特质在某些领域起到了关键作用，如工作能力、职业满意度[14]以及整体幸福感。文献也向我们表明，情绪智力人格特质已经被成功地用来测量在各个领域的人的主观情绪，令人信服地向我们展示了情绪智力高的人是如何更好地适应激发情绪的各种场合的。我们也发现，情绪特质可以影响在语言相关的活动中对情绪的感知、调节和表达，比如双语和多语研究，由此指向了情绪特质和翻译的关联性。最后我们回顾了翻译过程研究和译者对翻译中的感情过程的论述，更进一步证明：

研究职业译者的情绪会使我们更好地理解翻译行为。

在文献综述之后，本书将主要探讨以下研究问题：情绪特质的差别在多大程度上和职业译者简介中的各个方面及翻译职业生涯相关。因此，本研究的目标有两个：(1)论述可以阐明翻译中情绪的感知、调节和表达的具体的心理学概念和理论；(2)提供大量实证研究，测试特质情绪智力的各维度和与专业翻译相关的一系列变量之间的相关性。

我们的假设是：特质情绪智力处于不同水平的（更具体地说，包括情绪感知、调节和表达特质）职业译者将会在年龄、经验和职业满意度上体现出不同的特点。基于前人的研究，我们还预测：高情绪智力的译者将更善于在译作中感知、调节和表达情绪。总之，我们认可：情绪特质和职业译者行为的方方面面存在着一定的关系。本研究并不试图直接测试实际的翻译表现。事实上，测试情绪对于相应的译文质量的影响在其他研究中并没有得出结论（Rojo，2017：375）。因为在研究中使用的语言的种类繁多，参与者人数过多，直接测试翻译能力非常困难。我们的个案研究要发掘的是专业译者的经历和他们的各种特征之间的关联。最后，我们认为有必要探明特质情绪智力是否是翻译过程研究中描述译者的另外一个有意义的变量（见 Munoz Martin，2010a，2012）。如果在情绪智力分数和其他变量之间存在着关联，这会为我们研究译者行为，包括职业成功带来启示。

3.2 参与者

本次个案研究的样本由 155 名职业译者组成，其中女性 122 名，男性 33 名（平均年龄 47 岁，标准差 = 14.302 年，年龄跨度 = 21—87）。我们主要通过世界各地的翻译协会联系上了这些参与者，翻译协会包括英国笔译和口译研究所（ITI）,英国文学翻译中心作家翻译（BCIT），作家翻译协会（TA）、欧洲传统文学协会理事会（CEATL）、德国联邦口译员和翻译协会（BDU）、加泰罗尼亚专业翻译协会（APTIC）、西班牙翻译人员、文案编辑和口译员协会（ASETRAD）、美国文学翻译家协会（ALTA）、美国翻译家协会（ATA）。事实上，我们不清楚有多少译员是通过翻译协会联系上的，但是鉴于至少49%的答卷者至少隶属于一个职业协会，我们可以认为这种联系参与者的方法是有效的。大约有70%的参与者称他们是自由译者（不隶属于任何公司）。在参与者的母语方面，93%的人报告母语是英国英语或美国英语，除此之外，还有一些其他语种的母语者，其中17人德语、12人法语、8人西班牙语、4人意大利语、2人俄语、1人荷兰语、1人波斯语、1人拉脱维亚语、1人葡萄牙语、1人塞尔维亚语、1人斯洛文尼亚语、1人瑞典语。有些参与者声称有两种母语：7人加泰罗尼亚语兼英语，1人巴西葡萄牙语兼英语，1人英语兼法语，1人英语兼意大利语，1人英语兼他加禄语，1人苏格兰语兼英语，1人西班牙语兼英语。

也许是采用了方便取样的方法，本研究的受访者中女性比例非常高，且以英语为母语。[15]正如其他文献中提到过的那样（Hubscher-Davidson,2016），单一性别样本比例过高会影响样本的代表性以及研究结果的普遍适用性。理想状态下，本研究结果应该可以在其他场景下用其他的译者作为参与者复制出来，尤其是如果能够得到非英语母语的译者的问卷调查结果那就更好了。尽管如此，相对较大的样本促成了本研究的较高的生态效度[16]。博林和赫维尔普兰德认为："样本量越大越好，在其他条件一致的情况下，大样本可能更具有代表性，更具有卓越的统计功效。"（Balling & Hvelplund, 2015：173）对于翻译过程研究来说，155个参与者还算不错的样本规模。本样本的另一个优点是它要比其他情绪研究中使用的样本更为多样化。实际上，大部分情绪特质研究的参与者都是有西方文化背景的大学生。安德烈等人（Andrei et al.，2016）建议运用特质情绪智力量表的研究应该寻求并使用新的研究参与者和新的场景，比如实验室外的非学生群体样本。在某种意义上，本研究通过在"现实世界"中抽取多文化背景的专业人士，试图用特质情绪智力研究的样本结构来弥补研究方法上的不足。

参与者平均有13年的翻译从业经历，均受过高等教育。其中，148人有本科文凭，116人有研究生文凭，意味着大约75%的参与者达到硕士水平。109人取得了翻译资格证书，102人取得过非翻译的资格证书，大约36%兼有翻译和非翻译的资格证，虽然在非翻译的资格证中只有12%是非语言相关的资格证。在样本中，18名译者提供了他们出版的译著所获奖项和证明。有意思的是，45人自称是职业文学译者，在近两三年至少出版过一本文学译著。[17] 80名参与者声称做过全职翻译（至少85%的工作时间用来翻译），而21%的参与者声称2/3或一半工作时间用于翻译，其余的参与者将整个工作时间的一半或更少的时间用于翻译。虽然我们看到约70%的参与者认为自己是个体经营者，将大部分工作时间花在了翻译上，86%的参与者表示他们是自由译者。本研究所采样的人群职业五花八门、从事的翻译类型各异且来自不同国家，所以最终的研究结果不局限于一个具体的场景或一种类型的翻译。毛姆等人（Momm et al.，2015）认为：像我们这样使用异质化的样本会增加实验结果的外部有效性[1]。

---

[1] 外部有效性指研究在多大程度上可以进行外推，即将研究成果用于不同的人群、不同的时间、不同的地点，等等。可以预见，外部有效性越好的因果关系价值越高，因为人们可以在更多的场景下使用它。

3.3 方法

在翻译过程研究中，学者们已经认同有一套复杂的变量影响译者的行为。译者的情绪智力特点可能起到一定的作用，但是其他与个人经历有关的因素和背景也会塑造特定的翻译行为。本研究的一个主要目标就是更多地了解外部因素和译者的一系列心理特征之间的相互作用。

为此，本研究设计了两个问卷来收集数据。首先，参与者在网上用英语填写问卷（题目包括参与者的母语、工作语言、翻译资格、受教育程度、受雇现状、翻译从业年限和翻译的数量、从事文学翻译的身份证明、文学翻译经历、从事翻译所得的奖项和奖励、是否为翻译协会会员等）。

在填写完关于身份背景的调查问卷后，参与者就被引导登录另外一个有特质情绪智力量表（TEIQue）测试的网站。在参与者下载并完成量表测试后，将结果发送到一个指定的电邮地址。参与者一共需要完成153道测试题。如前所述，特质情绪智力量表是一个很有效的心理测量工具，覆盖15个与情绪有关的维度、4大因素。这15个维度与特质情绪智力采样域联系在一起，每一个测试项目都隶属于一个单一的因素（如同理心）。维度范围要比因素范围窄（比如情绪性），而因素范围又比总的特质情绪智力范围窄。参与者首先经过培训，在安静的状态下完成特质情绪智力量表，然后被要求选择最能符合他们自身状况的某一选项作答，同时，他们会被告知答案并无对错之分。参与者被要求用"李克特7点计分法"作答，范围从"完全不同意"到"完全同意"。样本条目包括"如果我想要控制情绪我通常能找到办法""我很容易找到准确的词汇描述我的感受""站在对方的立场上思考问题，对于我来说绝不是个问题"。总分需要经过计算，分数越高意味着特质情绪智力水平越高。特质情绪智力量表一共有26种语言的版本，非英语的版本都是应要求提供的。

除了这153个条目，特质情绪智力量表还问了参与者的额外信息，比如年龄、性别以及职业满意度和工作成就等。关于参与者职业满意度和工作成就的数据来自他们对下列一些问题的回答：你在你这一行干得出色与否？工作时你是否快乐？对此，参与者需要根据"李克特7点计分法"进行选择，从"完全不同意"到"完全同意"。[18]这些额外的信息使我们可以搜集到相对全面的参与者的背景资料。

两份问卷大约需要30分钟完成并提交。从2011年到2012年问卷一直挂在网上。总共155名参与者对两份问卷均进行作答并提交。为保密起见，他们的个人信息都被匿名处理。像其他类似的研究一样，我们发现用电子手段收集来的数据最终被证明是可靠有效、经济实用的。

我们一般通过译员隶属的职业协会的行政人员接触到他们，在告知了他们种种必要信息，经过他们同意之后才让他们毫无压力地参与问卷调查。第三方接触给他们提供了拒绝的机会，这比直接联系他们更能减轻他们不必要的压力。我们希望能通过这种方法避免不必要的不适，鼓励参与者自愿参加。刚开始接触时，参与者都会收到一个四页文档，详细解释该研究项目及其意义，我们还给了参与者我们的联系方式，以便他们获取更多的信息。有几位参与者利用这次机会，与我建立了联系，我们通过电子邮件进行了深度讨论，这对我的研究有很大启发。

志愿者被告知：在填写调查问卷前，他们提供了书面的知情书，自愿提供资料让我们研究。问卷都是匿名的，数据被用一套只有研究者知道的系统编码，以保留参与者的身份。参与者可以要求了解基于本研究而出版的任何作品的细节。应英国数据保护法和伦理批准要求，收集到的个人信息都在研究结束后予以销毁。

如前所述，我们收集到的背景信息能对职业译者性格中的关键特点做出界定。比如，翻译从业年限、职业满意度、工作成就等内容可以被当作翻译职业成功与否的指标，而关于年龄和受教育水平的问题可以作为情绪智力的决定因素。之后的章节将聚焦具体的情绪特质中的一个具体的变量，选该变量是由相应章节的文献综述决定的。比如，第 3 章对情绪调节文献的回顾就强调了情绪调节和学术成就之间的联系。因此，在该章节中分析情绪调节特质和受教育水平之间的关系就很有意义。第 4 章对情绪表达文献的回顾揭示了书面情绪写作和广泛的练习之间的联系，所以关注译者的情绪表达特质和他们的从业年限之间的关系似乎是别具意义的。

在本书的研究中没有使用让译者界定自己是否是文学译者的问题，因为该问题并不适用于本书的研究。关于得奖与否的问题本次研究也弃之不用。尽管如此，让译者回答职业生涯中是否出版过文学译作也有特别的用意，这个问题使我们能辨别文学翻译的不同层次，并且把它们和不同水平的情绪感知、调节、表达联系起来。写作研究中，人们已经发现了情绪特质和文学活动之间具有很强的联系。因此，深入研究具体的情绪特质和文学翻译经验之间的关系便有了必要性。如果本研究中的译者没有出版过文学译作，他们可以选择合适的选项表明这一点。表 1.3 是本研究探索的社会生物学变量的一个列表，包括每个变量的操作方法。有些问题是从前述的两份调查问卷中得来的。所有的数据分析都由数据分析软件 SPSS 执行。

在每章分析完相关的变量之间的关系后，我们会根据文献综述的知识对结果进行讨论，包括情绪和翻译研究以及职业译者的论述和观点。如前所述，收集译者的口述和记录（质性数据）是因为希望把译者独特的生活体验纳入研究。这些口述和记录都是非常有用的信息来源，因为它们是未经请求主动提供的，是译者观点和关注点的自然证据。我们没有采用常见的采访形式来引出"内部的故事"（Hammersley & Atkinson，2007：103），而是在每章中分析了独立于本研究之外的个人陈述，然后把这些陈述并入对个案研究的讨论，以此对所研究的主题提供独特的见解。提供这些主观陈述的译者显然都有自己的观点，但数据中的任何潜在偏见都同样有趣，因为它揭示了译者组织情感体验和观点的方式。

表1.3 研究变量及操作

变量	操作
年龄	**问题** 你是哪年出生的？ **回答** 出生年份，从1926年到1992年 **分析对象** 年份被转化为数值：1979＝35，1960＝54，等[①]
职业翻译经验	**问题** 你有多少年的职业翻译经验？ **回答** 填上一个数字 **分析对象** 数值介于0–53

续表

变量	操作
职业满意度	**问题** 你对翻译工作是否满意? **回答** 量表分值1—7,1=不满意,4=一般,7=非常满意 **分析对象** 分值介于1—7
工作成就	**问题** 你在本行业中表现如何? **回答** 量表分值1—7,1=不好,4=一般,7=非常棒 **分析对象** 分值介于1—7
用于翻译的时间	**问题** 作为译者,你花在翻译上的时间有多少? **回答** 可选择的七个选项:很少;偶尔(不超过工作时间的1/4);总工作时间的1/3;工作时间的一半;工作时间的2/3;工作时间的3/4;所有工作时间 **分析对象** 每一个选项都赋予特定的分值:偶尔=2分,所有工作时间=7分

续表

变量	操作
文学翻译经验	**问题** 在你的工作年限内,是否有出版文学译作的经验? **回答** 五选一:没经验=0%;经验很少=20%;有经验20%~50%;很有经验:50%~70%;经验丰富=75%~100% **分析对象** 对每一项赋予分值:0%=1分,0%~20%=2分
外国语言/外国文化②	**问题** 你的母语是什么?你的工作语言是什么? **回答** 母语和工作语言分别填入不同的文本框里 **分析对象** 为了第2章的研究目的,语言组合被分为三类,每一类赋予不同分值 1=2004年前的欧盟国家语,2=2004年后的欧盟国家语,3=欧盟国家和非欧盟国家的语言
翻译资格	**问题** 你取得的最高翻译资格是什么? **回答** 五个选项:无;文学学士/理学学士/工学学士;文学硕士/理学硕士或相当;博士;其他 **分析对象** 每一选项赋予分值:无=1,文学学士=2,等③

续表

变量	操作
教育	**问题** 你的最高学位是什么？ **回答** 六个选项：GCSE（普通中等教育证书）或相当；A水平或相当；文学学士/理学学士；文学硕士或理学硕士，工商管理硕士，博士 **分析对象** 每个选项赋予不同分值：GCSE=1，A Level=2等

备注：① 数据是2014年分析的。
② 该变量在第2章中进行了探讨，因为其和情绪感知具有潜在的相关性。
③ 如果参与者选择"其他"选项，他们可以添加内容予以解释。根据他们填的翻译资质，赋予它们同等的分值。比如，一名参与者勾选了"其他"，随后注明他持有德国译员文凭。根据我的了解，这个文凭含金量相当于英国的硕士翻译文凭，因此给予了相应的分值。

虽然统计分析可以使我们测量特质情绪智力和各种变量间的相互作用，但口头和书面说明有助于阐明数据中发现的模式背后的可能原因。我们不会一概而论，收集这些量化信息的动机在于更为准确地了解译员如何理解他们过去的经验。用这种方法收集译员的口述会使我们更清楚地了解情景，从而能更完整地解释实验结果。与布莱曼提出的基本原理如出一辙，我们使用混合测量工具是出于双重原因：研究的彻底性和解释性，即允许更好地涵盖研究的复杂对象，此外，用一种方法有助于解释另一种方法得出来的结论。

3.4 关于变量、相关性和效应值

本研究基于以下假设：情绪智力和一系列文化、情境以及个人变量之间有交互作用。鉴于特质情绪智力相对稳定且部分由基因决定（Vernon et al., 2008），它很有可能会先于其他变量产生且影响其他变量。尽管如此，一些早先介绍过的变量，通过与译者背景相关变量一起发挥作用（见表1.3），也可能会影响职业译者感知、管理和表达情绪的方式。例如：文学翻译经验很有可能影响译者的特质情绪智力水平。如果情况的确如此，翻译经验可以假定为自变量，会导致因变量特质情绪智力发生改变。但是这个情况并不明确，很难确定众多变量中哪个发生在前。比如一个人的特质情绪智力是随着文学翻译经验的增长而增长，还是先于文学翻译而存在？正如我们将在接下来的几章看到的那样，对这个问题并没有确切且肯定的答案。由于这两者（文学翻译经验和特质情绪智力）产生的时间先后顺序不确定，本研究借鉴现行文献，探索了相关变量之间的关系并对效应值做出合理的猜测。虽然有时有可能猜到哪个变量率先发生，并对其他变量产生影响，但这些关系发生的时间顺序还是难以确定。[19]

除此之外，在接下来的几章中发现的任何变量之间相关联的证据并不意味着因果关系，强调这一点很重要。因为还有可能有其他的容易混淆的变量。比如文学翻译经验和特质情绪智力在统计学上显著的正相关可能意味着这两个变量之间存在着某种关系或联系，但却并不意味着一个导致了另外一个，因为很有可能存在其他一些因素（如年龄），这些因素也影响了这些变量。

基于上述原因，在构建下面几章时我们似乎应该谨慎一些，尤其应该注意不要夸大变量之间的关系。事实上，本研究的相关系数并不

能解释占比很大的变异性，我也同意多涅（Dörnyei，2005：24）的说法，人格并不能解释所有东西，只能解释占比很少的差异。在多语和二语习得等领域对人格特质进行的类似研究的效应量通常也很小或适中（如Dewaele，2017），在翻译研究中可以合理预期小到中等的效应量或相关系数。尽管如此，这并不意味着我们不能从收集到的资料中获取宝贵的信息。如前所述，人格变量是非常强大的调节变量，如果与整体思维、认知能力一起解读的话，可以帮助预测个人成功的可能性（Bontempo et al.，2014：36）。

3.5 有效性、可信度及相关问题

我们已经在本章中说过，特质情绪智力量表可信度非常高，已经显示出强有力的有效性证据，因为它产生了一致的、可复制的结果，可以反映正在被测量的概念。接下来需要探讨的是背景调查问卷的有效性和可信度。因为问卷包括具体的客观问题（关于受教育水平、从业年限等客观事实），如果重复问卷，回答很可能也是类似的（重测信度）。另外，类似的问题会有类似的回答（内部一致性），比如在年龄和翻译经验之间就有很强的线性相关性（$r = .72$，$p<.01$）。所以，我认为收集到的数据是可靠的，且对于本研究提出的问题而言是充分的。至于背景调查的有效性，如自我感知的职业满意度和工作成就等问题，就有可能存在一些挑战性，因为这些问题测量的是相对抽象的东西。事实上译者自己对职业满意度和工作成就的感知可能并不是这两方面的真实反映，并不能像真实的行为（面部、内容、概念和标准有效性等）那样，准确充分地得到测量。尽管如此，已经有大量充分的证据证明了这类自我报告的有效性，这是由实际行为和自我报告之间的强关联所证实了的（MaCrae & Costa，2008：161-262）。

在本研究中存在的有可能影响有效性和可信度的一个问题是：有些非英语母语的译者会用英语回答问卷，尽管他们可以选择用母语回答。由于研究已经证明问卷的语言可能会影响回答风格，个体会倾向于用与该语言相关的文化所能接受的方式回答问题（文化适应效应；如 Harzing，2006），因此格克琴等人建议"社会科学问卷应该尽可能地让答卷人用母语回答，以便最大限度地减少文化对实证结果有效性的影响"（Gokcen，2014：34）。事实上，确实有译者选择了用英语而非母语来答卷，这必然影响了本研究的可信度。尽管如此，职业翻译在工作语言上的高度熟练性可能会把这种影响降到最低[20]。

译者的文化背景问题也值得一提。参加问卷调查的译者来自不同的国家，拥有不同的文化背景。[21] 因此，虽然参与者不同的文化背景可能会对研究结果造成影响，毕竟对问卷的回答可能受文化因素影响（这些文化因素是由于跨文化个性特征表达的潜在差异造成的），不过译者的不同文化背景并不会影响特质情绪智力量表回答模式的跨文化稳定性。虽然相对较大的样本数和特质情绪智力量表的高可信度都是本研究在方法上的优势所在，但其研究结果依然需要在不同文化中复制和做更进一步的研究。

3.6 特质情绪智力量表的描述性数据

在接下来的几章我们将集中探讨特质情绪智力的各个维度，而不是仅仅探讨总的特质情绪智力，这样的安排是经过深思熟虑的。首先，译者的总特质情绪智力、文学翻译经验、对工作的满意度以及工作成就之间的关系，已经被许布舍尔-戴维森在相关论文中（Hubscher-Davidson，2016）讨论过了。在这里再次讨论总特质情绪智力有重复之嫌。其次，佩特里迪斯等人（Petrides et al.，2016：2）强调："特质情绪智力是一个分等级、多维度的概念，它的总体水平不可能涵盖这个概念下所有情绪感知的变化。"如果本研究只关注职业译者的总特质情绪智力的分数，将会掩盖某些变量和特质情绪智力维度之间的重要差异关系。所以，我们告知读者这个研究需要与其他情绪智力研究结果保持一致，对于总特质情绪智力和其他变量的关系没有展开讨论。在本研究中，总特质情绪智力和年龄变量（$r = .20$，$p<.5$）、受教育变量（$r = .18$，$p<.5$）之间有统计学上的显著相关性。

就特质情绪智力量表的描述性数据而言，译者的总特质情绪智力分数介于 3.29—6.36 之间。表 1.4 按性别列出了 15 个维度、4 个因素和总特质情绪智力分数的均值和标准差。两性的总特质情绪智力的平均值表明译员比理论上的平均 3.5 分的得分高很多，这与特质情绪智力量表的常规样本的数据一致（Petrides，2009a：17）。

表1.4　特质情绪智力量表按性别区分的平均值（Mean）、标准差（SD）、效应值

	女性（122人）		男性（33人）			
	平均值	标准偏差	平均值	标准偏差	t检验（t）	效应值（d）
总特质情绪智力	4.94	0.55	4.88	0.55	−0.50	.11
情绪性	5.29	0.69	4.95	0.83	−2.19*	.45[a]
自我控制	4.46	0.76	4.76	0.62	2.32*	.43[a]
社会认知	4.63	0.74	4.49	0.68	−1.02	.20[a]
幸福体验	5.31	0.84	5.31	0.93	0.01	.00

续表

	女性（122人）		男性（33人）		t检验（t）	效应值（d）
	平均差	标准差	平均差	标准差		
适应性	4.57	0.94	4.51	0.86	−0.36	.07
果断性	4.60	0.94	4.47	0.72	−0.81	.16
情绪表达	5.04	1.17	4.52	1.34	−2.01	.41[a]
情绪管理	4.63	0.86	4.35	0.92	−1.57	.31[a]
情绪感知	5.09	0.85	4.68	0.92	−2.29*	.46[a]
情绪调节	4.28	0.99	4.64	0.71	2.34*	.42[a]
冲动性	4.71	0.94	4.88	0.82	1.00	.19
人际关系	5.58	0.79	5.47	0.72	1.08	.21[a]*
自尊	4.93	0.88	5.20	0.90	1.50	.30[a]
自我激励	5.08	0.78	5.24	0.72	1.08	.21[a]
社会意识	4.66	0.84	4.65	0.91	−0.07	.01
压力管理	4.39	0.94	4.76	0.81	2.24*	.42[a]
同理心	5.46	0.78	5.11	1.01	−1.86	.39[a]
幸福感	5.67	1.08	5.66	1.22	−0.02	.01
乐观	5.34	1.01	5.08	1.08	−1.22	.25[a]

* 表明相关性在 0.05 水平上统计显著（双尾检验）
a 表明小到中等的效应值（均数比较：Cohen's $d \geqslant .2$）

有趣的是，在这份样本中，在性别方面没有发现总特质情绪智力的明显差别（$t_{(155)}=-.50$，$p=.62$），这一发现与许多文献发现相吻合。表明在维度和因素这一层面的差异更为引人注目（Petrides，2009a）。例如表1-2表明女性译者比男性译者在情绪性（$t=-2.19$，$p<.05$）这个因素和情绪感知维度（$t=-2.29$，$p<.05$）上得分更高；男性译者在自我控制（$t=2.32$，$p<.05$）和情绪调节（$t=2.34$，$p<.05$）这两个维度上比女性译者得分高。这张表还显示，标准差是可比的，表明女性和男性的回答具有类似的离散度（Petrides，2009a）。

如前所述，总特质情绪智力和年龄正相关，并且有统计学上的显著性，年长的译者总特质情绪智力分数更高。这一发现也与之前的文献相吻合。年龄这一变量在后文中还会提及。本研究发现，特质情绪智力量表的内部一致性（α）高达0.87，是特别适用于测量狭窄概念的测量工具。迄今为止，特质情绪智力量表已经被翻译成26种语言。英国心理学会（2014：14）声称，该量表"可以在组织内各级人员的辅导和个人发展方面发挥重要作用"。

虽然接下来的几章主要关注特质情绪智力的三个维度，但为了透明起见，特质情绪智力的所有方面和研究变量之间双变量相关性都将在附录2里列出。

3.7 其他考量

如前所述，本论文的其他三章中探讨的情绪概念代表了情绪过程的三个方面（感知、调节和表达），这三个方面在一些重大研究及心理学和情绪功能的相关理论中占有重要位置。在接下来的几章，我将首先总体介绍心理学中普遍理解的情绪概念，特别是人格心理学中对情绪的理解，然后探讨译者在书写和口头论述中对情绪结构的体验，[22]最后讨论具体的情绪结构相关个案。虽然这些情绪结构将在各章中被分别讨论，但需要记住的是这种分类是人为的。我们采用的理论认为，情绪过程是流动的、循环的，一篇学术论文无法将其完全解释清楚。

还有一点尤为值得一提。由于本研究具有跨学科性质，因此很有必要从翻译和情绪研究两方面汲取学术养分。但跨学科书籍不可能对所有人都适用。虽然我的目的是介绍心理概念和翻译的相关性，但我并不认为这是一本关于情感科学的书。本书回顾了该领域的概念，为讨论情绪如何影响译者的工作提供了参考。但是由于时间和空间的限制，没有充分探索这个蒸蒸日上的领域。格罗斯（Gross，2008：701）曾经说过："鉴于情绪研究的跨学科性质，接受过该主题正式培训的心理学家相对较少，更遑论紧跟情绪研究潮流的心理学家。"同样，虽然在翻译研究领域有大量的著作或相关多语种译作，但其获取难度和成本都相当高，所以我有可能会忽略一些相关的研究。此外，为了激发辩论，找出与翻译相关的话题，一些讨论可能以推测的方式进行。

尽管有上述局限性，我仍然希望本书能够给读者提供一些有益的概念和理论，以此启发对这两个学科交叉点的进一步研究。个案研究的结果尤其应被视为引发更多问题、更多假设和研究的跳板。本书的写作所秉承的是探索精神，这尤其适用于对未知领域的研究。

在翻译学研究中，借用心理学概念和方法并不受待见。有的学者对心理测量工具疑虑重重，且对从心理学引进的相关理论和工具并不熟悉。尽管如此，我们必须承认，翻译过程非常复杂，如果我们想要解释清楚的话，必须对各种研究方法持开放态度。充分运用各种方法，从不同角度分析翻译过程只会丰富过程导向的翻译研究。

接下来的一章我们将会介绍情绪感知这一概念。

注释

1. 为了避免混乱，后文用"概念"一词指代本书中讨论的情绪过程的三个部分（情绪感知、情绪调节、情绪表达）。如果是在情绪智力理论中，这三个部分用"维度"来指代。

2. 在气质研究文献中，情绪性指的是情绪的反应成分（情绪唤起的难易程度和强度；Rydell, Berlin & Bohlin, 2003: 30）。

3. 情感气质的起源部分来自遗传，也可能与其他个人因素有关（Revelle & Scherer, 2009: 305）。

4. 有必要强调的是，最新研究表明人在老年时候的人格与青春期、中期截然不同。虽然也有证据证明儿童期到成年中晚期，以及从中年早期到更年老时，人的人格具有一定的稳定性。

5. 有趣的是，最近的理论研究表明，这两种观点都可以在一个综合模型中得到体现，该模型包含三个松散联系的层次：知识、能力及特质（Brasseur et al., 2013）。

6. 最新的科学证据已经反驳了这个观点：人格会随情境变换而变换（特定情境有效性），而接受另一观点，即科学设计的人格测试具有跨情境的通用性（Petrides, 2009a: 7）。

7. 学者们赋予了翻译学这个领域以各种标签：包括认知翻译学（Munoz Martin, 2010b）及翻译心理学（Holmes, 1988; Jääskeläinen, 2012）等。我选择使用翻译过程研究（TPR）这一现在广泛使用并为大众理解的术语。在本研究中，TPR被理解为涵盖所有过程导向的翻译方式。

8. www.skillscfa.org/images/pdfs/ National%20Occupatinal%20Standards/language%20and%20Intercutural%20Working/2007/Translation.pdf, accessed April 2017.

9. 由于篇幅限制，本节的重点是在（广义上的）过程研究的子领域进行的研究。

10. http://jobs.undp.org/cj_viewjob.cfm？cur_job_id=36267，accessed April2017.

11.www.sis.gov.uk/language-specialist.html，accessed April 2017.

12.www.anglesey.gov.uk？journals/j/f/a/Translator-31.03.15pdf，accessed April 2017.

13. 科斯特（Koster，2014：140）强调：文学翻译是翻译中最常见的研究领域，也许是因为大家认为它是一项高尚的活动，具有重要的文化意义。

14. 职业满意度可以被定义为"和大的工作环境和具体职业设置相关的满意或不满意感的来源"（Rodriguez-Casto，2016：205）。

15. 尽管如此，进行的独立样本 t 检验发现，当按性别、就业状况和母语划分数时，该样本在总特质情绪智力方面没有显著差异。（见Hubscher-Davidson，2016）。这表明虽然这些群组在样本中占比过大，但数据并没有显示出受访者之间总特质情绪智力分数的显著差异。此外值得注意的是，本研究设计上的一大优点就是来自世界各地的受访者有着多种多样的语言组合，这对于研究的生态有效性很有益，可以使混杂变量最小化（Wilson & Dewaele，2010）。

16. 有意思的是，德韦勒（Dewaele，2013：43-44）提出：在线问卷调查中受过高等教育、会使用多国语言的女性参与者的比例过高，这可能是因为个人对主题的兴趣或动机。事实上，女性可能更乐于回答私人问题和讨论情绪。

17. 在许布舍尔-戴维森的论文（Hubscher-Davidson，2016）中，提到文学译者总特质情绪智力得分略高于非文学译者，虽然这个差距不具有统计学上的显著性。

18. 正如其他学者所强调的（如 Dewaele & McCloskey，2015）：大部分人格研究者依赖这种类型的自我感知来建立人格档案。尽管这有可能会使研究受到社会期望偏差的影响，但值得指出的是，参与者并没有理由在匿名问卷中撒谎。问卷的有效性问题将会在本章末尾予以讨论。

19. 值得注意的是，许多对情绪智力的研究往往会认为这些是行为的前因（如 Momm et al., 2015）。

20. 在一项要求多语者必须用英语回答问卷的研究中，德韦勒（Dewaele，2013：47）认为这一要求不太可能会影响最终结果。

21. 最近的研究已经说明，在不同的语言文化之间情绪体验的同大于异（Ozanska-Ponikwia，2013：3-4）。这与我们之前的假设不同。

22. 如前所述，虽然接下来几章讨论的重点是笔译，但也会适时提及我所知的口译方面的相关研究。

第2章

情绪感知

> 翻译不仅仅是一种脑力活动，如果有人这么认为的话，那么脑力活动就应该被重新定义。
>
> ——卡罗尔·迈尔

在本章中，我们将探讨情绪感知这一概念。情绪感知是一个过程，通过这个过程，个体可以解码自己和他人的情绪，从而为恰当的行为反应做好准备。本章将首先为情绪感知下定义，回顾相关的研究文献，然后解释人们什么时候、如何辨别情绪，以及情绪感知的方式如何影响人们的生活，包括情绪感知与总体的身心健康之间的关系。本章概述了在特质情绪智力理论内部对这一概念的理解和使用，提供了一些特质情绪智力在实践中运用的实例。此外，还讨论了译者情绪感知的差异及其对翻译的影响，并试图回答以下问题：译者辨别和解码文本中情绪的方法是否会影响翻译过程的后续发展？本章最后通过运用个案研究得来的证据，探讨了这个问题的答案。

1. 情绪感知与心理学

1.1 情绪感知：定义

为了更好地了解世界并应对相关挑战，人们总是试图从他人那里获得社交和情绪的线索。情绪感知被认为是一种进化适应的结果。布罗施、普图瓦和桑德（Brosch, Pourtois & Sander, 2010: 66）认为，我们把环境中出现的刺激物在大脑中生成图像，感知就是在大脑中把刺激物转化成"可理解的、主观的、可报告的经验。这种经验采纳的形式就是激活大脑中某一特定区域"。因此，感知过程就是对刺激物的分类，以使我们可以过滤信息，减少信息的复杂程度，帮助我们理解周遭的环境。

刺激有不同的类型，有些会直接影响我们的心理健康。一般认为，情绪刺激尤其会被优先加工，因为它需要个体迅速对情境做出评估，然后做出适应性的行为反应（Phelps, 2006; Phelps, Ling & Carrasco, 2006; Zeelenberg, Wagenmakers & Rotteteel, 2006）。相较于非情绪刺激，对情绪刺激的感知一般被认为是加强的，会被迅速而准确地划归到特殊的情绪类别中去（Brosch, Pourtois & Sander, 2010: 67）。然而对于归类过程如何展开以及各个类别如何界定，不同的学派看法不同。鉴于在情绪感知这一领域已经有了大量的研究文献，因此有必要将讨论范围限制在更具体的情绪类别和情绪感知上。

尽管学者们已经基本达成共识，认为情绪会组织对刺激的适应性反应，但对于情绪感知过程的机制还存在分歧。布罗施、普图瓦和桑德（Brosch, Pourtois & Sander, 2001: 71-73）充分总结了文献资料中对于情绪刺激分类的不同观点。基于布罗施、普图瓦和桑德（Brosch, Pourtois & Sander, 2010）提供的信息，我在表2.1中列出了四种主要的情绪理论，并简要描述了关于情绪刺激分类的不同情绪理论及其概念。

　　基本情绪理论认为某些类别的刺激会触发预先定义的情感程序，引出特定的反应模式（一个自下而上的过程）；评估理论则强调了对刺激进行主观评价的重要性，以及在调整方面具有的更大的灵活性；维度理论把刺激处理与对刺激物积极或消极的评价联系起来；建构理论声称语言场景限制了情绪的分类和映射（自上而下的过程；Brosch, Pourtois & Sander, 2010: 73）。有趣的是，基本情绪模型和评估模型受到了猛烈的抨击，不仅仅是因为这两个模型要么视情绪为与生俱来的，要么把情绪反应归纳到固定的门类中去，但是已经有证据表明情绪类别实际是习得的、灵活的而且具有很强的适应性（Barret, 2006; Barrett, Lindquist & Gendron, 2007; Lindquist et al., 2012）。人们普遍认为，不同的刺激通常基于不同的因素，如环境或当前刺激物引发的感情等大致可归到灵活的情绪类别中（Brosch, Pourtois & Sander, 2010: 75）。情绪分类结合了情绪引发和情绪反应的各个方面，因而具有文化决定的固有的特征。据巴雷特（Barret, 2006: 27）所言，当个体对其内部状态进行分类时，就会产生情感体验。布罗施、普图瓦和桑德（Brosch, Pourtois & Sander, 2010: 76/80）认为情绪类别引导了对情绪刺激的感知，而情绪有助于优化对相关刺激的适应性行为，以促进机体健康。

表2.1　关于情绪刺激分类的不同情绪理论及概念

	基本理论	评估理论	维度理论	建构理论
情绪	明显，基础	用标准进行衡量评估	消极/积极	人为的
类别	内在	主观/视情境而定	效价/唤醒	以语言为基础
过程	吻合模式	灵活反应模式	激活/改变核心感情	有局限的映射

在有关情绪感知的研究文献中，一个重要的研究脉络是刺激的情绪性对个人行为的影响（情绪和感知之间的相互关系）。比起其他刺激，情绪刺激可以更快地吸引我们的注意力，更慢地脱离注意力，这表明我们对环境中的情绪刺激非常敏感（Phelps，2006）。这种敏锐的感知使我们不仅能够迅速地处理情绪刺激（无论这个刺激是正效价的还是负效价的），而且能使我们快速调节反应——这显然对我们的心理健康有益。杏仁核据说在情绪刺激的快速感知方面，也起到了重要作用——它负责在人们意识知觉之前快速应对情绪内容[1]（Phelps，Ling & Carrasco，2006：292）。

这种情绪和注意力之间的互动意味着注意力可以促成或准许情绪产生，反过来，构建情绪和调整注意力的焦点。格罗斯（Gross，2008：705-706）认为，如果某个对个人很重要的事物受到威胁，人的注意力就会被导向环境中潜在的重要方面；如果某事物在该环境中被视为相关或重要（使得情绪得以展开），就会有额外的加工资源被专门分配给它。与此同时，个体会揣测发生了什么以及如何最好地应对，这有可能会打断正在进行的行为。至于在这个情绪加工过程中存在的个体差异，我们将会在后文进行分析。

有趣的是，菲尔普斯、凌和卡拉斯科（Phelps，Ling & Carrasco，2006：298）认为，情绪会影响最基本的感知能力，比如前期视觉。泽伦伯格、瓦根马克和罗特维尔（Zeelenberg，Wagenmaker & Rotteveel，2006：287）认为，具有情绪意义的字眼，如死亡、爱情等会比中性字眼的加工更为高效。事实上，有人认为人们无须刻意控制认知资源或努力思考，仅用最少的认知资源就可以感知和辨认各种各样的情绪，继而影响他们的行为（Tracy & Robins，2008）。虽然这一领域的研究倾向于探讨面部情绪感知，我们也可以由此推测尽管译者的认知负担很重，但是也可以快速准确地感知和辨认文本中有重大情绪意义的内容，且在最初时是无意识的。情绪对感知和随后行为的作用和影响在文献中得到明确的支持（Barret，2006）。情绪感知和辨识[2]会自动发生且在个体未觉察的情况下影响其行为。这一事实对于我们理解情绪状态显然有着重大意义。

还有一件有趣的事值得一提：情绪对于注意力的影响可能会因所处的情绪类型不同而发生变化。虽然一般来说情绪刺激在感知过程中会被优先处理，且比非情绪刺激更易进入意识知觉层面（Brosch，Pourtois & Sanders，2010：90），但情绪刺激的质量也会影响感知过程。特雷西和罗宾斯（Tracy & Robins，2008：88）认为，当个体被要求仅仅感知刺激而不做出认知判断的时候，他们对负效价刺激（如表达恐惧的词组）的反应（比正效价刺激）更快。但是如果观察者被要求对刺激进行归类，也就是做出知觉判断的时候，对于负效价刺激的反应可能会更慢。尽管负效价刺激可能会很快被自动地感知（很可能是由于其对生存的潜在影响），但它还是会分散个体的注意力，干扰整个分类过程，因为认知资源被分配到了别处，比如寻找威胁的来源（同上，92）。特雷西和罗宾斯声称，上述发现对于不太强烈的负效价刺激，如羞愧或尴尬并不适用,虽然这些刺激也会像正效价刺激那样很快被归类。

关于人类如何对情绪刺激进行分类(按照基本情绪归类,诸如效价、唤醒度等维度)这一问题[3],学者们的意见并未达成一致。最新的证据显示:情绪感知涉及人体内所谓的自上而下的知识系统和自下而上的感觉信号的相互作用,刺激的情绪意义是从知识和感觉的这种相互作用中显现出来的(Brosch, Pourtois & Sander, 2010: 89-90)。学者们普遍认为:(1)人们能够快速有效地对刺激做情绪分类;(2)文化和场景在情感类别的发展中起着重要作用;(3)对情绪的感知存在着个体差异。上述这些观点对于现实场景中的情绪感知有着重大意义,接下来我们会进一步探讨。

1.2 现实中的情绪感知:实证发现

在粗略介绍过情绪感知之后,似乎有必要简单地回顾一下对这一概念的实证研究,包括情绪感知过程对个体的行为所产生的影响。

截至目前,关于情绪感知的研究主要集中在面部情绪以及个体对面部情绪信号的感知程度上。例如,学者们已经发现,感知者下意识地模仿信号发出者的面部表情,将会促进情绪共享、情绪愉悦和情绪理解(Neal & Chartrand, 2011)。也就是说,当个体模仿他们所观察到的别人的情绪时,他们可能会更好地感知和理解这些情绪。模仿可以帮助情绪感知、促进理解——这一发现很显然与译者相关。相反,由于不关注情绪线索而导致对他人情绪状态的不准确感知和理解,可能会造成严重后果。关于精神分裂症、孤独症等精神疾病患者如何解码和解读视听情绪刺激的研究为我们展现了情绪感知缺陷的严重后果(如 Pinkham et al., 2007; Vaskinn et al., 2007; Rutherford &

Towns，2008）。情绪感知能力受损的临床群体面临的问题包括与社会环境的持续疏远或孤立。针对创伤性脑损伤(TBI)患者的研究表明：这类患者不善于解读与情绪相关的线索，容易错误地解读情绪状态，从而变得多疑、难以信任他人，容易尴尬、孤僻和缺乏自信（Bornhofen & McDonald，2008）。这项研究强调了准确感知情绪的益处，这是协调适应性反应的第一步（Brosch, Pourtois & Sander，2010：86）。

然而，情绪感知并非在真空中发生。虽然健康的个体可以毫不费力地感知别人的情绪，现有文献也认可情境会影响情绪感知（Barrett & Kensinger，2010）：场景信息和外部信息可以改变情绪被感知的方式；面部表情和当时的场景之间的相互作用是情绪感知的关键（Avieze et al.，2008）。虽然场景的作用不会进入意识层面，但有趣的是，人们根据面部表情的不同情境，在感知的早期阶段，就能感知到截然不同的情绪（Brosch, Pourtois & Sander，2010：79）。例如，一个演员的怪异扮相在恐怖电影中也许让人觉得害怕，但是在喜剧中却让人感到有趣。

虽然对语境和情境因素的敏感度主要与视觉过程相关，但在翻译方面也具有一定的参照性。尽可能了解源文本所处的广泛的背景（政治背景、社会背景等）有助于译者解读文本中的单词，从而更贴切地传达原语的含义；在关于情绪感知的科学研究中，背景也被认为有助于个体推测意义、解读面部情绪，并对情绪的效价做出判断。巴雷特、梅斯奎塔和盖德罗（Barret, Mesquita & Gendron，2011：289）认为，情绪刺激"出现在多感官的场景中，由运行着多种机制的大脑处理，而承载大脑的身体又充满着荷尔蒙和自身的感觉信号"。这种多感官场景甚至影响着感知的最基本的方面，影响着我们期望看到什么，去哪里看以及我们自身应该如何去感受。

对于某些研究感知的学者来说，语言也是场景的重要来源。在辨识情绪时，语言为感知者的反应选择（如词汇）提供了场景信息，这些信息会进一步限制词义范围，并构建感知过程（Barrett & Kensinger, 2010; Barrett, Mesquita, & Gendon, 2011; Lindquist & Gerndron, 2013）。建构主义认为，除了外部环境，场景还包括塑造信息加工方式的平行的大脑过程（Barrett, Lindquist & Gendron, 2007）。语言被认为是平行的大脑加工过程之一，与从先前的经验中得来的关于世界的概念知识相关，在感知过程中被重新执行出来。语言作为一种场景，塑造或者误导了我们观察别人情绪时的感官加工过程。虽然语言限制词义的作用并不为大家普遍接受，但越来越多的证据表明人的语言能力以及可利用的各种标签会影响和建构我们感知情绪的方式。

特别值得一提的是，实验证据表明情绪词汇会降低个体面对刺激时的不确定感，并限制意义，使得人们可以迅速而轻易地感知情绪（Barrett, Lindquist & Gendron, 2007: 329）。据此观点，丰富的情绪词有助于个体获得情绪的概念知识，使情绪感知得以形成（Barrett & Kensinger, 2010: 596）。关于神经活动的证据表明，在有词汇参考的情况下，参与者可以更准确地洞察他人面部的情绪，但是当语言被操控时，情绪感知就会受损，例如当参与者被要求大声重复某个词组时（Lindquist & Gendron, 2013）。有趣的是，语言甚至可以悄无声息地影响一个人对另一个人的情感体验。仔细思考这一发现对文本中引发情绪的词汇意味着什么，是一件非常有意思的事情。对于译者来说，语言可以制约一个人的情绪感知能力这一点非常值得注意。鉴于我们已经知道情绪概念有着明显的文化差异（Gendron et al., 2014），我们不禁猜测译者是如何感知外国原语文本中引发的情绪概念的。

如果语言塑造了人们体验感情世界的方式（Lindquist et al., 2006：135），如果作者和译者来自不同的感情世界，那么这必然会对情感材料的感知和翻译产生一定的影响。

心理学相关文献认可一个人的文化背景会影响他在感知情感刺激时如何赋予这个情感刺激意义（Barrett, Mesquita & Gendron, 2011：288）。在早期对多种感官（面部和声音）情绪感知的研究中，田中等人（Tanaka et al., 2010）强调：比起西方人，东亚人在感知情绪的时候，更多依赖场景信息。而且，文化会调节通过多个感官收集到且经过整合后的感情信息。他们发现东亚人感知和加工情绪信息的方式与西方人不同。例如，东亚人更加依赖声音而不是面部线索。这一发现可能会引起与来自不同文化背景的客户合作的口译员的兴趣。

除了感知者自身文化和背景对情绪感知的影响之外，还有证据表明被感知的刺激产生时的场景也会产生文化影响。事实上，虽然在不同文化中情绪高于偶然水平时是可以被识别出来的，但人们很难识别出来自不同文化或背景的面部表情，尤其是当他们有认知负荷的时候（Elfenbein & Ambady, 2003；Tracy & Robins, 2008；Scherer, Clark-Polner & Mortillaro, 2011）。玛莎、埃尔芬拜因和安巴迪（Marsh, Elfenbein & Ambady：2003）在对面部情绪表达的研究中指出，当观察美国人的情绪刺激时，非美国人不像美国人那样能够准确地辨认情绪。一项关于跨文化情绪辨认的元分析已经发现：人们一般更擅长辨认来自同一文化的成员的情绪表达（同上，373）。

能够辨识他人情绪对于良好的沟通、人际关系、得体的社会行为都很重要（Yoon, Matsumoto & LeRoux, 2006）。尤其需要指出的是，研究表明当在美国的国际学生可以正确地感知和辨认他人的愤怒情绪时，他们一般就能学会在新的文化环境中用有效的方法与人沟通和交往，从而更好地适应环境（同上，359）。所以，那种认为我们不太可能准确感知来自不同文化的人的愤怒情绪的观点，对于跨文化工作的译者来说本来就是有问题的，特别是当研究结果被扩展到对外国文本中嵌入的情感表达的识别时，那问题就更严重了。

然而，有人认为，近距离接触另一个文化组织和/或暴露在异域文化中都会减少这种负面效应（Marshall, Elfenbein & Ambady, 2003：373）。对于已经最大限度地受益于跨文化接触的笔译员和口译员来说，上面这句话应该是好消息。如果感知和辨认外国人的情绪比感知文化上熟悉的情绪更伤脑筋，那么那些接受过专业培训，更善于辨认心理学家所说的"外群体"[1]情绪表达的人，将会具有更多优势。虽然译者很清楚与目标语文化的密集接触会对自己的工作有益，但是只有意识到文化熟悉和文化接触可以使人更准确地辨认情绪和了解表达风格，才能让译者体会更深刻（Elfenbein & Ambady, 2003）。

除了对图像处理的研究外，人们还认为，对更为抽象和象征性的材料（如单词）的加工非常适合用来研究引发情绪的内容在大脑中所起的作用（Kissler et al., 2007; Herbert, Junghofer & Kissler, 2008; Kissler et al., 2009）。尽管目前情绪研究主要集中于对非语言刺激物（如图像和面部表情）的加工上，但少数关于阅读时感知过程的实证研究也揭示了一些有趣的发现。例如，与一般的中性词相比，具有情绪内涵的单词更能抓住读者的注意力，并与加快大脑的反应有关（Kissler et al., 2007）。因此，先前讨论过的对情绪刺激的加工的

---

[1]外群体（out-group）又称为他们群体，简称"他群"，泛指内群体以外的所有社会群体，是人们没有参与也没有归属感的群体。美国社会学家W.G.萨姆纳认为，对于外群体，人们一般怀有蔑视、厌恶、回避、挑衅或仇视的心理，而没有忠心、互动、合作、同情心，对其分子怀有疑问或偏见。

研究成果，也适用于基斯勒等人所说的"具有习得情绪意义的材料"（Kissler et al., 2007: 478）。书面情绪词汇可以像印有蛇或蜘蛛图案的图片那样吸引我们的注意力，即使只有有限的加工资源（Herbert, Junghofer & Kissler, 2008: 494）。这就意味着虽然情绪词汇对生存没有直接的影响，但我们往往还是会像对其他类型的情绪刺激物一样，优先处理情绪强烈的文字信息。而且，情绪词汇似乎还会刺激"之前与这些情绪词配对的特定的感官信息"，从而影响输入的感官信息被加工的方式（Barret, Lindquist & Gendron, 2007: 331）。因此不仅仅是我们的注意力会被情绪词汇吸引，而且我们对这些情绪词的反应也很可能会:(1)反映出我们之前对类似刺激的反应;(2)随着时间的推移让我们反应得更快、更为准确。这种反应速度的提高在一定程度上是因为我们对有重大情绪意义的刺激形成了长期的记忆痕迹（Zeelenberg, Wagenmakers & Rotteveel, 2006）。

根据基斯勒等人（Kissler et al., 2007: 480）的说法，阅读过程中情绪内容的影响力有着一定的心理基础，有助于我们在阅读一本引人入胜的小说时产生一定的情绪。文献强调，与中性词相比，情绪词汇（表示高兴或不高兴的名词或形容词）对于大脑皮层加工有着明显的影响。人类天生偏爱愉快的信息（Herbert, Junghofer & Kissler, 2008），这就意味着愉悦的信息比中性的信息能更快地吸引我们的注意力，人们对于愉悦词汇有着更好的语义整合，导致了对这种信息的更为有效的记忆编码（同上，495）。愉悦信息会被大脑优先处理，反映在其能更好地被记忆，这一发现对于理解人们如何选择、判断、记忆某一文学作品非常重要。更有意思的是，即使个体关注的是词汇的语法（非情绪）特征，也不会影响该词的情绪效果。这意味着，我们可以（而且的确）在进行与其他认知任务相关的行为和决策时，也同时平行地加工情绪材料（Kissler et al., 2009）。

我们在阅读时感知和加工情绪刺激的方式非常复杂。更加复杂的是，感知到的情绪的准确性也存在争议。虽然研究已经表明情感意义显著的单词通常会被准确地辨认出来（Zeelander Wagenmakers & Rotteveel, 2006），但对于篇幅较长的文章来说，情况可能并非如此。在一项关于电子邮件中情绪表达的文章中，拜伦（Byron, 2008）认为通过电子邮件表达的情绪往往不能被收信人准确地感知。她特别强调，意图传达积极情绪的电子邮件往往会被感受为情绪中立，而那些带有负面情绪的电邮则让人感觉到比写信人预期的还要负面。这就再次证明情绪感知可能依赖于场景或模态。不同类型的书面交流中的感觉加工过程可能大相径庭。尽管如此，我们感受到的文字信息的强度可能比作者预期的更加大。

拜伦（Byron, 2008: 320）提出，如果积极情绪没有得到充分的感知或分享，就会增加距离感，阻碍情绪发出者和接收者之间关系的进一步发展。如果读者感受到的负面情绪更强烈，他们也会感到焦虑或生气。因为即时发生的情绪要比之前的情绪更为强烈和明显，尤其是负面情绪（Van Boven, White & Huber, 2009: 379）。这会给人的精神带来负面影响，也不利于随后的行为和判断。尽管比较强烈的负面情绪有时也会激发积极的行动（虽然并不总是这样），但很显然，情绪感知可以以多种不同的方式影响决策和评估，准确的情绪感知更有可能导向适应性后果。

关于情绪感知的上述研究证据表明：一个人如何感知情绪刺激（无论是面部表情声音刺激，还是阅读文本）会对随后的情绪加工产生明显的影响。本研究的一个基本的假设就是：译者在翻译时会感知到各种情绪，这些感知会持续影响他们的工作过程和行为。

1.3 情绪感知研究的局限性

对情绪感知的研究引发了一系列研究课题，但也并非没有局限。除了实证研究中固有的缺陷之外（如样本量相对较小以及便利抽样），还有一些情绪感知研究特有的局限性，值得我们在此一提。

首先，一些研究情绪感知的学者强调感知并非仅仅是一种有意识的体验，潜意识显示的情绪刺激也会在无意识的情况下影响观察者的行为（如 Winkielman, Berridge & Wilbarger, 2005a; Tracy & Robins, 2008; Tamietto & De Gelder, 2010）。阿特康森和阿道夫斯（Atkonson & Adolphs, 2005: 150）认为，情绪感知有时是自发而快速的，有时又是刻意、缓慢而努力的。虽然有意识和无意识的[4]情绪感知都可以（而且已经）被测量，但对于无意识情绪感知的心理研究只是揣测性的，还尚无定论（Winkielman, Berridge & Wilbarger, 2005b: 339）。无意识情绪感知的精确机制、其与决策之间关系的实质，以及其与有意识感知之间的关系对于科学家来说都尚不明确，需要进一步研究。情感反应可能会被无意识地激发，继而会不受意识控制地改变行为（Winkielman, Berridge & Wilbarger, 2005a: 132）。尽管这些看法很有趣，但是我们认为现阶段科学家对于有意识的情绪体验的研究发现更加可信。

其次，绝大多数在实验室中完成的关于情绪感知的研究都使用了视觉刺激，如面部表情（Kissler et al., 2007; Scherer, Clark-Polner & Mortillarro, 2011; Tamietto & De Gelder, 2010）。布罗施、普图瓦和桑德（Brosch, Pourtois & Sander, 2010）回顾了对情绪感知的研究文献之后，探索了使用刺激材料，如以情绪词汇、图片、面部表情、身体或者声音为媒介的情绪表达等。尽管实验方法有很多优点，但是使用迫选型回答模式并不具有生态有效性。巴里和肯辛格（Barret & Kensingger, 2010）提醒人们注意实验的局限性，称实验没有设置情境和语境；鲍姆加特纳、埃斯伦和扬克（Baumgartner, Esslen & Jancke: 2006）认为单独呈现视觉刺激并不现实，因为真实的情绪体验一般都依赖于各种感觉方式（如视觉和听觉）的组合刺激。此外，一些研究者也已经提出运用夸张的面部表情刺激这种方法其实是有问题的，因为这种表情刺激在研究中常见但在日常生活中并不常见（Barrett & Kensinger, 2010; Barrett, Mesquita & Gendron, 2011; Lindquist & Gendron, 2013）。使用词汇作为情绪刺激也饱受诟病，因为"它没有通过强烈的主观感觉引发真正意义上的情绪"（Brosch, Pourtois & Sander, 2010: 90）。未来的研究如果使用实验室外真实的场景中各种各样的刺激物及其组合，聚焦于各种特别的情绪，无疑将会是激动人心的。事实上，对于信息感知的研究主要集中于对负面情绪的感知上（Gross, 2008: 705），很难看到这些研究结果是否能够复制到其他具体的情绪上。

最后，各研究之间缺乏一致的研究结果。例如，特雷西和罗宾斯（Tracy & Robins, 2008）进行了两项实验来测试情绪辨识的自动化程度，却发现很多实验结果都是不一致的，需要重新做一遍。平卡姆等人对精神分裂症患者情绪感知过程的研究结果与他们自己之前的研究结果相悖（Pinkham, 2007: 208）。卢瑟福和唐斯（Rutherford & Towns, 2008: 1372）指出，过去对自闭症患者群体情绪感知的研究得出了令人讶异的不同结果。对本研究而言，更重要的是，布罗什、普图瓦和桑德（Brosch, Pourtois & Sander, 2010: 84）提出词语也许比其他的情绪刺激更容易激活情绪概念，但是目前的研究还没有给出任何确切的答案。各个研究的实验条件、样本、任务等的差异也可能是研究结果不一致的原因之一。事实上，许多学者提出应该用不同的方法（Elfenbein & Ambady, 2003）、不同的任务（如 Barrett, Mesquita & Gendron, 2011）、不同的参与者（如 Yoo, Matsumoto & LeRoux, 2006）来复制研究结果。因此，情绪感知的研究结果究竟可以在多大的范围内被推广，仍然是个问题。此外，班泽、莫蒂亚罗和舍勒（Bänziger, Mortillaro & Scherer, 2012）提醒人们注意这样一个事实，即情绪感知的实验一般都沿用了不同传统的研究方法和理论方法。因此，很难比较具有不同研究目的、宗旨和理论基础的研究结果。最近引入的神经影像学应该为我们研究情绪的感知和体验带来新的启示，提供更为扎实的理论视角为未来的研究设计服务。

不管使用何种方法和理论，大量的研究都证实了之前的观点：刺激的本质取决于一个人的特性；对一个人来说带有情绪性的东西对于另外一个人也许引不起任何内心的波澜。个体差异显然起着一定的作用。下一节将集中讨论从人格上来说，情绪感知和个体差异之间的关系。

1.4 情绪感知与人格加工过程

有趣的是，根据布罗什、普图瓦和桑德（Brosch, Pourtois & Sander, 2010: 82）的研究，个体在情绪敏感度上的差异会影响情绪感知，特质差异决定了我们的注意力被导向何方。这种个体差异有力地证明了注意力是否被优先取决于当事人对情绪意义的评估以及该情绪刺激和自己的相关程度，而不仅仅是显著的感官特征（同上，84）。这就意味着一个人对情绪的敏感程度可以影响其对情绪刺激的感知和分配资源的方式。布罗什、普图瓦和桑德（同上，87）还认为，一个刺激物是否被感知为具有情绪意义取决于这个人的独特性（心境、动机等）以及场景。

因此，某个刺激物可以对一个人有情绪含义，而对另外一个人却没有情绪含义，或者没有同样的冲击力。更有甚者，在不同的场景下，即使对同一个人，相同的刺激物也会有不同的含义。

根据刺激物和人之间的相互关系，情绪刺激物在不同的人身上、不同的时间会产生不同的情绪效果。例如，虽然翻译一篇关于大屠杀的文章可能在不同译者身上引起类似的反应，但是译者与某一个描写凄苦经历的段落（引起恐惧的刺激物）之间的互动，会受到与种族和焦虑水平等因素相关的个体差异的影响。

希金和肖勒（Higgins & Scholer, 2008: 184）也报告称"观察事物的方式"上的差异也会暴露一个人的性格，因为对物体、事件、人物的感知都受到一个人的信念、期望值、知识和过去经验的影响。他们还一致认为，个体感知事物的方式将会决定这个事物的重要性，并影响随后对该刺激物的评价和与之相关的一些决定。事实上，他们认为个性和个体差异塑造了我们感知世界的方式，"一个人过去的经验（如社交）会帮助他们更容易长期获得各种知识，并影响他使用一种概念（如自负）来表征社交世界的可能性"（2008: 187）。如果我们具有关于情绪的概念知识，那这个知识将会决定我们对他人情绪的感知（Barrett, 2006: 29）。巴雷还提出：这些概念知识，以及人们在给情绪归类时如何使用这些知识将会影响他们的具体感受（同上，32）。有意思的是，译者现在和将来与某一情绪线索的相关感知和决定，可能会受到他们自己的个性以及他们对之前情绪线索的感知和体验的影响。

此外，有些人非常注重情绪效价，即他们对情感（愉悦或不愉悦的感受）的体验比一般人更为强烈，这一事实说明他们对情绪线索更为敏感，感知和评价得更为迅速（Barrett，2006：26）。同样，在感知与个人相关的刺激时，唤醒度（感情的激活和消退）高的个体也被认为更敏感、偏见更小。学者们一致认为，在心境和个性维度上的个体差异会影响个体处理情绪刺激的方式；那些能够迅速辨认出情绪效价的人对自己和他人的情绪状态更为敏感，即使这些情绪还尚未进入意识层面（Martin et. al., 1996；Murphy, Ewbank & Calder, 2012）。

因此，个体的特质会影响情绪敏感的水平和应对情绪刺激的速度。这种情况的一个很明显的例子可以在成人创伤性脑损伤（TBI）患者情绪感知能力缺失的治疗中看到。伯恩霍芬和麦可唐纳（Bornhofen & McDonald, 2008）的研究报告指出，在经过治疗后，情绪刺激方面进步最大的参与者正是那些表现出最高的积极性、参与度和动机的人。在对音乐性情绪加工的研究中，沃斯科斯基和埃罗拉（Vuoskoski & Eerola, 2011）也证实了人格相关的因素（和情绪状态）[5]在解释情绪感知的差异时起到的作用。

人格中的神经质维度（容易出现消极思想，对负面情绪刺激敏感，专注于消极情绪）已经被证明与情绪反应性和强度方面的敏感性有关。人们还认为,高神经质的个体更容易受消极思想的影响(Guarino, Roger & Olason, 2007）。在人格心理学理论中，人们相信外向者更容易受积极情感影响，体验到更多愉快的情绪，而神经质者则更容易受到负面感情的影响，体验到更多不愉快的情绪（Vuoskoski & Eerola, 2011）。这一点具体体现在：外向者更倾向于对即将到来的事件做积极的解读；而神经质者则会做消极解读。事实上，具有外向性情绪特质的个体往往会回避消极刺激而只关注积极刺激。这种外向性使他们即使在面对消极情绪时，也能改变对情绪线索的加工（同上，1100）。

因此，我们可以认为，译者可能会因为自身人格特质和心境状态的不同，对情绪线索的加工方式也不同。外向型译者可能会第一时间将注意力从负面刺激上转移开来，但当原作包含大量的引发负面情绪的内容时，如此处理可能不妥。

约、松本和勒鲁（Yoo, Matsumoto & LeRoux, 2006: 358）的研究证明：准确感知情绪的能力可以改善社交，增强个体的适应能力，引导得体的社会行为，从而使人能够更有效地加工和调节情绪。然而，对情绪信号反应太过敏感也有不利的一面，因为感受到某些负面情绪（如恐惧、悲哀）容易导致压力："那些对情绪敏感的人也许在人生观上也存在负面倾向，会让他们负面地评价任何事情（同上，360）。因此，高神经质者在情绪加工过程中可能会无意识地增加负面情绪，而这是非常有害的。"同样地，拜伦（Byron, 2008）也提出，负面情绪较高的人在电子邮件沟通中也会体验到更多的负面情绪。

不同的心境和特质也可能会影响我们如何在文字沟通中感受情绪，这一事实对译者有着明显的影响。甚至有人认为，我们阅读书面文章的个人体验可能会受到阅读特定情绪的影响；一个模糊或模棱两可的刺激被人感知的方式可以暴露这个人的动机和个性（Higgins & Scholer, 2008）。因为当下的状态和持续性特质可以被视作一个连续体的一部分（参见第1章），因此，有必要探索某一特定的情绪特质在解码情绪信号时发挥的作用。

1.5 情绪感知和特质情绪智力

上述文献强调了人们感知情绪的能力存在着差异性。能够感知情绪是情绪智力的一部分，在个案研究中采用的特质情绪智力模型中，情绪感知属于情绪性因素。情绪性与情绪的感知和表达特征相关

(Petrides，2009：12）。马丁（Martin，1996：291）认为，许多研究者都认同情绪解码能力是更广泛的情绪相关技能的一部分，可以被视为一种智力形式。能够比其他人更快地感知到刺激物情绪效价的个体，可能对自己和他人的情绪更为敏感，所以有理由相信有高情绪智力特质的个体比低情绪智力的人通常能更快地感知情绪。在特质情绪智力量表中，对情绪性的情绪感知维度的描述如下：

> 该表测量一个人对自己和他人的情绪感知。得分高的人清楚地知道自己的感受，也能解读别人表达出的情绪。相反，得分低的人往往不清楚自己的感受，也对别人传递出来的情绪信号迷惑不解。情绪感知与抑郁倾向负相关，与自我监督和对判断力的自信正相关。
>
> （Petrides，2009：59）

因为特质情绪智力量表包括一些自我报告的项目，比如"我只要看着别人就知道他的感受"，由此我们就可以知道参与者对自己情绪的感知。这一描述可以用来指导本研究对参与者情绪感知得分的解读。

学者们认为，情绪感知会受到情绪倾向的强烈影响（如King，1998）。例如，奥斯丁（Austin，2004：1863）发现，情绪智力感知特质与情绪相关的任务（如辨认人的面部表情）表现有关。有意思的是，她认为那些涉及辨认单词情绪内容的任务也可以用同样的方式研究，而且考查各种特质情绪智力的测量与情绪任务表现之间的关联是非常有用的。[6]

如前所述，如果一个人对情绪刺激的辨别比别人更慢、更不确定，他们很可能有情绪感知缺陷。在两项比较特质情绪智力高分者和低分者的实验中,佩特里迪斯和弗纳姆(Petrides & Furnham,2003)发现,高特质情绪智力的人能更快地辨别表达出的情绪(尤其是快乐情绪),对导致情绪的原因更为敏感。所以高分者不仅仅是对面部情绪更敏感,感知得更快,而且在做出与情绪有关的决策时,他们更容易受到自身情绪的影响。两位学者最后得出结论:"情绪感知有可能与对负载情感的刺激物的不同反应性有关。"(2003:51)我们因此可以猜测:在翻译一篇引发情绪的文章之前是否拥有一个好心情,可能会干预译者决策,影响人们找到解决方案的类型或频率。

这种对情感的敏感性和易于受情感影响的特点赋予人们在社会心理功能方面的优势。情绪感知,像特质情绪智力的其他方面一样,与压力、抑郁、述情障碍、精神变态等行为负相关(Petrides & Furnham,2003:2006)。约、松本和勒鲁(Yoo, Matsumoto & LeRoux,2006)也强调了情绪智力尤其是情绪感知的积极作用。他们认为,良好的情绪感知能力可以预测跨文化环境中的积极行为,促进更好的决策和调节能力的形成。尤其是对某些情绪的敏感性的提高,有助于改善沟通,增强其他人际行为(Poon,2004)。

情绪感知一直被视为能影响客观事业成功[7]的特质特征(Poon,2004)。潘(Poon,2004)研究了情绪感知和事业投入以及事业成功之间的关系,他让人们关注一个事实,即情绪感知技能虽然仅仅间接和工作表现相关,却能够在职业结果中起到调节作用。事实上,能够感知自身情绪的人"更能够评估自己的工作能力和兴趣,设立合适的工作目标,制定符合实际的职业规划,获得利用职业机会所需的发展经验"(同上,377)。潘推测有高情绪感知特质的人更善于寻求与其需求、价值和气质相符的环境,这就会带来更高的职业满意度和工作表现。

然而学者们也强调,情绪感知和辨识并不总会带来积极的结果,有时候也会带来不良的后果。对负载情绪的刺激太过敏感会干扰人的评估判断和认知加工。佩特里迪斯和弗纳姆（Petrides & Furnham, 2003: 46）注意到："从心理学角度出发研究对高特质情绪智力个人潜在的不利因素，是一项非常有趣的实验。他们在学习和记忆工作中更易于受到情绪刺激的干扰。"（2005: 51）紧张、焦虑、情绪紊乱更容易影响那些擅长感知情绪的人（Yoon, Matsumoto & LeRoux, 2006: 359）。情绪感知迟钝的人会更容易忽视或压抑不快的感受，而易感的人却不太能够保护自己不受压力和负面情绪的影响。因此，特质情绪智力因此似乎在情绪感知过程中起着重要作用。

就自我感觉的情绪感知的准确性而言，不妨参考下述言论：自我感觉无论准确与否都可以影响行为和心理健康。不准确的自我感觉会对认知、行为和心理健康造成积极或消极的影响（Petrides & Furnham, 2003: 41）。例如，一个笔译员（或口译员）认为自己可以很好地察觉别人的情绪，但是事实可能并非如此；我们可以看到这种自我感觉和真实能力之间的差距会导致其做出不恰当的行为。实际上，特质情绪智力的自我感知往往是比较准确的（Petrides & Furnham, 2003: 52），正如我们所见，已经有充分的证据证明：特质情绪智力得分和需要情绪感知技能的任务表现相关（Austin, 2004: 2005）。在下一部分我们将具体探讨情绪感知过程和翻译的关系，或更确切地说是和译者的关系。

2. 情绪感知与翻译

通过对情绪感知相关研究文献的简单回顾，我们发现了很多对译者有意义的内容，概括如下：

一个有认知障碍的人可以在没有自觉意识的情况下准确而迅速地感知有重大情绪意义的内容；模仿有助于情绪感知和理解；场景信息可以帮助个体推测情绪含义，并助其对情绪的效价做出判断；当表达情绪的语言来自异国文化时，准确地感知情绪就会变得更加困难，但是对文化越熟悉，情绪感知的准确率就越高；情绪刺激在不同的人身上、在不同时间会产生不同的情绪效果；当前的感知是受先前感知影响的；个性、情绪特质以及心境都会影响情绪感知和决策。

上述几点和翻译的相关之处将在下文中逐一讨论。

2.1 激烈而个性化的感知

译者在翻译文本中的情绪感知，以及感知自己对这些情绪的反应方式必然是一个复杂而个性化的过程。正如职业译者和学者卡罗尔·梅尔（Carol Maier，2002，2006）在她的一些论文中强调的那样，这种方式可能产生非常严重的后果。然而，尽管职业译者对这个问题有过思考（必须承认这种思考相对较少），但令人惊讶的是，这个问题却没有引起翻译学界的研究兴趣。不管采用何种研究方法都不得不承认，情绪感知很难确定，但是译者对自己与文本互动经历的论述毫无疑问地证明了情绪感知在翻译过程中起着重要作用。

在两篇重要论文中，梅尔描述了她的一些难忘的翻译经历。2002年，她描述了翻译奥克塔维奥·阿曼德（Octavio Armand）的流亡诗歌的过程，以及在阅读和翻译他的作品时的种种不适感：

> 我常常感觉作者眼中的世界是一个精神分裂者的世界，

> 而我被囚禁其中，这种感觉让我越来越不耐烦。我常常有一种印象：我作为阿曼德始终在诗歌和散文中称谓的"你"，不仅仅被爱抚，同时也被侮辱被嘲笑。我感觉书中第一人称的"我"在努力挑战自认为是作为第二人称的"我"的人格的相对完整性，并且将这种完整性作为治愈自己破碎的自我的一种方式。在翻译过程中，这种感觉一直在折磨着我。
>
> （Maier，2002：187-188）

很显然，从这段摘要中我们发现原文已经在梅尔身上引发了情感反应，她对阿曼德作品中的"精神分裂的现实"的敏锐感知，给她的精神健康和工作都带来了很大的冲击。事实上，她使用的语言（囚禁、破碎等词语）显然反映了阅读和翻译那部作品所带来的痛苦，这种痛苦最终导致了翻译过程的彻底中断，"我作为他的病态思想无可逃避的传递者，实在无法忍受……我决定至少一段时间不再继续翻译下去了（Maier，2002：189-190）"。[8] 罗斯（Rose，2013：19-20）也发表过类似的感言（虽然不那么激烈），描述她翻译雨果的《悲惨世界》时的情绪感知。

> 我发现我如果不能时不时地从雨果散文中火一样的激情中抽离一会儿，我就无法继续翻下去……这篇被伦巴德形容为"纯粹的诗歌"的散文，令人无比震撼。那些闪闪发光的散文语言仿佛一波一波的巨浪冲刷着叙事的脉络，翻卷的波涛、雪片似的泡沫以及剧烈旋转的暗流，最终将人拽入深渊。

在梅尔的例子中，原文本引发的强烈感受带来的冲击让译者无法继续翻译下去。值得注意的是，人们并不是马上意识到翻译带来的冲击，而是一种渐进的和延后的反应。2006 年在另一个场合，梅尔叙述了她翻译智利作家拉巴尔卡（Labarca）的期刊文章时的经历，也强调在翻译过程中逐渐出现的不安和不适感：

> 我翻译这个作品不过是出于一点语言上的热情……然而，慢慢地，虽然这个文章和这个杂志都没能真正引起我的兴趣，但我意识到翻译这个作品开始影响到我的身体健康。我可以毫不费力地搞定单词和文学典故，但是每当我回到翻译中时，我就感到疲惫和沮丧，我的肩膀和头都很痛，腿也沉甸甸的。
>
> （Maier, 2006：139-140）。

在这两个例子中，我们可以认为原文中包含的情绪刺激已经被不知不觉地感知和加工过了（导致身体不适）。但是在经过了一段时间后，这些情绪的影响才进入梅尔的意识中。这与第一部分讨论过的研究发现异曲同工，即情绪刺激物可以被优先处理和加工而不为意识所控，最后影响下游行为（如 Tracy & Robins, 2008）。研究还表明，当涉及认知判断时，个体对负效价刺激的反应要比对正效价刺激慢得多。事实上，根据特雷西和罗宾斯的理论，消极情绪通常要比积极情绪被识别得更慢且更不准确，因为它们会分散人的注意力，"当参与者看到愤怒、厌恶、恐惧和悲伤的表情时，他们的认知资源就会被立刻分配给更重要的任务：找着威胁的源头"。像梅尔一样，译者在文本中感受到非常强烈的负面情绪时，也许会需要一段时间才能意识到这对他们的身心造成的影响，这种影响因我们的注意力从情绪刺激中慢慢脱离而变得更糟（Phelps, 2006）。并且个体感知到的文本中的负面情绪要比文本作者本来意图的负面效应大得多（Byron，2008）。

梅尔讲述的翻译经历中最让人印象深刻的是权力、暴力和情绪的冲击交织在一起。据她描述，在翻译拉巴尔卡的作品时感受到了强烈的生理反应，这清楚地展示了她的身体对她所认为的作者内心的"波涛翻滚"反应有多么强烈。据此看来，作者似乎疯狂地试图把她禁锢在空白的纸页上。同样，她用生动的语言叙述了阅读夏塞尔小说时的感受："这个夏天，标点符号已经渗透我的手掌，滑进我的皮肤，剥离了我的皮下组织。"梅尔并不表面的生理反应可以用现有的研究结果来解释：已经证明读者对包含情感刺激的文本有明显的生理反应（Kissler et al.，2007）。文字会对读者产生强大的影响，如巴斯奈特（2006：174）所言：译者首先作为读者接触到原文，然后才作为改写者进行翻译。[9] 所以译者对于感知到的文本中的情绪内容，有着强烈的生理反应并不奇怪。

2.2 接受和辨认

要全面研究译者对原文的感知以及原文引发的情绪，毫无疑问需要纳入关于读者接受的研究。亚斯克莱宁（Jääskeläinen，2012：196）认为，虽然对读者接受的研究整体呈上升态势，但在翻译研究著作和百科全书中都找不到它们的踪影。这无疑是令人感到遗憾的，因为对读者研究的各种文献已经提示了情绪感知在原文加工方面的重要作用。例如，在探索阅读的效用时，基德和卡斯塔诺（Kidd & Castano，2013）发现，阅读文学作品能提升人感知面部情绪的能力。斯列克（Sleek，2014）也报告称，文本（尤其是小说）会深度模仿社会现实，阅读这些文本能帮助我们加深对自己和对他人的了解，并从精神上将我们带入主角的视角中。此外，他还转述了伯恩斯等人（Berns et al.，

2013）的研究，后者认为移情可以导致脑功能和大脑结构的改变，激发与感官相关的神经活动，一直持续到阅读结束。该研究有助于我们理解为什么像梅尔这样的译者在全身心投入一篇文章，把自己代入某一角色或陈述者之后，可能会长时间地体验到身体反应。约翰逊、霍夫曼和贾斯珀（Johnson, Huffman & Jasper, 2014: 83）认为，阅读记叙性的文本会通过代入角色使自我和他人融合在一起，从而模糊了自己和他者之间的界限。虽然关于读者接受的深入研究已经超出了本研究的范围，但很显然，情绪感知是读者体验的重要组成部分，而且会在更广泛的翻译过程中起到一定的作用。毕竟，译者才是文学作品和学术文献最亲密的读者（Porter, 2013: 65），如布什所言，专业性的读者为了评判而有意拉开与文本的距离，但这并不会消除人们在阅读小说时形成的那种"更为基本"的关系（Bushes, 2013: 38）。

在感知原文中的情绪时，读者（及译者）会用各种个性化的方式做出反应。对此，肯尼西（Kenesei, 2010: 85）分析指出，阅读会引发读者的情绪，诗歌中的负面信息可能引发负面情绪。一位诗歌译者在接受琼斯的采访时表示：当译者亲身体验过并能理解和接受诗中蕴含的激烈情感时，翻译就变得容易多了。像其他读者一样，译者在接受原文内容时会有自己独特的反应和感知，这可能与其他读者甚至原文作者不同。例如，在第一次阅读格雷尼尔的小说时，卡普兰（Kaplan, 2013: 78）报告称他感到一种认同感，吸引他去翻译这部作品。

在个性化的感知和认同引发情绪内容的过程中，语言起到了独特的作用，这对该课题的研究是非常有意义的。正如我们所见，很多研究情绪感知的学者认为，语言提供了背景信息，限制了语义，可以塑造或歪曲感知过程（如 Barrett, Lindquist & Gendron, 2007）。所以文本中的情绪单词可能会为译者对原文中蕴含的情绪的感知提供语境，限制语义，由此影响他们对这些情绪的体验（Lindquist et al.，2006）。梅尔认为，拉巴尔卡受身体反应驱动而形成的作品"不太平衡"且"非常不连贯"（Maier，2006：140），这反映了拉巴尔卡焦虑悲伤的自我感知。在阅读和翻译这部作品中"不连贯、血淋淋"的语言时，如梅尔所描绘的，她无法摆脱拉巴尔卡作品中的感情现实以及她自己用来描绘这些情感的标签。原文使用的语言蕴含的情绪和意义如此激烈，竟然让梅尔感到身体不适，且产生了"心神不宁"的感觉（Maier，2006：140）。[10] 如贝诺夫斯基（Benofsky，2013：229）所说，译者在词语的节奏中听到了原文的心跳声。

如前所述，在阅读和翻译的过程中，同化和移情到作品主角身上的过程并不总是令人愉悦的。虽然梅尔最初认为，翻译阿曼德作品时所感到的被攻击、迷失方向和矛盾感解放了她，但她用了好多年才意识到这本书对自己的影响，使她"想要逃离第一人称"（Maier，2002：188）。[11] 然而，她非但没有得到解放，反而因为过度代入阿曼德作品的主角而困扰了很多年。

> 当译者倾情翻译的时候，他们不仅传递了信息，也同样体验了矛盾、紧张甚至摩擦，这些毫无疑问是在任何脱离祖国母语的情形中固有的。
>
> （Maier，2002：185）

同样，就像感知者无意识地模仿别人脸上的情绪信号以促进情绪共情和理解（Neal & Chartrand，2011），很有可能译者也在感知、同化、再生产原文传递的情绪，惟妙惟肖地模仿或借用他们译作中承载的情绪状态。梅尔（Maier，2002）用术语"感染"来形容阿曼德怎样把他的"疾病"扩散给读者，可以说译者在某种程度上也被他们翻译的观点所感染。罗斯（Rose，2013：16）建议，优秀的译者应该"捕捉"和模仿原作者的风格和能量，并组织他们的本能和感官反应来重新把它们表现出来。梅尔（Maier，2006：144）坚信很多她翻译过的作品都已深入骨髓，"成为自己不可或缺的一部分"。[12] 为了调节这些情绪付出的身体和精神的代价已经成为翻译工作的一部分，对此，我们将在随后的第 3 章中详细讨论。

对他人情绪的接受和认同，如我们所见，取决于一个人能在多大程度上关注事物的情绪效价，以及与他感知的情绪刺激的关系。这些因素将决定反应的速度和质量。布什（Bush，2013：37-38）指出，"译者对原文的阅读是情绪化、个性化的，他们对不同故事的参与程度在一月、一周或一天的不同时间也是不同的"。科斯塔也认为，每件翻译作品都经过了个人的想象和感知的过滤，并固定在一个特定的时间内（Costa，2007：122）。在阅读和翻译时情绪感知是个性化的。布什进一步强调，在阅读的时候，译者的个人偏见、倾向、主观感受、记忆、生理反应都在发挥作用并影响着翻译过程，"这种多样化是存在的……是再书写所必需的个人情感和想象力……是混乱的"（Bush，2013：38）。同样的道理，梅尔（Maier，2006：145）谈道：激发夏塞尔翻译《淮德拉》的原因，一方面是因为强烈的感情，另一方面是看到小说被搬上舞台用法语表演出来的时候那些"复杂的情绪"。原文与译者的私人关联及其造成的内心动荡有效地促成了翻译。这和情绪感知的研究文献如出一辙，如我们所见，一个人过去的（与情绪相关的）经历将会影响他之后的情绪感知和感受（Barrett，2006；Higgins & Scholer，2008）。事实上，杏仁核的激活强化了与那段经历有关的记忆（Canli et al.，2000），我们对重大情感刺激的反应很可能折射出我们之前对类似刺激的反应，只不过因为长期记忆痕迹（Zeelenberg，Wagenmakers & Rotteveel，2006）的形成，我们的反应更快、更准确罢了。所以，与原文作者的作品有一定的亲近感似乎对作品的感知和翻译起着重要作用。

2.3 解决方案、偏见和文化

最后梅尔似乎到达了一个阶段，一方面她能够解码阿曼德和拉巴尔卡的情绪表达（如焦虑、疾病等），但是另一方面她似乎完全意识到、敏锐地感知到这些情绪给她造成的感受。事实上，在翻译阿曼德作品的很多年之后，她才能"重新思考自己与阿曼德作品的纠葛"（Maier，2002：190）。在本例中，翻译经验以及对自己的主观性的清楚认知、自我认同、期待和欲望等种种因素使译者意识到翻译完全是可以进行下去的，只要"她认识到有必要承认并尽可能地暂停或至少监控自己作为译者的动机和付出"（Maier，2009：191）。这种在自己和他人的情绪感知之间达成平衡，以及梅尔在这里提到的自我监控，使我们想起了情绪特质理论中的情绪感知的定义（如 Petrides，2009）。

有时，当译者的情绪感知导致了对自己和他人情绪感知的不平衡时，就会产生令人始料未及的后果。译者必须推测和感知科尔布（Kolb，2013：211）和其他读者导向的文学评论家们所说的作者植入其作品中的"模糊和不确定感"，不管是有意为之还是无意。像其他读者一样，译者必须基于自身的感受建构和创造意义。正如我们之前说的那样，译者可能天生就比别人对隐含的内容、微妙的情绪和语气更为敏感。科尔布对海明威1986年的小说《一个很短的故事》的五个德译本进行比较后，得出结论：这些译者在翻译中会无意识地改变原文中的情绪（或非情绪）性质。

> 她的翻译见证了她和原文之间深刻的互动：在阅读这篇文章时，她构建了自己的意义，将对海明威的了解和自己的风格偏好融入了翻译过程。与此同时，作为译文的生产者，她却不允许她的读者与文本进行同样激烈的互动。
>
> （Kolb，2013：217）

在本例中，译者的个人感知和对原文隐含意思的解读使她创作出了一个目标文本，这一文本留给目的语读者的印象和原文留给原文读者的印象很有可能截然不同。科尔布研究的另一位译者（Kolb，2013：219）"使得爱情变得赤裸裸，甚至借由提及刀子，给原文添加了一点更情绪化、更紧迫的氛围"。在这里，我们还可以认为译者决意增加小说中的情绪感染力是因为她在阅读原文时感受到了其中的情绪含义。

我们必须注意的是，科尔布实验中的所有参与者都是在各自领域卓有成就的译者。所以他们在翻译原文中的情绪时使用的策略和解决方法不能轻易被判定为成功或不成功。恰恰相反，我们必须像梅尔一样质疑译者未经检验就确定自己的翻译传递了原文的信息这样的做法，"（译者）通常会倾向于将自己投射到另外一个文本中，并假设这样的投射会产生准确、真实或真正的共享感受，从而完全消除或超越翻译这个中介的痕迹"（Maier，2006：137）。我有信心认为，译者的投射既不真实也不能说不真实，如果我们回顾一下：个人经历会促进对情绪相关刺激物迅速有效的感官加工，导致注意力偏好，这种注意力偏好主要取决于对该个体的情感价值或情绪效价（Barrett，2006；Yoo, Matsumoto & LeRoux, 2006; Murphy, Ewbank & Calder, 2012）。可以说译者不仅会受到原语中外在刺激的具体特征的影响，而且这些具体特征的感知加工过程也必然受到内部因素（如高兴、心境、知识储备）的影响，这种影响反过来又会影响情绪的投射。因此，对真实性概念的考虑将变得毫无意义。[13]

从环境中迅速有效地挑选出对情绪有明显刺激的东西对适应性行为非常重要。学者们已经达成共识：这一挑选过程并不总是有意识的（如 Phelps，Linguistic & Carrasco，2006）。在翻译过程中存在着无意识的过程，这一观点已经在翻译研究文献中引起了一定程度的关注。例如罗宾逊（Robinson，1991）提出：需要对我们的身体向我们发送信号的方式进行更多的研究，这些信号涉及我们已知的信息和我们应该如何反应。她假设我们在潜意识层面受到了本能和躯体反应的指导。我也曾说过苦思冥想的译者可能会依靠本能去寻找方案和解决问题（Hubscher-Davidson，2013）。尽管对重要情绪内容的无意识处理并不是一件容易控制的事情（Tracy & Robins，2008），但是其对下游行为的影响可以在翻译中得到有效监控。

著名翻译家埃默里希（Emmerich，2013：48）曾引用菲利普的话，"译者的世界就是一种建立在与非物质关系和概念接触基础上的无形体验"。埃默里希进一步说，"与这些无形物质打交道的习惯赋予了译者一种能力，使其能够达到较高的抽象水平且能够本能地感知那些表面上不明显的东西"（同上，48）。这句话的意思是习惯或者经验可能会促进译者的本能（或无意识）的感知过程。埃默里希（同上，50）还将译者比作"体内充满了不停变换的语言的幽灵，这个幽灵会在不同语言中出没，却并不隶属于任何语言"。也许情绪也是如此。译者不是在两个不同的世界之间传递情绪，也不是站在两个世界之间，而是同时徘徊在两个不同的情感现实中，但却并不完全属于任何一个世界。

一个有意思的（相关的）观察结果显示，由于不停地徘徊在不同的世界，受制于不同的感情现实，译者（如前所述）也许会因此抵消文化偏见对于情绪感知的影响。约翰逊、霍夫曼和贾斯珀（Johnson, Huffman & Jasper, 2014）报告称：阅读来自外国文化的关于人的叙事小说，有助于降低读者的刻板印象、偏见，提高其对混血人种的情绪感知能力。研究情绪感知的学者们也曾经强调过（Elfenbein & Ambady, 2003; Marsh, Elfenbein & Ambady: 2003），跨文化接触和文化熟悉有助于减少文化偏见，这些都对译者大有裨益。最近的证据表明：文学作品这种文本的解读方式，会明显反映某一个国家的价值观和认同感（Kenesei, 2010: xii）。事实上，如果（1）"读者的整个文化体系，以及他具体的生活环境都会使得其对作品的解读合法化，而这种解读也许是信息发出者无法预见的"（Kenesei, 2010, 引自 Eco, xvii），（2）人们会更倾向于对表达他们熟悉的文化情绪的个体采取赞赏的态度（Marshi, Elfenbein & Ambady, 2003: 375）。这对于翻译外国文本的译者可不是一件好事。如果我们能更好地理解翻译情绪资料和文化资料时文化所起的作用，将会十分有意思。我们将在接下来的部分，通过分析职业译者情绪感知特质，初步尝试探讨这些问题。

3. 情绪感知的个案研究

3.1 简介

在本小节中，我们对研究中涉及的 155 名职业译者的情绪感知进行了测试。运用了特质情绪智力量表来评估译者的情绪感知特质和与翻译职业相关的社会生物学变量。如前所述，特质情绪智力量表通过 4 个总因素、15 个维度和 15 个分测验来测量总的情绪智力特质。[14] 接下来，我们将分析情绪认知与专业译员档案数据之间的关系。

3.2 结果

文献研究表明，情绪感知和情绪性都被认为与下列一些变量相关：年龄、职业翻译时间长短、自我感知的职业满意度、职业成就、用于翻译的时间比例、文学翻译经历。此外，文化熟悉度也与情绪感知和情绪因素有关。事实上，感知自己和别人情绪的能力被认为与翻译成熟度有关，并且会影响用在翻译活动上的时间。尤其是基于之前提到过的阅读文学作品对情绪感知的影响，感知自身和他人情绪的能力可能与文学翻译经验的增长有关。另外，如在第一部分中讨论过的，我们假设译者能更好地感知情绪，他们在工作中就会更开心、翻译得更好。最后，根据文献综述，可以假设情绪感知与译者对与工作相关的外语和外国文化的熟悉度相关。我们在进行了皮尔森相关分析后，把分析结果记录在表2.2，随后进行讨论。

表2.2 情绪感知、情绪性和职业译者的社会生物学变量

变量	情绪感知	情绪性
年龄	.12	.16*
职业翻译经验	.10	.17*
职业满意度	.10	.20*
工作成就	.12	.08
用于翻译的时间	−.12	−.16*
文学翻译经验	.08	.10
外国语/外国文化	.00	.00

$p < .05$

表 2.2 呈现的情绪感知特质、情绪性因素和七个变量之间的双变量相关性表明，虽然情绪感知和上述变量之间的相关性并不具有统计学上的显著性，但确实存在着正相关：职业翻译经验（$r=.10$，$p=.22$）；职业满意度（$r=.10$，$p=.21$）；工作成就（$r=.12$，$p=.14$）；文学翻译经验（$r=.08$，$p=.32$）；年龄（$r=.12$，$p=.14$）。至于情绪性因素，表 2.2 呈现出了类似的趋势，年龄、职业满意度和职业翻译经验与情绪性呈正相关（$r=.16$，$p<.05$；$r=.20$，$p<.05$；$r=.17$，$p<.05$）。相反，情绪感知和情绪性与用于翻译的时间呈负相关（$r=-.12$，$p=.15$；$r=-.16$，$p<.05$），且情绪性或情绪感知都与外国语/外国文化这个变量没有任何关联。

3.3 讨论

表 2.2 显示，情绪感知和实验中的七个变量中五个变量都呈正相关。这表明低情绪感知特质的职业译者可能会更年轻、职业翻译经验更少。他们不太可能体验到工作满意度和工作成就感，也不太可能有文学翻译经验。换句话说，结果表明，情绪感知特质（自我报告的感知自己和他人情绪的能力）水平越高的职业译者就越有可能更成熟、更有经验、工作更有幸福感和成就感。此外，职业译者从事文学翻译的经验越丰富，其情绪感知能力越高的可能性更大。有意思的是，情绪感知并不与花费在翻译上的时间呈正相关，而且与译者工作的外国语/外国文化没有任何正的或负的相关性关系。这些发现表明，有着高情绪感知能力的职业译者并不一定每天投入大量的时间进行翻译，也不表明他们多少会使用文化上熟悉的语言去工作。

虽然这些研究结果很有趣，但必须指出并非所有的实验结果都具有统计显著性。另外，相关系数相对较低，这可能意味着解释力较低，正如我们在第 1 章所见。还需谨记在心的是：即使情绪感知和职业满意度或工作成就相关，它对与工作相关的变量的影响也不像语言熟练度或技术能力那样大。虽然这里展示的相关关系不太可能仅仅是出于偶然，但是在解释结果的时候还是谨慎为好。

表 2.2 揭示的结果突显了四个有趣的发现，值得我们进一步探讨。

3.3.1 情绪感知与年龄正相关

情绪感知与年龄正相关这一发现有重大意义。事实上，年龄越大，越能够感知情绪，辨认情绪，对情绪做出快速反应（Elfenbein & Ambady，2003：278）。因为个体随着年龄的增长，会获得更丰富的经验以预测他人的情绪反应，这就意味着人"辨认、理解和关心别人情绪的这种复杂和微妙的能力会随着年龄的增长而增长"（Magai, 2008：377）。所以，当译者逐渐成熟，他们会表现得更善于感知情绪，更善于在工作中对自己的和他人的情绪做出反应，这是合乎逻辑的。虽然现有文献对于年龄是否影响辨识面部情绪说法不一，但有一点是非常明确的：情绪信息随着年龄的增长而变得更加清晰，对年长者的影响也不一样（Magai，2008：386）。以下事实表明年龄可能是影响译者表现的一个因素：(1) 年龄及其他个体特征会影响双语和多语者的语言产出（Dewaele，2010）；(2) 翻译是双语语言转换的一种形式（Halverson，2014：123）。如第 1 章所示，虽然特质情绪智力在一定时间内相对稳定，但像年龄这样的变量很可能会影响一个人对情绪的感知。

我们在第二部分中提到过情绪感知是翻译过程的组成部分。随着时间的流逝，译者会更有效地学会捕捉、借用、模仿文本中的情绪。像梅尔这样的译者往往能更好地监控和辨认自己对一篇文章的情绪，即使过了一段时间，甚至很多年之后。译者所获的经验、对自己和他人的了解，以及随年龄增长所获得的经验都有助于译者情绪技能的提高。

另外，虽然这一发现并不具有统计学的显著性，却符合泽伦伯格、维格马克和罗特维尔（Zeelenberg, Wagenmakers & Rotteveel, 2006）的研究发现：他们认为由于长期记忆的痕迹，人们对有明显情绪刺激的东西的反应会随着年龄的增长变得更快更准确。如果一个饱含情绪而且有一定难度的翻译任务在过去影响过一位译者，令他感受颇深，他很可能会记住这件事，然后在将来更能感受到这种警示信号。确实，我们已经看到情绪性的刺激物比中性刺激物享有优先权，它会在认知感受到压力的时候影响选择性注意力。反之，被优先化的刺激物唤起的情绪会强化长期记忆并对记忆的内容有所偏向（如Canli et al., 2000）。同样有趣的是，根据马瑟和萨瑟兰（Mather & Sutherland, 2011: 128）的研究，这种对与目标相关的或对情绪有明显刺激的东西的强化加工会提升工作表现，"之后，从事件中记住这个高优先级信息会提升人们处理类似情景的能力。"[15]

如前所述，心境状态和个性特质影响着我们如何感知情绪刺激。即使大多数健康的人都随着年龄增长显现出更高的情绪感知能力，但是因为个人生活阅历不同，以及性格中形成的个人情绪偏好不同，这些情绪感知的表现方式存在着个体差异（Magai, 2008: 378）。译者会随着时间推移越来越清楚自己和他人的感受，但无论年龄大小，所遇到的情绪刺激物的个人相关性始终会在情绪感知中起到一定的作用。目前发现的情绪感知和年龄之间的正相关关系与已知的情绪感知文献不谋而合，佩特里迪斯和费纳姆（Petrides & Firnham, 2006）的研究也强调了在很多数据组中的这两个变量之间的正相关。这两位学者提出，情绪的自我效能会随着时间的推移而增长，"纵向研究表明，随着年龄的增长，人们的情绪往往会越来越稳定"（2006：555）。与他们的研究类似，本研究发现的年龄与情绪性的正相关也可能是由于年龄增长的缘故。

3.3.2 情绪感知与文学翻译经验的获得正相关，但却与在翻译上花费的时间无关

在第二部分我们已经看到，作为读者和改写者，译者对文本的参与度很高。而且阅读文学作品，更具体地说，因为与作品中的人物共情，可以提高情绪感知技能。我们也证明了在翻译的时候，译者可以"借用"文本作者的情绪（如 Neal & Chartrand，2011 关于情绪分享的概念）。鉴于译者会反复接收并积极参与文学作品以及其中引发各种情绪的内容，译者可以更好地捕捉到他人发出的情绪线索和信号就不足为奇了。事实上，一些译者提到过，随着翻译文学作品的习惯养成和经验积累，他们感知隐含意义和文本的微妙含义的能力也有所提高（如 Emmerich，2013）。因此，本研究发现的文学翻译经验和情绪感知之间的正相关是经得住论证的。当然，以上结论并不重要，我们在第 1 章里面已经解释过，在解读实验结果时务必谨慎。尽管如此，对翻译过程的其他研究也暗示了文学翻译经验和感知文本中的情绪内容之间可能的联系。例如，赫维尔普兰德和曲格斯特（Hvelpund & Dragsted，即将出版）发现，专职做文学翻译的译者在翻译文学作品时速度缓慢，这可能是因为他们更清楚地了解文学作品中一些潜在的翻译问题，例如理解原文的语气和文体特征。

另外，可以说那些在解码情绪方面感知力特别强的译者更可能会被吸引将文学翻译当作一项活动来做。性格相关的因素，如参与度、主动性、动机等已经被证明会影响情绪感知技能的发展（Bornhofen

& McDonald，2008）。因此，可以想象：感觉敏锐、积极性高的译者可能会更倾向于从事文学翻译，因为文学翻译被认为是一种多面的、混合的、复杂的活动，是最享有声名的一种翻译形式（Koster，2014：140）。情绪敏感的人往往具有更好的沟通能力、社交能力、决策能力（Yoon，Matsumoto & LeRoux，2006），而文学翻译可能被当作上述这些能力绝佳的施展机会。我们已经在第一部分看到，情绪感知与跟情绪相关任务的工作表现有关。文学翻译似乎就是这样一种任务。

情绪感知与译者翻译的总时间之间呈现负相关，这点令人惊讶，因为我们的假设通常是：更多的练习会带来情绪反应上的积极改变（如Phelps，2006）。一种可能的解释是：长期（很多年）积累的经验和练习对于情绪感知特质发展的影响超过日常进行高强度的翻译工作。我们已经在第二部分看到，连续数小时从事耗费心神的翻译工作可能会严重损害译者的身心健康，所以一个全职从事高难度、高强度工作的译者可能比偶尔为之的译者所获得的情绪满足感更低——虽然这只是我的个人猜测，但同时做包括翻译在内的几件事情有可能会给译者带来日常生活中的情绪平衡，带来承载所承担任务所需的"情绪空间"。有规律但又不太繁重的翻译实践才可能有助于发展情绪感知技巧。

我们观察到情绪感知能力强的人不太可能每天花费大量的时间在翻译上面。要理解这一点，我们也许可以想到：人如果对负载情绪的刺激非常敏感，可能导致适应不良的后果。确实，如前所述，有高情绪感知能力的人可能会干扰评价性判断和认知加工，导致人更加容易被引发情绪的刺激物（Petrides & Furnham，2003）所干扰。我们也强调过文本中易于引发情绪的刺激性内容，其一旦被读者感知到，可能会引起读者深刻的生理和神经反应（Kissler et al.，2007）。所以对情绪非常敏感的译者很可能在翻译中受到阻碍，不太能够应对花费大量时间翻译所带来的焦虑和压力，尤其是在翻译有引发情绪刺激的文本时。科斯特（Koster，2014：143）举过一个几位荷兰译者翻译《善良者》（*Les Bienveillantes*）的例子。这是一本享有盛誉的小说，是一部一位前纳粹军官对犹太人犯下的种种暴行的忏悔录。

> 对于荷兰译者来说，面临的一个主要问题是仅仅就研究层面而言，如何翻译文本中的恐怖场景，如何长期生活在一种"令人感到压迫、窒息的世界"中（Holierhoek，2008：9）。翻译这本书最终被证明既是一个技术问题，又是一个道德问题。

这本书的译者们发现，长时间沉浸在小说的情感现实中是非常困难的。也许是因为采取了合译的方式，他们才得以完成这个在认知、情绪上极具挑战的工作。翻译这类具有挑战性的文本，偶尔为之要比全天翻译更能减少对作品中情绪的不准确感知（参考 Byron，2008），或者减少某些负面刺激导致的注意力分散（参考 Tracy & Robins，2008），虽然这个观点还有待进一步考证。的确，如果一个译者连续四天每天翻译两小时，就比连续八小时翻译同一个文本有更多的时间思考翻译的过程，这就意味着可以更好地监控自己的无意识过程（如对引发情绪的内容的第一反应）及其对译者行为的影响。

3.3.3 情绪感知与对外国文化、语言的熟悉程度之间并无关联

在本研究中，译者们均提供了关于他们母语和工作语言的信息。为了了解文化熟悉和情绪感知之间是否存在关联，我们将所有译者分

为三个不同的小组：第一组译员的母语和工作语言均为欧盟国家的语言（2004年欧盟扩容之前）；第二组译员的母语和工作语言包括一种或多种欧盟国家的语言（2004年扩容之前），以及一种或多种扩容后的欧盟国家的语言；第三组译员的工作语言为一种或多种欧盟国家的语言（2004年扩容之前），以及一种或多种非欧盟国家语言（俄语或中文）。[16]

我们的假设是：比起工作语言是相对较远的两种语言的译员，工作语言是欧盟国家语言（2004年扩容前，如法德英之间）的译员会得益于文化熟悉，更容易判断同一文化群体内的情绪表达（参考第一部分），因此比起在两种文化距离较远的语言之间工作的译员，后者的情绪感知会更准确，翻译会更得心应手。确实，如舒尔兹和克拉克（Shields & Clarke, 2011：3）所言，不同文化、不同时间感知情绪的方式是不同的。我们在第一部分强调过，文化差异越大，解码来自不同文化或背景的情绪表达就越困难，尤其是在认知压力之下。

然而，我们的实验结果却表明：用文化熟悉的语言工作的译者不一定拥有更高的情绪感知特质。尽管特质情绪智力量表表明这两个变量之间没有关系，但第一部分和第二部分的文献综述却说明译者的文化熟悉度值得进一步研究。因此在本领域对未来的研究勾勒出方向仍是非常有用的。

首先，解码用外语表达的情绪既困难又耗费时间（Dewaele, 2013），如果这门外语在文化上熟悉，比起文化疏远的语言，文化熟悉的语言表达的情绪解码起来相对来说更直白、更不费力。我们的确已经看到人们更善于感知来自本文化成员的情绪（如 Marsh, Elfenbein & Ambady, 2013）。从这个意义上来说，感知用文化熟悉的语言书写的文本所表达的情绪比文化不熟悉的更为容易。舒尔兹

（Shields，2011：98）甚至提出：那些已经把外国语言内化了的译者在语言的音乐性方面或非语言交际性方面可能比较迟钝。情绪智力感知得分低的译者，不太会注意到别人发出的情绪信号（Petrides，2009）。因此，如果翻译这些情绪不太费脑力或不需要多少情绪劳动，这些译者可能就会不把它们翻译出来。

其次，德韦勒（Dewaele，2013）认为第二语言一般被认为是相对不含情绪的，即与有着丰富情绪内涵的第一语言相比，第二语言似乎给人一种疏离的感觉。假设译者一般从第二语言译入第一语言，[17] 可以想象，译者有时对源文本蕴含的情绪感受可能并没有那么强烈（相比用译者自己的母语书写出来的文本）。所以要弄懂从一个文化陌生的语言中传递出来的情绪可能会非常难，需要有很高的情绪智力才行。情绪感知得分低的人可能很难克服这种疏离的感觉。虽然个案研究的结果使我们无法做出这样的判定，但是验证这个假设还是很有趣的。

另外一个与情绪和语言相关，且已经产生累累硕果的研究领域所研究的课题是译者为其工作语言所赋予的情感意义存在的个体差异，以及诸如情境和经验等因素对于这些意义的解读所发挥的作用。例如，可以假设情绪感知得分低的人可能会解码外国原语中比较温和的感情，但是却很难解码更强烈或更微妙的情绪事件，他在外国居住的时候可能获得了微妙情绪的一手经验，因此可以赋予原文文本更多的情绪意义。这里的数据使我们无法对这两方面中的任何一面做出定论，下一步研究的途径应该是：去验证那些经常不清楚自己感受的人在文化差异很大的情况下，是否会很难抓住本文化群体以外的人的情绪线索。

还有一个假设将在以后的研究中验证：情绪感知能力强的职业译者是否比情绪感知能力低的译者更倾向于翻译用文化陌生的语言所写

的文本。确实，如我们在第1章所见，情绪感知与对自我监控和判断力的自信正相关。所以，善于情绪感知的人更能与自己的情绪和谐相处，对自己的决策技巧充满信心。所以拥有这些技巧的译者很可能更善于解码外国文本中的文化陌生的情绪，愿意验证自己的这些技巧，从事更具有挑战性的翻译工作。事实上，情绪感知能力强的人可能会且能够把自己的能力延伸到文化熟悉的事物之外去。根据约、松本和勒罗克斯（Yoo, Matsumoto & LeRoux, 2006）的研究，情绪感知可以预测一个人在跨文化情境中的调整能力和跨文化沟通能力。这意味着情绪感知能力强的译者可能更会被吸引去翻译用文化陌生的语言所写的文本，也能更熟练地判断群体外的情绪表达。在讨论葡萄牙译者翻译的中文和日文诗歌时，金塞拉（Kinsella, 2011: 60）表扬了译者的敬畏之心、对于古典诗歌美的张力的认识，以及她们对于中国诗人情景交融的理解。这些优点验证了在翻译文化陌生的观点和艺术手段时，想要跨越文化障碍，译者就必须有很高的动机，要对文字敏感，要非常热爱、愿意付出努力。[18]

最后，测试情绪感知技巧是否随着文化熟悉和文化接触而增长将会很有意思。在翻译用文化陌生的语言所写的文本时，可能会难以推测外国词汇所表达的情绪，译者可以通过单纯的练习增强自己的情绪感知能力。也就是说，一个母语是英语的译者可以通过大量翻译俄语或中文变得越来越善于解码情绪。这一观点（译者的情绪感知能力会随着越来越多地接触文化陌生的情绪表达而增强）值得验证，因为心理学文献（如 Elfenbein & Ambady, 2003）和双语研究、多语研究的文献都提出情况可能的确如此：在第二语言文化中所处的时间越长，语言实践和感知能力会慢慢发生变化，译者在理智和情感层面上使用第二语言的能力会慢慢赶上第一语言（Dewaele, 2013: 21）。

3.3.4 情绪性与译者从业年限和职业满意度显著[19]正相关

有意思的是,虽然情绪感知与翻译从业时间和职业满意度正相关,但在统计学上,情绪性这一因素与这些变量显著相关。情绪性包括情绪表达和情绪感知。据说得分高者在情绪和表达上均有出色的表现。情绪表达将在第 4 章更详细地探讨。有观点认为:经验丰富且幸福度高的译者在情绪性方面得分更高,意味着他们具备一些素质使他们能够了解自己和他人的感觉。这一观点值得我们结合本章第一、二部分的文献综述来进一步探讨。

既往的知识和经验已被证明有助于塑造情绪注意力的机能（Pourtois, Schettino & Vuilleumier, 2013：507）。基于此,情绪性和从业时间的关系并不令人惊讶。我们之前提到过,长期积累的实践经验可能有利于情绪感知特质的发展。正如我们所讨论的那样,译者在经过足够长的时间以后,应该能够提升自己识别和监控作品情绪的能力,这可能是在翻译其他文本时获得了经验的结果。科尔布（Kolb, 2013）在其对职业译者的研究中观察到,自我感知以及较强的自信与译者的经验相关,也与译者在职业生涯中获得的肯定反馈有关。埃默里希（Emmerich, 2013）认为,正是因为译者习惯了处理翻译世界中固有的无形物质,译者才具有感知微妙关系的能力。显然,获得实际的翻译经验可以与更深地了解自己和他人感受的能力共同发展,并行不悖。

我们甚至可以说,长期的翻译经验可以成为一种情境,即它会限制词汇的意义范围,塑造感知过程。我们已经看到,对于一些感知学者（如 Lindquist et al., 2006）来说,语言作为一种影响我们如何感知情绪的语境发挥着作用。经过数年的实践之后,译者可能已经加工了大量的情绪单词(含蓄的或明确的),这些词汇可以作为内部的语境,在情绪感知的过程中,限制着表达或词语的意义。

情绪感知和职业满意度的关系更好理解。阿特金森和阿道夫(Atkinson & Adolphs,2005)认为,能够感知和解读他人的情绪状态对有效的社会交往必不可少,在许多工作场景中尤其重要。此外,情绪性这个因素已经被证明与工作动机正相关(Petrides,2009:61),情绪感知也被证明与重要的组织成果相关,如工作表现、职业承诺等(Poon,2004)。所以,可以认为在有社会交往的办公室环境中工作的译者,如果深谙情绪感知技巧,将会有更高的职业满意度。更善于感知且能够团队合作、有效交际的自由译者将会积累社会和职业资本,使自己有更多的发展机遇。[20] 如果我们想要确保译者对自己的工作感到满意,似乎应该更加关注他们的情绪性发展。

在本研究中,工作成就和情绪感知之间并没有表现出强关联,这也许令人惊讶。事实上,人们发现情绪辨识能力与不同职业的成功呈正相关(Momm et al.,2015)。然而,根据潘的研究(Poon,2004:377),上述发现并不令人惊讶。因为实证研究并没有证明情绪感知能力是与工作相关的成就的强预测因素。事实上,情绪感知能力往往和工作表现呈正相关,正如潘所说,情绪感知会增强职业成功的其他决定因素的影响。就这个意义来说,情绪感知这个方面虽然没有直接作用,但是对职业成功起到了调节作用和间接影响。

在未来的研究中,区分翻译工作场合中情绪感知对人际互动和翻译表现的影响将会十分有趣。本研究中自我感觉的职业满意度和工作成就这两个变量,并不能使上述研究对象得以区分。当评估译者在工作中有多满意或多成功时,我们一般使用一些笼统的术语(包括收入、同事关系等),或者更具体些,从翻译表现的角度来评估(如投入的精力、收到的反馈等）。毛姆等人（Momm et al., 2015）认为感知力强的人对他人的需求更为敏感，因此会在行为上更合作，更体谅他人。如果能够用量化的数据证明（对此我表示怀疑）上述观点适用于翻译过程中的翻译行为，那将非常有用。

4. 结论

本章的发现直指情绪感知和情绪性在译者工作中很多方面所起的重要作用。菲尔普斯（Phelps, 2006）强调，通过有意识的策略和练习，个体可以改变他们对特定刺激的解读，从而改变自己的情绪反应。想到一个人的情绪反应可能通过推理和使用一定的策略得到改变，这非常有意思。当然，我们已经看到阅读文学作品可以提高直觉能力，帮助个体理解自己和想象他人的情绪。因此，想要提升情绪感知能力的译者应该经常承担文学翻译任务。这一点将在第5章进一步讨论。

虽然本章发现的情绪感知与翻译职业相关变量之间的相关性弱于其与其他情绪智力方面的相关性（这也许是因为之前提到过的间接效应）在翻译研究文献中仍然有强有力的证据证明，情绪感知在翻译过程中起着重要作用。正如科尔所说，"一个优秀的译作与原作保持情绪上的一致，并吸引人们调动所有的感官，因为它体现了译者辨识出来的原作的显著特征和特点"（Cole, 2013: 11）。

在本章中我们已经证明，情绪感知是翻译学的相关概念。译者需要意识到情绪刺激对自己感知的影响，以便能够有效地处理、应对这些刺激。个案研究表明，自我感觉有着高情绪感知和情绪性的职业译者可能年龄更大，经验更丰富，工作更快乐，工作成就感也更高。在接下来的章节中，我们将重点讨论情绪调节这一概念。

注释

1. 严格说来，事件本身不具有情绪内容，只不过是会诱发情绪反应的线索而已。但学者们在情绪感知研究文献中报告自己的研究发现时，通常使用这一说法。

2. 在文献中，感知和识别经常互换使用，虽然这两个词之间还是有一些微妙差别。根据阿道夫（Adolph, 2010: 330）的研究，"识别比基本的感知需要更多的东西；它需要把刺激物的感官特征与意义联系在一起"。

3. 为了深入探讨大脑与情绪的对应关系，林德·奎斯特（Lind Quist, 2012）对人类情感神经影像学文献进行了元分析，其同行的相关评论为这个备受争议的话题提供了很多独到的见解。

4. 根据各个研究不同的理论背景、方法或传统，无意识、非意识、潜意识、内隐、自动、前注意等词均被用来指代缺乏有意识察觉的状态（Tamietto & DE Gelder, 2010: 698）。每种科研传统都会赋予这些术语特定的含义，但是就本研究的目的而言，这些词都被认为是同义词。

5. 研究已经发现，如果参与者被操控后感到沮丧或处于负面心境，他们会在面对情绪刺激时感知到更多的悲哀或更少的愉悦感；而诱发出来的积极心境却有相反效果。虽然不在本研究讨论范围之内，但研究心境状态如何影响翻译中的判断，也是非常有趣的。这可能是未来研究中一个富有成效的途径。

6. 这是翻译研究学者和情绪研究学者合作的一个领域，在本书结尾会做进一步讨论。

7. 所谓的"客观事业成功"指的是薪酬和升迁，和"主观事业成功"形成对比。后者主要依赖一个人对自己事业的评价。

8. 同理，琼斯（Jones, 2011）强调积极情绪可以增强译者的翻译动机，但感知到的负面情绪会阻碍和妨害翻译过程。类似地，长期以来，负面情绪使得语言学家伊莎贝尔·德尔·里奥无法翻译一篇关于描写屠杀无辜儿童的文章；故事的情绪性质对她影响至深，"伤到骨子里了"（伦敦大学，5月10日，2014）。这位译者对感受到的文中的情绪反应尤其激烈，说某些文章"会杀了你"，以及"要想把它翻译出来，除非你不是人"。

9. 还需要一提的是，对原文文本这种程度的参与一般是自愿的，至少最初如此，因为译者有意"深入书本""让自己感受到更深层的无形的情绪"。

10. 梅尔（Maier，2002：190）也反感阿曼德刻意使用一些词语（双关语等）以传达一种"安慰与冲突并存的病态"。

11. 与此相关，希安·雷诺德，一位法英翻译学者，强调第一人称叙事更困难一些，因为读者会越来越带入文本中的角色（伦敦大学，2014年5月10日）。

12. 梅尔在讨论对夏塞尔作品的接受时，进一步阐述了作者内心深处的情绪迁移："我不禁思考，夏塞尔和她的文字是如何成为我意识的一部分的，以至我在手术期间梦到了她，她甚至都变成了我的血肉的一部分，一个像我妈妈那样在我感到畏惧的时候给我力量的人物（Maier，2006：144）。"她进一步建议用情绪激发写作，然后将它传递给译者，由译者重写出来。

13. 这一观点绝非独创，因为学者们批判翻译中的真实性已经有一段时间了（如 O'Sullivan，2006）。尽管如此，情绪感知领域的研究文献提供了新的证据：在感知过程中存在情感偏向，有助于基于情感价值（Pourtois，Schettino & Viulleumier，2013）引导感官刺激被察觉到，让人采取适应性行为。

14. 如需对这一研究的完整描述（参与者、方法、研究工具、过程等），请参考第1章。值得注意和谨记的是，这个研究并不直接测量情绪感知，而是探索参与者如何应对情绪感知情境。

15. 奥赞斯卡-波尼克维亚（Ozanska-Ponikwia，2013）在对第一语言和第二语言的情绪感知和表达的研究中，提出如果能沉浸到第一语言和第二语言的文化和语言中，情绪感知和表达能力就会提高。译者如果也能沉浸到两种语言的语言和文化中，一段时间后也会相应地提高自己的情绪感知和情绪表达。

16. 在此应指出，没有哪个译者的工作语言仅仅是一种欧盟扩张之后的国家的语言，或仅仅是非欧盟国家的语言，或者是在上述两种语言之间工作，这意味着本研究中涉及的所有译员都认可他们至少使用一种2004年欧盟扩容之前的国家的语言。此外，在英语的各个变体之间没有做出区分。

17. 必须承认，这是一个冒险的假设。尽管如此，这对大多译者来说仍然是一个客观现实。

18. 有趣的是，金塞拉（Kinsella，2011：65）也哀叹葡萄牙语和英语之间情绪翻译的困难，提出日耳曼语和罗曼语之间情感和情绪的分类截然不同。

19. 在此假设情绪感知先于工作满意，但也很有可能恰恰相反。然而，此处的逻辑（情绪能力是行为的先行因素）也适用于其他研究情绪感知的文献（如 Momm et al.，2015）。

第 3 章

情绪调节

情绪是人类行为的各个方面最终赖以存在的基础。我们所有的意图和目的都受其影响，尤其是当我们想要控制和影响他人的时候。

——德里克·莱德

广义地说，本章探讨的是情绪调节的概念，探讨个体调整自己的情绪体验以在特定的场景中产生恰当反应的过程。本章首先给出了情绪调节的定义，回顾了之前的相关研究，展示了人们调节情绪的方法的不同以及这些情绪调节过程如何影响人的生活，包括其对人的社会功能和心理功能带来的影响。在此基础上，简要概述了特质情绪智力理论内部对这一概念的使用和理解，并举例说明了其在实践中的应用。随后本章探讨了不同译者对不同情绪调节策略的使用和选择，以及这些个体差异对翻译工作产生的影响。本章试图解答如下问题：对于翻译实践来说，某些情绪调节的形式是否比其他形式更为有效？在最后一节回顾了案例研究中的证据，为讨论提供依据。

1. 情绪调节与心理学

1.1 情绪调节的定义

情绪调节领域在最近十到十五年间有了飞速发展，是心理学界内部发展最快的课题之一（Gross，2007：2013）。研究情绪调节过程的新方法的开发，以及更广泛的受试人群，加深了我们对这一影响自己和他人情绪的行为和心理过程的理解。然而，由于与情绪调节相关的理论探讨和实证研究跨越了学科界限（Gross，2007：xi），因此想要全面了解情绪调节的本质其实是相当困难的。

要对情绪调节做出定义，首先需要厘清概念：情感包括情绪（愤怒、恐惧、愉悦）和心境（平静、黯然）。所以情感调节就包括情绪调节和心境调节——前者一般更短暂且指向明确（EROS 研究小组，2013）。这两种情感都可以使用策略进行调节，这些策略可以是思想方面的（例如用不同方式思考同一情境），也可以是行为方面的（例如不同的做法）。本章的重点在于讨论情绪调节，涉及对某些具体事件更为明确的反应（Gross & Thompson，2007：9）。格罗斯（Gross，1998b）是情绪调节研究领域的一位重要学者，他把情绪调节定义为影响我们拥有什么情绪，什么时候感受到这些情绪，以及如何体验或表达这些情绪的一系列过程。

格罗斯（Gross，2013：359）认为，情绪调节领域关心的一个中心问题就是如何培养有益情绪，管理有害情绪，减少消极情绪，增加积极情绪。但是现实情况有点微妙。有时候减少积极情绪反倒是有益的，比如在签订一个报酬丰厚的翻译合同后要压抑自己的兴奋，以安慰输掉的同事。

格罗斯（Gross，2013）认为，为了有效运作，我们应该通过激活一个目标来调节我们的情绪，以增强或减少情绪反应的幅度，延长或缩短其持续时间。他还区分了内在情绪调节和外在情绪调节。内在情绪调节指的是目标会在自己内部激活；外在情绪调节（人际情绪调节）指的是由他人激活目标。尽管学界对于外在情绪调节，尤其是情绪调节能力发展的兴趣日益浓厚，但迄今为止，内在情绪调节仍然是本领域的研究重点（Gross & Thompson，2007；Niven et al.，2012）。虽然我们会在第二部分简单探讨人际间情绪调节与翻译潜在的相关性，本章的重点仍然是探讨个体内在的情绪调节过程的特点。

当个体激活一个目标来调节情绪时，他或她可能会用到众多显性或隐形过程中的一种。情绪调节活动一般会沿着"情绪调节可能性的连续体"进行。这种可能性范围从清晰的、有意识的、刻意的、受控的调节，到隐形的、下意识的、轻松的以及自动的调节（Gross，2013：360）。图3.1是从格罗斯和汤普森的著作（Gross & Thompson，2007）中复制来的，它描绘了情绪调节的模型，其中包括个体可以调节情绪的五个点，即五种情绪调节过程。对负面情绪的下调策略可以从回避到压抑，证明了情绪调节包含从生理、认知，到行为各个层面的过程（Rydell，Berlin & Bohlin，2003：30）。

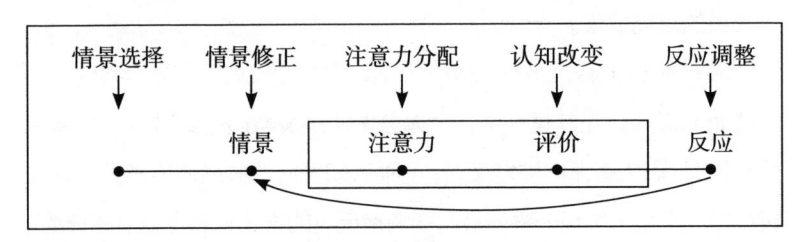

图 3.1 情绪调节模型

来源：Gross & Thompson（2007：10）

表3.1 情绪调节过程和策略

	情绪调节过程种类				
	情境选择	情境修改	注意力分配	认知改变	反应调整
情绪调节策略	接近情境	改变部分情境	分散注意力	认知重评	表达抑制
	规避情境	离开情境	全神贯注		

表 3.1 是五类情绪调节过程，以及我基于苏瑞、谢普斯和格罗斯（Suri, Sheppes & Gross, 2013: 198-199）提供的信息，为每一类过程挑选的情绪调节策略。根据现有文献（Gross & Thompson, 2007; Suri, Sheppes & Gross, 2013; Wranik, Barrett & Salovey, 2007），前四种情绪调节过程被认为是前聚焦，因为它们发生在情绪反应产生之前（表中被标为灰色的部分），而以反应为中心的情绪调节则发生在这之后。这一区别与本章后面讨论的诸多原因都有关系。

现有文献中最引人注目的两种情绪调节策略是：表达抑制和认知重评（English et al., 2012）。这两种策略之所以受欢迎是因为它们都被用来向下调节情绪，这是健康领域尤其感兴趣的课题，并且已经有了大量的研究成果。

格罗斯（Gross, 2013: 361）将表达抑制定义为"行为导向的一种情绪调节形式，在其过程中，个体虽然情绪被唤起但却减少了情绪表达行为"。认知重评则被定义为：一种认知导向的情绪调节形式，在其过程中，个体试图用一种能够改变情绪反应的方式去思考眼前的形势。换句话说，前者指的是隐藏自己的感觉，而后者指的是用一种减少情绪强度的方式思考情绪状况（Campbell-Sills & Barlow, 2007: 544）。

有意思的是，每种策略都有自己的情感、认知和社会后果。比如，表达压抑策略被发现会导致积极的情感体验减少，记忆力和认知功能受损以及变得不受同伴欢迎；而认知重评会带来健康的适应结果，消极情绪减少，考试成绩提高，更好的生理心理压力恢复能力，且不会带来恶劣的社会后果（Gross，2013；D'Avanzato & Joormann，2013；John & Gross，2007）。经常使用压抑作为情绪调节的策略，导致不真实的痛苦感，出现抑郁的症状，并危及与他人的积极关系。而经常使用认知重评则会导向更多积极的情绪，使人记忆力增强，与同伴关系更为亲密（Gross，2013：361）。使用个体差异测量进行的研究也发现：相比用表达压抑，使用认知重评来调节情绪与更为健康的情感模式、更强的社会机能和幸福感等相关（D'Avanzato & Joormann，2013）。坎贝尔-西尔斯和巴罗（Campbell-Sills & Barrow，2007：543）将有效调节定义为"对情感状态的反应，使主观和生理上的痛苦最小化，同时使人继续有能力追求对个人重要的短期和长期目标"。在第二部分，我们将讨论如何运用不同的翻译策略来调节情绪在翻译实践中的作用的实例。

尽管有了前面的讨论，但情绪研究的文献综述（Gross，2003）却强调调节情绪远非易事，情绪失调是经常发生的事情。比如，某个人选择了一个策略，而这个策略对于某一具体场景并不恰当；或者虽然选对了策略，环境却变了。我们在下一部分将会看到，情绪调节不当会引起一系列精神错乱、心血管疾病等健康问题（Dan-Glauser & Gross，2013）。虽然现有的文献已经证明了情绪调节和人的身心健康之间的关系，我们还需要更进一步研究以更好地了解情绪调节不当的后果。

1.2 情绪调节策略的应用及后果

那么，情绪调节不当的后果到底是什么？使用哪种策略调节情绪真的重要吗？显然，非常重要。根据文献（Wranik, Barrett & Salovey, 2007: 399），在调节情感方面，先行关注调节策略比反应关注调节策略更为有效。认知重评在情绪输入或情绪激活的时候会影响情绪，所以它是一种先行关注调节策略；而表达抑制在情绪输出时发挥作用，即在情绪完全形成以后，所以它是一种反应关注调节策略（Aldao, 2013: 155）。先行关注的策略有时又称适应性策略，包括问题解决、接纳[1]以及重新评估；而反应关注策略会改变情绪反应本身，因此被认为是适应不良。反应关注策略包括回避、担忧、反刍思维，以及压抑。然而，需要注意的是，根据场景的不同，先行关注策略有时也会产生适应不良的后果，反应关注的策略也可能因情境的不同带来益处（Aldao, 2013; D'Avanzato & Joormann, 2013; Gross & Thompson, 2007）。这一点我们将在下一部分详述。

在实践应用方面，我们已经提到过情绪调节的困难和使用不良的策略会引起的一系列异常，包括情绪失调，如焦虑、情绪障碍以及重度抑郁障碍（Campbell-Sills et al., 2006; Campbell-Sills & Barrow, 2007; D'Avanzato & Joormann, 2013）。达万扎托和乔尔曼（D'Avanzato & Joormann, 2013）考察了患有上述症状者所使用的策略。有意思的是，他们报告称反刍思维（反复思考自己的负面心境状态并探究其原因和后果）这一适应不良的策略（Nolen-Hoeksema, 1991）与焦虑相关，并促进了焦虑情绪的发展和保持。此外，他们发现焦虑和抑郁障碍都有个特点，就是较少使用认知重评这一适应策略，而越来越多地使用反刍思维和压抑这两种不良适应策略。

在对情绪调节策略与焦虑和心境障碍之间关系的研究中，坎贝尔-西尔斯和巴罗认为，情绪调节的个体差异可能与上述障碍的脆弱性或复原力有关；与此相关的临床症状通常是对不良情绪进行调节的尝试（Campbell-Sills & Barrow, 2007: 543），而这种尝试往往是适应不良的。这给我们的启示是，饱受焦虑折磨的个体可能在调节情绪的时候做出有害的选择，从而使情形变得更糟，导致持久的不受欢迎的负面情绪。这两位学者因此断言许多明显有害的焦虑和情绪障碍都可以被认为"是在调节情绪时错误使用情境选择、情境修改、注意力分配、认知改变、反应改变等策略造成的"（Campbell-Sills & Barrow, 2007: 545）。

虽然学界对于适应不良的策略的使用是先于这些心理障碍并且促成了这些障碍，还是恰恰相反仍然有争议，但是错误的情绪调节策略的选择可能会不利于人的幸福，这是毋庸置疑的。

苏瑞、谢普斯和格罗斯（Suri, Sheppes & Gross, 2013: 204）描述了使用反刍思维带来的令人惊讶的种种问题，比如，"习惯性的反刍思维已经被证明会增加负面思维，降低问题解决能力，干扰工具性行为从而维持或加重抑郁症状"。人们不禁会认为这种行为是有情绪障碍的个体的典型症状，如萨波尔斯基（Sapolsky, 2007: 613）所说，长期适应性最差的行为应对反应往往在短期内最简单且最有吸引力。这对健康的人同样适用，所以我猜想，对于试图调节情绪进行翻译的译者来说同样适用。

英格利希等人（English et al., 2012: 781）研究了在正常工作环境中表达压抑和认知重评的社会效果。他们发现，表达压抑会干扰自然情绪表露，因此也会干扰长期的亲密社会连接的形成。与此对照，认知重评会增加积极情绪的表达，促进社会联系，提升社交地位。有意思的是，习惯性地使用适应性策略能够增加被同伴欣赏的概率，这样的情绪调节过程可以营造良好的社交环境。这在某种程度上将内部调节过程和外部调节过程结合起来了，对此我们将在下一部分详细讨论。苏瑞、谢普斯和格罗斯（Suri，Sheppes & Gross，2013：205）还说道，在关于个体差异的研究文献中，人们发现习惯性地使用认知重评与积极情绪呈正相关，与负面情绪负相关。其他的适应性策略，如分散注意力也会将注意力从不理想的情绪状态转移开来，使得个体转向更愉悦的思维和活动，有助于他们解决问题。

从情绪调节的研究文献中得出的不同策略的效果表明，（有意识或无意识）选择具体的策略来处理引发情绪的材料并非无害。本研究的一个基本假设是：像其他个体一样，译者在工作时也会调节情绪。但是译者会视情境和个体不同而更多或更少地使用适应性策略。

1.3 情绪调节研究的局限性

对情绪调节的研究并非不存在问题，还有很多局限性需要我们考虑，这些局限性大致可以分为两类：为了了解情绪调节过程所使用的方法，以及调节过程实际的复杂性。

首先，研究者研究情绪调节的时候使用的往往是自我报告的方法。正如我们在第 1 章中所看到的，这种方法的一个缺陷（也会影响本研究）就是，它需要被调查的个体能意识到自己所使用的调节策略，并且有能力将它报告出来（D'Avanzato & Joormann，2013：977）。然而，许多为了调节情绪所做的努力都是在无意识的情况下自动执行的（Gross & John，2003；John & Gross，2007）。所以尽管自我报告体现了情绪调节策略的效果，并且据称对人的行为有很大的影响力（参见第 1 章），但是它无法直接揭示一个人是如何使用这些策略的。所以问卷是否能够准确涵盖所有相关的调节信息仍然存在争议。另外，由于很少有情绪调节问卷和研究会考虑多种策略，且更多研究关注的是下调策略（消极情绪），[2] 因此很难测出运用其他情绪调节策略（或者上调策略）是适应良好的还是适应不良的以及使用这些策略时的情境（John & Gross，2007：368）。尽管如此，该领域的自我报告工具已经在很多方面证明了它的价值，越来越多的新方法被用于三角互证。

其次，情绪调节是一个复杂的概念。从发展的角度来说，情绪调节会在人的一生中不断变化，说明它是可塑的。阿尔道（Aldao，2013：156）认为，场景因素在情绪调节中起着关键作用，需要被纳入考虑，以便研究者们更好地理解在什么样的条件下情绪调节过程可以导致适应性或不良适应的后果。因此，场景至关重要，它会与情绪调节过程互动。而这些调节过程又会根据场景的不同改善情境或使情境恶化。作为结果，调节性策略可能在一种场景中适应良好，尤其是在文化环境中，但却在另一种场景中适应不良（Gross & Thompson，2007）。我们需要进一步研究以了解在什么样的情况下，一个通常有效的策略会被过度使用或者以一种不切实际或适应不良的方式被运用（John & Gross,2007：369）。此外，坎贝尔-西尔斯和巴罗（Campbell-Sills & Barrow，2007：543）报告，一个不太有效的策略可能在短期内减少不良情绪，但其长期的代价会远超短期收益。因此，即使是一个不太有效的策略也可能难以在短期内看出其无效，这使得情况变得更加扑朔迷离。相反，有证据表明在某些场景中，一个通常适应不良的策略（如反刍思维）可能会带来积极的后果（如创造力）（如Verhaeghen, Joormann & Khan, 2005）。[3] 虽然观察在具体翻译情境中情绪策略的使用不在本研究讨论的范围之内，但它却是未来研究的一个耐人寻味的途径。

除了上述局限性以外,格罗斯和汤普森(Gross & Thompson, 2007:16-17)还提出了情绪调节过程中出现的三种复杂情况。首先,情绪产生是一个动态循环的过程。这意味着"它发生在持续不断的情绪刺激和行为反应的背景下"。(同上,16)。情绪过程和反应以及他人的反应都在情绪发生时仍然影响着调节活动,所以很难分析。其次,这个过程的循环性质使得很难区分哪个是先行关注策略,哪个是反应关注策略。如我们之前所讨论的,一般认为,先行关注策略发生在情绪产生周期的初始阶段,因此很难定位。最后,各种情绪调节过程很可能同时发生,虽然我们现在还不知道这些过程是如何同时工作的。

尽管情绪调节策略研究存在着上述缺陷,格罗斯和约翰(Gross & John, 2003:360)认为,与认知重评和表达压抑相关的研究发现并不局限于某一特定样本或测试,但确实被证明可以"从多个样本中和多个相关概念的测试、多个数据来源中归纳出来,这些数据来源不仅包括已经被证实的自我报告工具,还包括从同行那里得到的独立的报告"。尽管目前对情绪调节的研究还存在着不可忽视的方法缺陷,如研究结果可靠性和覆盖性存疑,但研究已经有了丰硕的成果。

除此之外,情绪调节研究还有一个重要的局限。阿尔道(Aldao, 2013:157)提出,情绪调节过程作为一种人格功能和心理过程,其功能有何不同,似乎鲜有人研究。人际关系过程会影响情绪的引发、策略的选择以及后果的种类。但是我们对情绪调节的个体差异知之甚少。近期的研究表明,传统上认为适应不良的策略实际上如果被有某种性格特点的人使用可能会有积极的结果(例如D'Avazato & Joomann, 2013; English et al., 2012; John & Gross, 2004)。本研究采用个体差异法研究情绪,填补了情绪研究文献的一项空白。下一小节我们将主要探讨情绪调节和人格理论的关系。

1.4 情绪调节和人格过程

如前所述，情绪调节研究是一个跨学科的领域。格罗斯（Gross, 2007：xi）认为，情绪调节可以被认为是借鉴了心理学的六个子领域的观点：生物心理学、认知心理学、发展心理学、人格心理学、社会心理学以及临床／健康心理学。情绪调节可以从认知[4]和其他过程中产生或干扰其他过程。在本小节我将重点关注具体的人格维度，将对情绪调节的研究置于个体差异研究中。拉尼克、巴雷和萨洛维（Wranik, Barret & Salovey, 2007：395）认为，除了认知能力之外，其他因素也可以解释情绪性的个体差异。[5]

学者们一致认为，人们在调节自己和他人的情绪时，在对情感刺激物做出反应的程度、情绪调节策略的执行上存在着个体差异（如Campbell-Sills & Barrow, 2007; Augustine, Randy & Lee, 2013; John & Gross, 2004）。格罗斯和汤普森（Gross & Thompson, 2007：19）提出，情绪调节方面的个体差异与人格同时发展，并且与一个人的自我控制能力和其他人格过程保持一致。例如，松本（Matsumoto, 2006）在他关于美国人和日本人情绪调节的个体差别研究中表明，这些差异完全可以由人格上的个体差异造成。情绪调节策略的个体差异在制造人格特质的个体差异时起到了重要的作用（John & Gross, 2007：354）。

对某一策略的使用是与个体发展联系在一起的（Suri, Sheppes & Gross, 2013：205）。根据一个人是否更可能使用适应性策略或适应不良的策略，个体的发展可能会非常不同。事实上，研究证明惯于使用认知重评策略管理情绪的人通常有更高水平的积极情感和更低水平的负面情感，这与幸福感和人际功能正相关，最终导致更好的适应性（Campbell-Sills & Barrow，2007：544）。经常使用这种适应性策略会使人更快乐、更健康、更加适应良好。与此相对照，学者们发现，相反的情况出现在那些在情绪上过分依赖压抑的人身上。这些人可能更易患情绪障碍，更加脆弱，抗压能力较差。某些重复调节行为更可能对人格发展产生影响。

一个有趣的相关事实是：人们对于情绪是否可以被改变或调节的态度不同（Castella et al.，2013）。那些认为情绪是固定不变的人可能不会付出多少努力来调节情绪；而那些相信情绪可以被改变的人可能会更积极、更频繁地调节情绪并深信这种做法的有效性。因此，一个人的人格发展的方向可以说是直接与自己深信不疑的信念联系在一起的。这些信念会影响行为并进一步影响调节策略的使用。

人格的社会认知理论研究的相邻学科，对于自我控制和自我调节的个体差异的研究也产生了一些与策略使用相关的研究成果。虽然我们在这里无法深入探讨这些研究成果（John & Gross，2007中有很好的综述），但对乐观性格的研究值得我们注意：乐观的人比悲观的人更多地使用不同的应对办法，比如积极重构和接纳，这两种应对方法会使人在面对压力时有更少的沮丧情绪和更强的适应能力（John & Gross，2007：364）。乐观者更擅长调节自己的情绪。所以有更乐观的世界观的译员可能更善于处理工作中的情绪。这有力地证明了某些人格特质和所使用的具体情绪调节策略之间存在着联系。

奥赞斯卡-波尼克维亚（Ozanska-Ponikwia，2013：43）提出，特质理论家们一致认为，"人格特质是有层次的，大量的低阶特质组合起来形成五大高阶特质：外倾性、开放性、宜人性、尽责性和神经质，即'大五'人格。如我们在第1章所解释的，特质情绪智力被认为是与现有个体差异模型一致的人格特质;它完全不在认知能力的研究范围之内,比'大五'理论更具有效性(特质情绪智力量表使用手册)"。因此,很有必要简单回顾一下"大五"人格特质与情绪调节之间的关系。

约翰和格罗斯(John & Gross, 2007:354-355)所做的研究证明,尽责性强的个体有能力计划、组织并在行动之前提前想到可能的后果,这使得他们更容易使用情境选择这一情绪调节策略(参考表3.1)。这种策略可以帮助个体避免潜在的可能带来创伤的翻译工作,"与更为冲动、低尽责性的人相比,高尽责性的人应该能够在知情的情况下避免进入使他们产生负面情绪的情境……他们会仔细挑选与他们目标和计划一致的情境"(同上,355)。约翰和格罗斯还认为具有高尽责性的人可能更频繁地使用情境修改和注意力分配策略,让自己的生活更加平衡(同上,356)。因此,在某些惯常的情绪调节行为和尽责性这一人格特质之间存在关联性。

外倾性特质是另外一个和特质情绪智力强关联的特质,也与特定的情绪调节策略相关(Augustine, Randy & Lee, 2013:317)。虽然社会交往会修正一个外向者的负面心境似乎并不令人惊奇,但有趣的是,与内向者相比,外向者不仅仅对积极事件更敏感,而且一旦体验到积极的情绪,他们能更为积极且长期地维持这种积极的情感,寻求能继续增进积极情感的情绪调节策略(Augustine, Randy & Lee, 2013;Tamir & Robinson, 2004;Tamir, 2009)。

尽责性和外倾性对于适应性情绪调节的预测能力(反之亦然)并不是"大五"理论唯一值得注意的方面。事实上,跟神经质这个高阶特质有关的更为具体的研究发现也浮出水面,即在特质情绪智力和"大五"神经质维度之间存在着很高的负相关性(Petrides et al., 2002)。特质情绪智力量表(TEIQue)的情绪调节级别与"大五"性格特质中的神经质特质有着紧密的联系。高神经质的人在调节情绪方面所做的尝试似乎更少，而且也不太有效。这可能部分是由于"他们对于自己情绪调节的能力的悲观估计"（John & Gross，2007：357），比如他们可能缺乏使用适应性的策略摆脱困境的信心。不仅不使用适应性策略，他们可能还会反刍思考，结果使事情更遭。类似地，约翰和格罗斯（John & Gross，2007：357）认为，高神经质的人可能甚至不愿意尝试使自己避免陷入困境的策略。这意味着低特质情绪智力与低效的情绪调节尝试之间存在联系。反之，佩特里迪斯、佩雷斯-冈萨雷斯和弗纳姆（Petrides, Perez-Gonzalez & Furnham, 2007）认为，高特质情绪智力的人确定他们知道自己的感觉，知道自己可以调节感觉，所以不太可能使用类似反刍思维这样适应不良的策略。

需要注意的是，高神经质的人更倾向于对负面刺激有较强的负面情感反应，比如表达感情的图片或者电影（Augustine, Randy & Lee, 2013：318）。因此，神经质与特质情绪智力之间的负相关会使人推测高神经质的译者可能情绪智力也不高，因此可能会对负面文本刺激更敏感，做出更强烈的负面反应。在这种情况下，使用有效的下调策略会有更好的情绪结果。但是必须注意，频繁使用情绪调节策略会令人身心疲惫，"在这些情感加工模式下，高度神经质的人被描绘成一个只关注消极情感、认知混乱、精神枯竭的个体"（同上，319）。高神经质的个体也常使用反刍思维模式，不能恰当地分配注意力来完成任务。这一事实会导致更为负面的情绪，而且会随着时间的推移和情境的变化使个体差异永久存在（同上，320/323）。译者应该知道，在处理情绪材料[6]时，某种人格类型会导致越来越多的消极情绪、失控的行为以及疲惫的身心。我们还需要做更多的研究来了解哪种人格的人会在哪种情境中使用何种策略来调节何种（多种/矛盾）情绪。

1.5 情绪调节和特质情绪智力

如前所述，个体在实施调节策略时差异很大。能够调节情绪是情绪智力的组成部分。如第 1 章所示，在特质情绪智力模型中与情绪相关的自我感知共组成四个相互关联的因素。本章主要关注与情绪调节有关的因素，即自我控制（Petrides，2009：12）。根据米科莱恰克的研究（Mikolajczak，2008b：2009），很多研究已经表明特质情绪智力对解释情绪调节中的个体差异尤为有用，这就是为什么特质情绪智力这一概念被用在本研究中。

据说，情绪调节与其他形式的自我控制一样，都是依靠心理资源（EROS Research Group，2013）。在研究特质情绪智力和压力之间的关系时，米科莱恰克、卢敏特和米奈尔（Mikolajczak，Luminet & Menil，2006：86）证实特质情绪智力量表中自我控制的因素能准确反映压力管理和情绪调节能力，而且这种自陈报告的测量有内容效度。奥赞斯卡-波尼克维亚（Ozanska-Ponikwia，2013：47）报告称自我控制得分高的人，对于自己的冲动和愿望有着更好的控制力。除了能够扼制冲动之外，得分高者还善于调节外在压力和精神压力。在特质情绪智力量表使用手册中，自我控制中的情绪调节维度被描述为：

> 本量表测量短期、中期、长期对于自己情感和情绪状态的控制力。得分高者能更好地控制自己的情绪，并能通过个人感悟或努力转换不愉快的心境，或者延长愉快的情绪。他们心理稳定，知道在遭遇情绪上的挫折之后如何振作起来；得分低者会时不时地情绪发作，长时间焦虑甚至抑郁。他们时常发现自己很难处理情绪，总是闷闷不乐或者烦躁易怒。这

一维度和神经质以及偏执的个性负相关,但与适应性的应对风格以及传统职业正相关。

(Petrides,2009:59-60)

这一描述为我们正确解读本研究参与者的情绪调节奠定了基础。(见第三部分)

很多研究已经发现,与低特质情绪智力的人相比,高特质情绪智力的人不太可能在面对难事或困难条件时表现出精神压力或感到沮丧(Mikolajczak, Luminet & Menil, 2006; Mikolajczak, Menil & Luminet, 2007; Mikolajczak & Luminet, 2008a; Mikolajczak et al., 2008b)。在对文献的简要回顾中,米科莱恰克等人(Mikolajczak et al., 2008b)提出,高特质情绪智力的人比低特质情绪智力的人在考试过程中心理症状增加或躯体不适的频率会更低,高特质情绪智力的护士则会体验到较低程度的倦怠。作者认为这可能是许多过程(比如认知评估及个体策略等)共同作用的结果。有证据表明情绪智力特质(1)影响对局势的评估及个体应对局势的资源;(2)影响个体实施的行为和心理应对策略的选择。很多研究已经证明"特质情绪智力与适应性的应对风格正相关(关注问题的应对策略),与不良应对风格负相关(如回避)"(Mikolajczak et al., 2007b: 1358)。因此,特质情绪智力似乎在情绪调节方面起到了不可或缺的作用。

虽然在决定使用适应性策略还是适应不良的策略时,情境也毫无疑问发挥着重要作用,但是值得一提的是,一些研究发现:特质情绪智力与适应性策略的使用正相关,如积极的认知重评、解决问题、重新聚焦、重新聚焦规划并全面看待问题等(例如 Mikolajczak, Menil & Lumine, 2007; Mikolajczak et al., 2008b; Mikolajczak, Petrides

& Hurry, 2009）。据这些学者的研究，特质情绪智力促使人在面对各种情绪时选择更多的适应性策略（包括压力、愤怒、悲伤、恐惧、嫉妒、羡慕以及羞耻）。有着高特质情绪智力的人因此可以选择适应性策略来下调各种负面情绪，同时维持和增加积极的情绪（Mikolajczak et al., 2008b: 1364）。

在面对负面情境时，特质情绪智力高的人会倾向于寻找一线希望，调用愉快的思维或记忆来对抗目前的情绪状态，思考用什么样的办法来解决问题，并正确看待它。相比之下，他们似乎不太可能把问题的出现灾难化或进行自我责难。

关于最后一点，据说特质情绪智力高的人非常擅长执行自己所选的适应性策略。他们不太可能体验负面情绪，因为他们更善于优化自己的情绪调节过程（Mikolajczak et al., 2008b: 1365）。从长远来看，这解释了为什么特质情绪智力高的人不容易患精神障碍、焦虑抑郁以及其他情绪障碍。另一方面，特质情绪智力低的人很难执行适应性策略，更可能使用适应不当的策略如反刍思维、自责，或抑制情绪表达。在极端情况下，避免不想要的情绪以及使用其他适应不良的策略可能会导致极其糟糕的负面后果，如青少年的自我伤害。这种情况在情绪智力低的人群中出现的可能性更高，而情绪智力高者自我伤害的可能性不大（Mikolajczak, Petrides & Hurry, 2009: 190）。

根据这一论点，我们可以推测特质情绪智力高的译者将会更灵活、更能适应性地调节自己的情绪，即"他们更擅长辨认情绪什么时候发出信号，何时需要调整……且他们调整的方式适合自己的目标"（同上，184）。有趣的是，研究者还发现特质情绪智力不仅仅能在个体遭受压力时修正个体的反应,还可以对压力源从认知上进行评估,即调整期望值(Mikolajczak et al., 2008a: 1450)。这意味着特质情绪智力高的译者应该可以预测到工作中的情绪事件,并且有效地对其做出反应。在下一部分,我们将从实用的角度进一步探讨情绪调节过程与译者和译文的相关性。

2. 情绪调节与翻译

2.1 人际关系、文化、情境和语言因素

翻译是或者可以是一种引发情绪的活动。译者选择应对这一引发情绪的事件(译本)的方式,不仅会对他们自身并且会对翻译过程中相关的人产生影响。在探讨现实的人际交往时,莱姆(Rime, 2007: 477)思考了他人在个人情绪调节过程中起到的作用,证明了个人所听到的情感故事的强度与听众的情绪反应强度之间存在正相关关系。他认为分享积极的情绪会增加正面情感,分享负面情绪会重新激活负面情绪感受(Rime, 2007: 469)。这可与译者对源文本的潜在强烈情感反应相提并论。有这样一个情境:译者读了一篇比较悲伤的原文,且被深深地感动了。当他不得不把原作者悲惨的经历和负面的情绪传递给完全不同的目标读者群时,他的那些负面的感觉再一次被激活,这是完全说得通的,类似于一次真实(甚至更为消极)的人际沟通。艾伦和伯诺夫斯基(Allen & Bernofsky, 2013: xix)宣称,译者是他们所讲故事的一部分——这一点强调了作者和翻译者之间模糊的界限,二者讲述了两个真实的故事,同时也强调了译者不仅有必要重新激活强烈的情绪反应,还必须把这种情绪反应转化为另一个感人的故事。

鉴于莱姆认为"负面情绪体验经常会带来暂时性的情绪不稳的后

果,这种后果往往是微妙而经常被人忽略的"(Rime,2007:473),我们可以推测:在与目标语读者分享故事的过程中,译者体验到了这种情绪失稳状态,然后用积极的自我调节做出补偿,有时甚至会用力过猛。事实上,在面对面讲故事的情境中,一个人说一个人听,两者之间有着很好的人际互动;与此相比,在翻译中,译者通常不会从目标语读者处收到社交情感反应,而这些社交情感反应本可以缓解译者的失稳心态(失稳心态可能会导致焦虑、不安、疏离等负面情绪)。所以在这个三方交际过程中,译者从他人(原文作者)那里首先受到情感冲击,然后试图调节这种情绪冲击力,最后将它传递给第三方。从头到尾,译者都在试图抵御不良情绪对自己的非适应后果。这种情况突显了人际关系和背景因素对译者工作的潜在不利影响,以及译者自己对参与翻译过程的其他各方面的影响(也是不利的)。

这种情绪上的"冲击"及情绪调节可能会产生长期后果。我们已经证明听到一个非常感人的故事可能会引发听众的情绪变化,听故事的人由此产生的行为的冲击力会随着第一次听到(读到)故事时的情绪强度而变化(同上,478)。此外,这个感人的故事在最初的冲击过后可能还会影响个体一段时间。所以情绪调节也会持续一段时间(同上,467)。即使一个人没有亲身经历某个情绪事件,仅仅是该事件的目睹者,他或她也会尝试自我调节,然后在这一调节过程中变得心神疲惫(Totterdell et al., 2012)。因此,译者必须意识到他们是如何处理各种情绪状态的,然后在调节情绪的时候要注意效果:一方面为了成功地将原文的内容传递给译文读者;另一方面要成功地以最小的情绪损耗从这一情绪过程中抽身出来。

洛佩斯等人(Lopes et al., 2011:430)声称情绪调节策略影响着人际交往与社会交往的质量。他们认为更多地使用先行关注策略和更高的社交质量之间具有联系（例如评估情绪状态以及随后的情境修正）。因为译者和读者的关系已经被定性为社会和文化交往（Neubert & Shreve, 1992；Tymoczko & Gentzler, 2002；Tyulenev, 2012），也因为翻译过程包括很多种情绪，所以情绪调节策略的使用和有效的社会交往之间的这种关系对翻译尤其重要。

正如翻译教师所知，翻译中有效的社会交往需要对原语和译语读者的跨文化差异有很深的了解。因为高超的情绪调节能力可以很好地预测积极的文化适应，即更好地与环境互动以达成目标（Yoon, Matsumoto & LeRoux, 2006）。我们可以认为，成功且适应良好的双文化译者在工作中碰到情绪化的段落时，可能会用更为有效的调节策略。来自不同国家的译者在具体的社会文化环境中工作，所以文化差异在一定程度上会影响情绪表露、情绪调节及注意力分配（如Matsumoto, Heels & Nakagawa, 2008）。通过良好的情绪调节过程成功地游走于源文化和目标文化背景之间，是翻译事业成功的关键。

显然，如我们在第1章所提到过的那样，情绪的模式以及情绪调节的范式有着巨大的文化差异。一种文化会促进对这种文化合适的情绪反应的激活，因此情绪调节总是蕴含在特定的社会文化场景之中（Butler, Leery & Gross, 2007；Matsumoto, Hee & Nakagawa, 2008）。梅斯库塔和阿尔伯特（Mesquita & Albert, 2007）提出，情绪调节不仅仅是个人内部的过程，还需牢记，人有多重身份且属于同一种文化的个体并非都有一种行为方式，也并非所有属于不同文化的人行为方式也一定不同。记住这些非常重要。在研究欧洲和亚洲女性在情绪压抑方面的文化差异时，我们发现，无论文化价值观如何（Butler, Lee & Gross, 2007：43），情绪压抑很少能带来在社会上受欢迎的行为（如微笑）。这一发现意味着在情绪调节方面有着跨文化的一致性和一定程度的共性。

另外，有一些具体的情境因素制约着每一次的情绪调节努力，这又会立刻影响策略的使用，因为"即使是社会环境的临时改变也可能会影响情绪调节"（McRae et al., 2011: 346）。例如，在一个临时的社会情境中，如火人节，人们发现来参加这个节日的人比平时更少地使用抑制策略，而更多用重新评估策略。这意味着临时的或者一个独特的场景可以改变情绪调节习惯。比尔（Beal et al., 2013: 594）等人提出，短时期内考察情绪调节很重要，因为情绪有时间期限而且转瞬即逝。由此，本文所采取的观点与其说是文化，不如说是更具体地关注翻译者与翻译环境互动时的情绪调节过程。[7]

还有一个与语言有关的因素，在第 2 章简单地讨论过，对译者的情绪调节过程有着潜在的影响。在研究成人和晚期双语者的大脑词汇的变化时，帕夫连科（Pavlenko, 2008: 149）观察到，情绪或有情绪色彩的词与抽象和具体的词汇相比，其被表达、处理和加工的方式都有所不同。而且，不同语言的使用者在评价和解读自己与他人的情绪体验时有着独特的优势（同上，156）。这就意味着当译者将用第二语言写成的情绪性原语材料译成第一语言时，他们不会使用与原语作者或原语读者一样的做法，因为译者和原语作者读者并不共享同样的第一语言。事实上，帕夫连科认为，人在孩童时代学会的语言要比在之后的人生中学会的语言更具有情绪性（同上，156）。这意味着早期的经历使一个人的第一语言词汇具有个人和情感的维度，使得某些词汇变成了情绪刺激物来唤醒积极或消极的情绪，但这可能不会在第二语言中发生。所以我们可以猜测，用第一语言工作的译员和用第二语言工作的译员加工、调节情绪材料的方式可能完全不同，从而产生不同的效果。值得注意的是，第二语言中的情绪词汇可能会被第一语言读者认为是假惺惺的，甚至是很空洞的（同上，157）。如我们在第 2 章所见，一语译者感受到的原语中的情绪词汇很可能会影响他们情绪调节策略的使用。

2.2 情绪劳动与不和谐的声音

如前所述，译者在使用具体的情绪调节策略时，不仅会影响自身还会影响他们所处的环境，因为情绪调节发生在社会场景之中，塑造着社会交往与人际关系。汉森（Hansen, 2005）曾经暗示了这一点，他声称在任何一种翻译情境中，译者过去的经验和情绪都会自动浮现出来，影响翻译过程和决策过程。所以在翻译中使用具体的策略要付出一定的认知、社会以及感情的代价。因为大部分关于情绪调节的研究都是关于抑制和认知重评，在本节中，我将更详细地探讨这两种策略以及使用它们要付出的代价，以彰显这两种策略与翻译的关系。

格罗斯和约翰（Gross & John, 2003）提出，运用抑制策略会造成认知上的负担，最终会影响与他人的交往。事实上如果压抑者不能吸收足够的信息来对他人做出恰当的反应，他们就会显得躲躲闪闪，在互动的过程中表现得格格不入，因此也体验不到情绪上的亲密关系。与此形成对照的是：

> 认知重评者一般会采用积极的态度，重新解读让他们感到有压力的东西，并积极修复情绪以应对压力。在情感上，认知重评者既体验到了，也从行动上表达出来更多的积极情绪和更少的消极情绪。在社会交往上，认知重评者更可能分享他们的情绪，无论是积极的还是消极的，且他们与朋友的关系更加亲密。
>
> （Gross & John, 2003: 360）

因此，在翻译中使用哪种具体策略所带来的社会和情感后果非常重要。让我们用两个例子来看看这两种截然相反的策略是怎样影响翻译决策过程的。在本例中，译员 A 是一位男性，译员 B 是一位女性。

（1）译员 A 正在翻译一个关于种族大屠杀的悲伤故事。也许是为了在翻译中不去过多地想象，或者把它画面化（有效地把情绪排除在外），他使用了抑制的策略来处理内容。这种方法使他出色完成了翻译任务，从某种程度上来说他的翻译是成功的翻译；然而抑制本身使他不太去表达出他真实体验到的负面情绪（Gross & John，2003：360）。这可能会导致对目标文本的淡化，或对被压抑的情感进行无意识的整合，这可能会隐性地影响翻译任务的其他部分。[8]

（2）译员 B 也接到了同一篇翻译任务，但是她在开始动笔翻译之前重新评估了这个情境，她可能告诉自己：传播某些信息可能会鼓励别人采取行动，给情境带来积极的改变。这种对情境的重新评估激励译员成功地完成了翻译任务，也许是用了"可视化"的办法让自己真正地"感受"到了那些情绪。认知重评的策略引导她分享自己的消极/悲伤情绪以便达成目标，并由此感觉好多了，这样做可能会帮助她翻译出情绪上忠实的译文。

虽然有时候针对某一特定情境，压抑可能是更合适的策略，但学者们一致认为，在情绪发动过程的初始，认知重评比压抑（发生在情绪发动的终了）适应性更强。在对情绪调节策略有效性的元分析中，韦伯、米尔斯通和希兰（Webb，Milestone & Sheeran，2012）证实，认知重评是情绪调节最为有效的策略。在考虑过上述情形之后，我们也许会同意格罗斯和约翰（Gross & John，2003：360）的说法：人们对抑制和认知重评策略的不同使用是重要且有意义的，这种差异可以在翻译工作中产生系统性的影响。事实上，虽然译员 B 在翻译之初就修正了整个情绪情境，给译文定下了积极的格调，译员A则仅仅调整了自己对原文引起的负面情绪的行为反应。显然，后一种策略并没有给使用这种策略的译者带来多大好处。

> 压抑要求个体努力管理自己的反应倾向，因为个体在不断进行反应的时候，会消耗认知资源，这些资源本可以用在情绪出现的社会场景中以期有最佳表现。
>
> （John & Gross, 2007: 353）

因此，在整个翻译过程中，译员A付出了比译员B更多的努力，他很快就会感到疲惫，在翻译时越来越感到力不从心。此外，如我们所见，译员A在第一次碰到可怕的描写时所做的压抑行为，在翻译随后的部分中引发情绪的内容时会被自动地（无意识地）不停重复。情绪调节策略可以被激活，从而延长在整个翻译过程（本例）中的负面影响。这一过程与有声翻译研究领域对翻译同一篇文章的译者自动使用同一策略的观察一致，强调了译者理解自己情绪调节行为的后果的重要性。

希尔德（Hild, 2014）在研究翻译专家和新手译员的自我调节能力时，也强调了认知重评的好处。她发现专家更擅长使用认知重评策略，以便把注意力从翻译错误和其他问题那里转移开来。这种做法使他们对自己的口译表现更为满意更为自信。在碰到可能带来压力的事件时，专家译员会积极地评估自己的整体表现以淡化错误对自己的影响。希尔德还提出，专家会做出更多非常主动的尝试以营造积极的情绪状态，而新手译员则很难驾驭压力，会纠结于负面的情绪如混乱、沮丧、内疚甚至悲痛。这些负面情绪将他们的注意力从口译任务转移开来，对他们的工作表现产生不利影响。虽然这个例子是关于口译的，但认知重评对笔译也不无裨益，经验丰富的译者可能比新手译者能更好地运用它。

希尔德（Hild，2014：139）也强调了压抑策略对于口译员的消耗效应：

> 能否有效地调节情绪体验完全取决于能否获得注意力资源。当这些资源严重供应不足的时候，不论是因为自我的耗竭还是任务带来的压力，都会降低情绪调节能力，这主要体现为大脑自愿抑制杂念的效率低下，以及无法将注意力从不必要的事转移到口译任务上来。

笔译员和口译员都会因为不能有效调节情绪而感到精力耗竭。就笔译而言，穆尼奥斯·马丁（Munoz Martin，2012：177）声称，当译员想降低大脑负荷，但同时又从事着多项任务时，可能会感到压力。在做笔译工作时感受到的情绪可能会耗尽译员的脑力资源，让他们不堪重负。事实上，笔译常常被比作监狱，甚至是一场噩梦，因为"译员是在与另外一个人（作者）对话，而且不得不承认对方永远是对的"（Weinberger, 2013：28）；译者彼得科尔（Peter Cole, 2013：4）相信"笔译者处在长期的生理和精神双重受挫的压力之下"。承担大量的情绪性工作无疑非常累人，会消耗掉一个人所有的脑力资源，使他们感到筋疲力尽，并导致翻译质量下降（Totterdell et al., 2012）。

如果压抑作为一种策略令人疲惫，那是因为其本身就有很多问题。但是更令人不安的是，笔译员可能会对他们采取压抑行为的事实本身有不好的感受。事实上，在本章开头讨论压抑行为对人的身心健康带来的副作用时，我们就提出压抑者可能也会认为自己不真实、虚伪、误导别人。这种自己能意识到的两面行为，可能是由无法有效处理关于情绪的翻译问题引起的，并且会给译者带来很多问题。

令人忧虑的是，那些使用压抑策略来应对压力环境、隐藏自己内心感情，对外却表现得若无其事的人，其实因为感到不真实而感到非常痛苦（Beal et al.，2013；Gross & John，2003；Mikolajczak, Menil & Luminet，2007）。在需要隐藏或伪装自己的情绪状态以便优先完成和工作相关的目标时，据说人们会：(1) 由于努力自我控制而遭受精神压力和疲惫；(2) 由于与自己的自然情感不同步而产生失调的体验。这种双重压力有时候被称为情绪劳动（如 Mikolajczak, Menil & Luminet，2007）。在笔译中，我认为还有另一重压力，即心理压力的第三个来源，这种压力会使得压抑策略的使用变得更有问题。诚然，译者"隐藏"或者"伪造"情绪是工作中的一种常态："翻译必然会意味着伪装和遮掩……译者就好像演员，展现在我们眼前的是一个伪装的外表，与我们说话时用的词既是也不是他们自己的词"（Allen & Bernofsky，2013：xix）。因此，译者其实已经自然而然地身处一种需要自我控制和一定程度掩饰的情境。如果译者在遇到引发情绪的内容时也诉诸压抑这种手段，他们就是在增加自己的情绪劳动量，这个劳动量已经远远超过一般人在类似情境中的情绪劳动量，毕竟他们是在已经不真实的工作体验上又多加了一层不真实的感觉。另外，据说他人的角度或间接目睹书中人物的交往都会损伤情绪，增加心理损耗（Totterdell et al.，2012：125）。译者工作的一个核心部分就是采用他人的视角，因此不得不竭尽全力来控制情绪。任何由压抑、伪装、内外不和谐等带来的额外消耗都是特别有害的，会影响翻译质量。人们不禁要问，译者为什么自愿置身于这样的困难环境？难道他们天生有心理韧性？波兰作家艾萨克·巴什维斯因此质疑译者的动机：

第 3 章 情绪调节

译者一定是一个伟大的编辑、心理学家、人类品位的评判者；否则，他的译作就一定是一场噩梦，糟糕透顶。但是为什么具有这些稀有品质的人最后却成了译者？一个好的译者必须同时是圣人和傻瓜。你在哪里能找到这样的组合？

［Singer，引自 Weinberger（2013：26）］

译者在翻译工作中感受的情绪劳动和内外不和谐会给他们带来既愉悦又不适的感觉，一种又苦又甜的体验："说到译者的灵魂，让我们姑且这么称呼，翻译工作可以既滋养又消耗人的心神，既扼杀又维护人的创造力。"（Cole，2013：5）。只有那些具有上述品质的译者才可以在波涛汹涌的翻译过程中游刃有余。这个风险极高：可以说运用认知重评策略的译者更可能认为自己的工作是"一项慷慨的事业"，"它植根于为他人提供全球对话机会的愿望"（Cole，2013：12）。这种想法可能会带来更多的成就感和自我价值感，但如果译者使用了适应不良策略，他就会感觉自己的工作是一场令人身心疲惫的梦魇，从而痛苦不堪。

如前所述，译者在翻译时对刻意使用的情绪调节策略反应有何不同，我们知之甚少，只知道有些人比别人更敏感。而且，译者某天会感到压力尚可承受，但换一天就会觉着身心疲惫。比尔等人（Beal et al.，2013：594）认为，"情绪自旋"[1]或者"情感体验的动态过程中的可变性"在压力反应中起着重要作用。托特戴尔（Totterdell，2012：

---

[1]情绪自旋是度量核心情绪个体内可变性的一种非认知性的人格特质。其通常采用经验取样法或日间重构法来对个体核心情绪状态进行每日动态跟踪，并根据测评周期内的核心情绪空间位置的矢量角度的跨时间标准差，来反映个体核心情绪状态的时间波动特性。基于情绪事件理论，日常负性事件经历及其评估导致了个体情绪自旋的产生，而动态情绪模型进一步解释了情绪自旋对心理健康功能的阻碍作用。未来应在情绪自旋的心理健康作用机制方面进行深入研究。

126）进一步提出，"管理情绪更有效的人可能不太容易受到情绪影响。有些译者对所谓的表层扮演[1]的反应更积极些，所以体验到更少的心理压力"[9]。我们可以猜测，经验丰富的文学翻译者比非文学译者在工作中更经常性地体验到各种感情状态，随着时间的推移，他们会越来越自如地使用调节策略，这一过程又被称为"习惯化"（Pennebaker & Chung，2011）。译者的个体差异会影响他们的情感反应，因此我们需要更进一步的研究来理解不同译者在调节情感内容时的行为。特别是，如果能更深入地了解在什么样的情况下特质情绪智力高的个体会做出行为来鼓励积极的情绪体验，减少刻意的情绪行为，运用更少的消耗性情绪劳动，以及特质情绪智力高的译者如何在翻译工作中秉承这些行为规则，这样的研究将会非常有趣。以下将通过分析专业译者特质情绪调解情况，初步尝试回答上述问题。

3. 个案研究中的情绪调节

3.1 简介

在本部分，我们将考察本研究中涉及的 155 名专业译者的情绪调节情况。[10] 具体来说，我们将用特质情绪智力量表评估译者的情绪调节特质，变量则来源于文献中的与翻译职业相关的社会生物变量。如前所述，特质情绪智力量表测量的是总的情绪智力，通过 4 个大的因素，15 个维度和 15 个分量表来测量。情绪调节被归入自我控制这个维度

---

[1] 表层扮演指个体为了展现符合组织规则的情绪，对情绪的外部表现（表情、姿势、语调）进行调整。表层扮演调节的对象是情绪的外部表现；发生在情绪体验之后；情绪表现是背离情绪体验的。表层扮演的效应通常是消极的。

之下。[11] 下文将具体分析情绪调节与专业译者资料数据之间的关系。

3.2 结果

根据文献综述可知，情绪调节和自我控制都与下列一些变量相关：翻译从业年限、翻译资质、受教育水平、自我感知的职业满意度、用于翻译的时间、文学翻译经验等。事实上，我们假设调节自己和他人情绪的技能与翻译经验和受教育经历的增长相关。另外，如第一部分中讨论过的其他职业一样，我们假设与译者职业相关的结果，如职业满意度、职业造诣等都与他们调节情绪的方式有关。最后，基于我们在第二部分讨论的"习惯化"的原因，假设情绪调节与文学翻译经验正相关。为了验证上述假设，我们进行了皮尔森的相关性分析，结果呈现在表 3.2 中，随后将进行讨论。

表 3.2 中呈现的情绪智力调节特质、自我控制因素和七个变量之间的双变量相关的结果显示：情绪调节与职业翻译经验（$r=.24$，$p<.01$）、受教育水平（$r=.20$，$p<.05$）、职业满意度（$r=.07$，$p=.28$）、文学翻译经验（$r=.17$，$p<.05$）之间存在正相关，尤其与职业翻译经验、受教育水平和文学翻译经验等变量存在统计学上的显著相关性。至于说到自我控制因素，表 3.2 也表现出类似的趋势，不过多了一个结果：职业满意度几乎达到统计学显著性（$p<.06$）。相反，情绪调节和自我控制却与翻译资质变量负相关，虽然还没有达到统计学上显著的程度。

3.3 讨论

表 3.2 显示情绪调节和与翻译职业相关的七个变量中的六个正相关。这表明情绪智力调节能力弱的职业译者不太可能有丰富的职业翻

译经验和高级资质，不太可能有较高的职业满意度和较强的职业成就感，用在翻译上的时间不太长，不太愿意从事文学翻译。换句话说，这些结果表明情绪调节的水平越高（自我感知的控制自我情绪和状态的能力），职业译者就越有可能翻译经验丰富、更有资质、更容易感觉到快乐和成功（心理幸福感）。另外，译者从事文学翻译的经验越多，他或她更有可能获得较强的情绪调节能力。

虽然这种相关关系能够给我们一些启发，但我们必须记住这种相关关系的效果还不确定。例如，情绪调节能力可能会随着译者日渐增长的职业经验而增长，或者一开始就善于调节情绪的译者更可能会赢得客户、留住客户，或者续约合同，从而进一步获得更多的翻译经验。类似地，情绪调节能力强的译者可能会被吸引从事文学翻译工作，但也可以说，译者通过从事文学翻译而发展自己的情绪调节能力，从而有助于提高情绪调节特质分数。表 3.2 的结果展示了五个值得我们讨论的领域。

表3.2 情绪调节、自我控制和职业译者的社会生物变量（皮尔森的 r）

变量	情绪感知	自我控制
职业翻译经验	.24**	.25**
翻译资质	−.04	−.02
受教育水平	.20*	.20*
职业满意度	.07	.15*
职业成就感	.09	.08
用于翻译的时间	.09	.07
文学翻译经验	.17*	.18*

$p<.05.$ ** $p<.01$ $p<.06$

3.3.1 情绪调节与翻译从业年限显著正相关

情绪调节能力与翻译从业年限的正相关关系并不令人惊讶。的确，随着个体越来越多地使用健康的情绪调节策略（Gross & Thompson，2007：19），情绪调节能力也会随着时间的推移而变化；人们可以通过学习和经验发展情绪技巧（Lopes et al.，2011）。随着译者在自己选定的职业里慢慢积累经验，变得日渐成熟，他们会越来越擅长修正与工作相关的情绪经验，以做出在特定翻译情境中更加恰当和适宜的反应，这是有道理的。对翻译能力和技术发展感兴趣的翻译学者发现，翻译技术的长进就在于越来越熟练地使用内在和外在的决策支持系统（PACTE，2009）。因此我们可以猜测，译者在分享或重新激活工作中碰到的负面情绪经验时会变得"情绪失稳"。他们处理这种情绪失稳的经验越多，就越能更好地调节自己的情绪。反过来，也可以说，善于调节自己情绪的人处理这种情绪失稳状态更得心应手，也有可能在其职业生涯中孜孜不倦地追求这一能力。

正如我们在第一部分中所见，坎贝尔-希尔斯和巴洛（Campbell-Sills & Barrow，2007：543）将有效的情绪调节定义为对情感状态的反应，目的是帮助个体追求对自身重要的短期或长期目标。因此，情绪调节的水平越高，译者越可能达到跟工作相关的目标。我们有理由相信有这种能力的译者在职业生涯中取得成功，更可能较长时间地从事这项工作。另外，我们已经看到有效的情绪调节与更高的社会经济地位以及更紧密的社会关系相关。因此，擅长营造良好的社交氛围的译者更可能得到同行和客户的好评，更可能寻求更多的好工作和机会。而机会越多，译者从事这项职业的年限就越长。我们在第二部分中已经注意到，情绪调节与跨文化理解和适应紧密相关。随着长时间大量接触与翻译相关的语言和文化，译者这方面的知识必然会增加，他们会越来越多地在工作中使用适应性强和文化适合的情绪调节策略，也会因此相应地提高情绪调节得分。此外，如前所述，译者处理情绪和包含情绪的文本的经验越丰富，就越会对他们调节情绪的方式有着积极正面的影响。

另外值得注意的是，使用某一特定的情绪调节策略会影响个人的发展和个性的发展（见第一部分）。译者很可能在从业之初使用适应性策略，并且一直沿用。我们已经看到，习惯性使用适应性策略不仅会带来积极的感情还会带来其他收益。因此，出于个人和职业经历的原因，根据滚雪球效应，选择越来越多地重复使用具体的适应性策略（比如情境选择），会改变译者管理情绪的方式和人格发展的方向。有着不同人格的译员（不太乐观、责任心不太强、更为神经质）将不太倾向于、不太擅长用这种方式影响自己的未来。长此以往，他们的个人和职业发展将走上截然不同的道路。关于这点，我们在第一部分讨论过，从数据中似乎能够得出结论：经验和情绪调节策略使用之间具有强烈的相互影响，而这种影响又是由具体的人格差异和信念差异带来的。

我们的个案研究结果与希尔德关于口译专家情绪调节的研究发现一脉相承。我们发现，专家译者（有着扎实翻译经验的译者）似乎在运用适应性的调节策略时更加得心应手。正如我们所讨论的，希尔德提出，这种（调节）能力使得口译专家从错误和问题中转移开注意力。可以假设使用适应性策略的经验也使翻译专家在日常工作中较少受到问题的干扰。资深翻译家艾略特·温伯格（Eliot Weingerger，2013：24）似乎对反复出现的问题毫不畏惧，比如她称之为翻译中"棘手的忠实问题"："显然，充满了语义错误的译文也许是个糟糕的译文，但是忠实也许是翻译中最被高估的品质"。像艾略特这种不受外界干扰的态度，完全是经验和有效自我情绪调节的产物，可能会使翻译工作成为一种愉快而放松的体验。

3.3.2 情绪调节与受教育程度显著正相关，但是与翻译资质无关

从个案研究中得到的第二个有趣发现是情绪调节和学历之间的显著正相关。个案研究的结果似乎证明，情绪调节能力随着一个人所受的高等教育的进展而发展，即一个人取得的学历等级越高，他的情绪调节得分越高。我们可以认为这是因为随着个人年龄的增长经验也在增长。尽管如此，有人认为，"当一个人置身于一种学术环境以后，他会提高或习得情绪调节和自我控制能力"（二者均涉及情绪体验的管理）。这一观点一点都不令人感到惊讶。在大学里，学生可能会碰到各种需要情绪管理和自我控制的情境，一个人调节自己情绪的能力会时不时地受到诸如考试压力、课业和学位要求等的考验。学位越高，学校对学生自主、独立学习的期望越高，越期望他们树立各种类型的目标，对学业相关的认知和情感要求做出恰当的反应。树立目标是大学生活不可或缺的一部分，大学就是一个理想的帮助学生达成目标的平台。

此外，在个案研究中，大部分参与者都拥有外语和其他人文学科的学位。这些学位的获得过程对发展人际技巧、跨文化理解、敏感度、反思性、情绪和智力的成熟提供了理想的环境。因此，人可以在完成学业的过程中逐步提高情绪调节的有效性，这一点不足为奇。事实上，针对自主学习的研究已经证明，一个人的学业发展和职业发展过程完全可以教会他们情绪调节。（例如 Cleary & Platten，2013）。因此我们可以认为，情绪调节并非仅仅是高等教育的副产品，它其实可以被主

动地用集中授课的方式教给学生，使学生管理好自己的情绪，和别人更有效地互动。洛佩斯等人的研究（Lopes et al., 2011）认为，培训机构可以组织活动帮助个体运用智慧来应对具有情绪挑战性的情境。

情绪调节与翻译资质无关这一点让人难以理解。正如凯瑟琳·波特（Catherine Porter）强调的，学术界的译员培训为翻译如何在文化研究中起到作为"透镜和镜子"的作用提供了很好的启示。欧洲翻译专家协会（EMT）强调译员培训不应该仅仅教会学员跨文化交际能力，还应该教会其人际交往能力和自我评价能力（EMT Expert Group, 2009）。上述这些能力都包括自我调节能力和情绪调节能力。鉴于此，具体的翻译资质不能预测一个人情绪调节发展水平是令人惊讶的，可能的解释是，虽然以翻译为主的资质很显然对发展一些核心能力和技巧有帮助（如研究、批判性分析、使用工具等），但这些资质并不会针对性地帮助译员发展情绪调节能力或者有效使用情绪调节策略的能力。至少不像也不会超过外语和其他人文学科目前能起到的作用。

作为一个翻译培训工作者，我亲眼见到过年轻的译员在面对饱含情绪的源文本时感受到的那种难受。有一次，一个学生眼泪汪汪地跑出翻译考场，因为翻译这样的文本对他来说太痛苦了。那个文本是关于一个失去孩子的母亲的，这是该学生亲自经历过的崩溃体验。我们在第二部分曾经证明过，能够调节自己的情绪体验对于翻译工作的许多方面都很重要，甚至可能会影响翻译质量。那些不注重培养学生情绪调节能力的翻译培训项目的确是缺失了一些东西。希尔德（Hild, 2014）说过，很少有证据表明学生靠自学能成为善于调节情绪的学习者，因此情绪调节技巧应该纳入口译员的培训课程。我个人的观点与此类似：情绪调节应该成为译员培训不可或缺的一部分。翻译培训项目可以让人们认识到情绪调节对于译员工作的影响，并且训练译员使用有效的与场景符合的情绪调节策略。这一点我们将在第 5 章进一步阐述。

关于译员情绪调节，还有最后一点需要注意。既然情绪调节效果的好坏尚不可知，我们可以认为情绪调节能力高的人应该会选择在高等教育领域中待更长的时间。事实上，我在第 1 章中已经提及，习惯使用适应性情绪调节策略的个体，会转向有助于她们解决问题的活动和愉快的思想（例如 Suri, Sheppes & Gross, 2013）。那些更为积极、自信、更容易解决问题的个体可能更容易拿下高级学位，更愿意承担额外的工作，申请博士后项目，对所学领域有着更深的了解和投入。有趣的是，佩特里迪斯（Petrides, 2009: 60）认为，情绪调节与传统的职业正相关。虽然有着强情绪调节能力的人不一定最终从事传统职业——当然关于翻译算不算传统职业尚存在争议——获得高级学位的想法源自想在专业领域出人头地的传统愿望，这一点是毋庸置疑的。（例如 Prospect, 2012）

3.3.3 情绪调节与翻译从业时间正相关

尽管我们发现获得翻译方向的学位与情绪调节能力的发展之间没有正相关关系，但个案研究确实表明情绪调节能力与译员在翻译工作上投入的时间长短弱相关。虽然这种相关性在统计学上不具有显著性，但是这个趋势符合我们之前的发现：情绪调节能力随着在翻译行业积累的经验增长而发展。事实上，一个花了大量时间从事翻译的译员很有可能获得更多的处理情绪性翻译资料的经验，更有可能比一个仅仅花少量时间从事翻译的人在翻译时更会使用策略来调节情绪。

这一发现似乎加强了某些职业译员的信念，即翻译经验，而不是理论对于发展专业翻译能力更为重要："阅读 20 世纪晚期或 21 世纪早期的翻译理论,我们似乎有一种感觉,许多主要的理论家只是对这种想象感到反感,如果不是对英语语言本身感到反感的话。"(Cole,2013：10)"很多业余爱好者都可以从事的翻译行业,只不过职业译者做得更好罢了。翻译行业的专业技能可以被学到,也应该被学到(虽然不一定通过专业机构学习)。"(Weinberg,2013：27)理论和实践的这种二元对立似乎没有成效,因为现在大部分的翻译文凭都有现实的含金量,会提供就业机会以及翻译合同。此外,如前所述,一张文凭可以给我们带来很多好处,不只是直接帮助我们提高情绪调节能力。然而,译员可以通过日常的翻译练习学会如何调节情绪,然后用实践得来的情绪调节知识助力以后的翻译工作。"情绪调节知识可以加快学习进程和提升雇员的专业能力,使他们能够利用主动的策略来产出自己和读者理想的情绪。"(Grant,2013：1706)因此,通过大量的翻译实践获得丰富情绪调节知识的译员更有可能把感受到的强烈情绪用合适且具有建设性的方式疏导,最后产出令读者欣赏的、出色的译作来。很显然,熟能生巧。

如果一个人想当然地认为通过刻意的翻译实践能预测职业能力的发展,那么翻译能力也可以预测一个人有效解决问题的能力。反过来,有着有效解决问题能力的译者也许会更乐意承担工作,接受越来越具有挑战性的复杂工作(如翻译诗歌和古典文学),以便保持干劲,充分发挥所有的技能。这将为他们带来更多在更广阔的背景下练习情绪调节的机会,更进一步帮助他们在这一领域增长才干。村上春树是《了不起的盖茨比》一书的日文译者,他坦言当时想通过翻译这本小说让自己的翻译事业更上一层楼,他说自己的愿望就是让读者理解并分享他对菲茨杰拉德的小说的喜爱:"我希望能与各位温馨地分享这些想法,这是我最终的愿望。"(2013：182)对这位宁愿等好多年才愿意着手翻译这部令他着迷并被他称为"他的盖茨比"的译者来说，没有比把很长的时间花在这件事情上更值得做的事情了。

我们在第一部分中还看到特质情绪智力与"大五"理论中的神经质维度负相关，这意味着，一个神经质的译者在情绪调节方面的得分也可能很低。因为神经质者往往会对自己的神经调节能力感到悲观，没有信心使用适应性技巧来摆脱负面的情境或者进入积极的情境（John & Gross，357）。可以说个案研究的结果表明，比起情绪调节能力强的译者，情绪调节能力弱的译者不太可能把大量的时间用于需要使用调节技巧的情境上。这必然意味着他们可能会减少花费在翻译上的时间，或者至少是用在需要有效使用技巧来调节情绪的翻译活动（更能引发情绪或有此风险的文本）上的时间。如果我们回忆起译者对原文的强烈情绪反应和感受在与译文读者的分享过程中被再次激活，就会发现这个猜测是对的。的确，一个因对自己的策略没有把握而焦虑的译者，是不太可能心甘情愿地进入或留在一个可能会给他带来不止一次情绪打击的情境中。因此，这就可以部分解释情绪调节水平与花在翻译上的时间之间的关联了。

3.3.4 情绪调节水平与工作成就和职业满意度正相关

在本章中我曾经提到过，那些天生不太擅长情绪调节的译者可能会忍不住使用抑制策略或长期反刍思维思考翻译问题。这会妨害他们的工具性行为，导致他们在工作中效率降低、工作质量下降。这又进一步让他们感受到更多的压力和疲惫感（也就是更少的幸福感）。相比之下，天生擅长调节情绪的译者会使用适应性策略，如认知重评策略。如前所述，这个策略会带来更好的人际功能、更高的幸福感；他们也更可能使用情境修正或注意力分配的策略，从而带来更为平衡的生活

（John & Gross，2007：356）。如果是这样，情绪调节水平和职业满意度之间的关系，即使在统计学上不具有显著意义，也毫不令人惊奇。

像其他职业一样，进入翻译行业的个体都希望获得职业满意度和工作成就感。许多译者早在大学期间就已经开始积累翻译经验，加入翻译协会、参加本领域的大型活动、与相关人士接触——已经在为职业满意度和成就感不懈努力了。他们所做的一切都为了一个目的，即成为称职、快乐、成功的译者。艾丽丝·卡普兰（Alice Kaplan，2013：67）充分概括了译者的悲喜：

> 当每一方都相处融洽、译者和作者谈判顺利、编辑能捍卫双方利益时，翻译可以说是一个令译者和原文作者都极其满意的工作：每个人都有成就感，都对对方极为感激。但是当任何一方出错时，那么引起的翻译矛盾可能极为复杂和难以解决。

卡普兰强调，如果一切按部就班地进行，译者就会产生积极情绪。当有了矛盾，译者将会产生复杂的情绪，可能会对他们和他们的工作带来不良影响：

> 我提到的那种冲突通常只是我们作为译者日常生活中脑海里的一场假想的戏剧。我们内心感到进退两难，当我们的翻译工作结束的时候这些冲突也就迎刃而解了。

卡普兰的敏锐观察道出了译者的内心矛盾，以及他们对解决潜在的高情绪性问题的需求。这就是情绪调节发挥作用的时候了。正如我们在第一部分所看到的，擅用适应性策略的译者与他人的关系更积极，更能体验到积极的情绪；而情绪调节不当的译者则会体验到悲伤、焦虑等负面情绪（参见 Campbell-Sills & Barlow，2007；Davanzato & Joormann，2013；Gross，2013）。情绪调节能力强的译者因此应该更善于处理工作中碰到的棘手问题，比如"一些著名的作家故意为难译者，坚持要求把自己的作品译成他们几乎闻所未闻的文字"（Kaplan，2013：68）。

在翻译一个文本时能够调节自己的情绪，这不仅仅意味着译者需要在应对一个恼人的作者时保持冷静。尽管译者可能有志为自己"要求一点文学空间"，但卡普兰断言，这绝不能以牺牲原作和原作者的意图为代价（同上，72）。译者必须有足够的自我控制力，把握边界，不可得意忘形而越界。她举了一个很有启发性的例子：一位翻译她作品的译者刚开始的时候兴致勃勃，踌躇满志，甚至想要把书"变成自己的作品"。所以当这位译者被告知不允许改动文章时，他自称仿佛被阉割了一样（同上，70）。他甚至将自己喜欢的电视连续剧《老友记》中的角色名强行加进了书中。卡普兰说，该译者试图帮书中的人物解决问题，而不是代表他们。虽然这是一个极端的例子，但很显然这是一个自我中心的译者的典型例子——"他缺乏调节自己对翻译和翻译过程产生的强烈感情的能力"。最后作者和译者沟通失败，作者拒绝了这个译本。她感叹于译者的极端情绪："从刚开始狂热到想要据为己有，到最后公开诋毁它，他走过了多么漫长的一段路啊。"（同上，72）这个例子一方面说明了译者感受到的强烈感情以及情绪调节的必要性，另一方面也说明了译者没有调节好情绪带来的恶劣后果，即浪费精力、痛苦感觉、经济受损，以及最终无法出版。这个例子在一定程度上解释了情绪调节、自我控制和幸福感之间的密不可分的关系。

取得一定程度的情绪平衡是一件微妙的事情。由于自己本身就是一名译者，卡普兰完全理解对于译者来说"看到要翻译的作品中的每个瑕疵、每个错误的事实和每一个糟糕的转折是多么令人难受"（同上），那些"无形的情绪——爱、嫉妒、慷慨、竞争和战斗——都在影响着译者"（同上，73）。尽管如此，她声称想要让译作成功，"圆滑、同情、亲密和距离都是必不可少的因素"（同上，78）。像口译员一样，笔译员必须不让情绪过多地渗透到翻译过程中去。因此，虽然不能做到"彻底抑制情绪"（Layton & Muraven，2014），但对极端情绪的适度限制以及对欲望和冲动的控制显然是可取的，以免它们给工作表现带来不利影响。

有趣的是，我们已经看到特质情绪智力高的个体尤其擅长有效识别和预测什么时候情绪透露"需要调节了"的信息（Mikolajczak，Petrides & Hurry，2009）。译者的幸福感较少受到工作压力和情绪消耗的影响。正如本章之初所说，译者的高工作成就感和职业满意度的原因在于译者对于潜在问题放松的态度。我们已经知道特质情绪智力高的人不太可能因出现问题或自己无力解决问题而感到自责（Mikolajczak et al.，2008b）。许多有较高造诣的译者都对他们的工作及相关问题表现出了脚踏实地、自知之明以及平和的姿态："每个阶段的工作都包含着某种不适和某种快乐"（Cole，2013：4）；"敬业的译者每天在桌前开始工作时就很清楚地知道……翻译一直被认为是一个诅咒"（同上，12）；"译者隐姓埋名……正是翻译的乐趣所在……。这是唯一可以在纸上写下文字而不感到尴尬的机会"（Weinberger，2013：28）。这些译者成熟的翻译观表明他们对翻译带来的问题不仅持一种接受的态度，更是一种真正的欣赏和享受。比起那些情绪调节能力弱的人，成熟的译者可能在翻译中不太受内外不和谐和不真实之苦。由此，他们更有成就感、更快乐、更健康，可能在工作中也更高效。

3.3.5 情绪调节与文学翻译经验在统计学上显著正相关

如我们在表 3.2 中所见，译员文学翻译经验越多，情绪调节水平就越高。如前所述，这个结果可能有两种解读：(1) 情绪调节能力强的译者更容易被文学翻译活动所吸引；(2) 译者在翻译文学作品的过程中情绪调节能力也得到了发展。关于这种情绪调节与翻译的联系，有四点值得一提：

第一，文学翻译为译者提供了表达积极和消极情绪的宣泄口，这一点我们在第 4 章将进一步探讨。有文献表明，与别人分享情绪和感情能带来诸多健康方面的益处（如 Pennebaker & Chung，2011）；我们在第二部分中讨论过翻译如何使译者与目标语读者分享文本的情绪冲击，也讨论过译者阅读原文导致的情绪失稳状态（参考 Rime，2007）。如果我们认为文学翻译充满了刺激感官的强烈的情感，那么一个获得文学翻译经验、从事文学翻译活动的译者往往会相对频繁地通过工作疏导自己的情绪，从而在健康方面受益，这就非常合乎逻辑了。通过与目标语读者分享的过程——这个过程有时相当耗费心神——重新激活了强烈的情绪，可以认为译者越多地翻译文学作品，就有越多的机会处理情绪并随之改进自己应对情绪的方法。这可能会对他们的情绪调节得分有积极的影响。

第二，如前所述，随着经验的增长，译者学到了更好的应对方法和更为有效的情绪调节策略。可以想象，译者获得的文学翻译经验越多，越有助于他们实施那些适应性的、不太费力的策略，从而产出高质量的目标文本。一位非常著名的文学翻译家曾这样解释其使用的调节策略："当很明显有什么地方出现了严重的问题时，我努力不让自己困在那种辛酸、失落的感觉中。"（Weaver，1989）。很显然，反复使用适应性策略而拒绝适应不良的策略（在本例中，指的是反刍思维）的做法使得译者的情绪调节持续积极发展，降低了压力和倦怠的风险。因此，随着恰当的情绪调节实践的增多，从事文学翻译的译者会发现，随着他们逐渐习惯于强烈情绪所带来的影响，处理这些情绪越来越成为他们的第二天性。甚至很可能，非常擅长情绪调节的译者会由于高度的自我控制能力，而抑制了自己的情绪体验，变得无法体验到所有的情绪（Layton & Muraven，2014）。

此外，增加对适应性情绪调节策略的使用和实践的译者更易于从高水平的幸福状态中受益[12]（较少的疲惫感、不太容易受到表面行为的不良影响）。正如我们所见，他们更可能采用以解决问题为主的应对策略，更可能依赖自身的洞察力和努力（Petrides，2009）。这样的译者比同行有着更为积极的思维模式。这些因素都会促使他们越来越乐于从事翻译，也有可能使他们想要翻译更难的作品。如前所述，情绪调节能力强的人通常很快乐，更愿意积极地解决问题，愿意深入思考并付出努力，他们往往很珍惜挑战，乐于应对困难的问题，比如通常被视为是一门艺术的文学翻译。我们已知，情绪调节能力强的译者比别人有更高超的能力来实施自己所选的适应性策略（如Mikolajczak et al.，2008b）。很有可能，尽管面临重重挑战，这些译者也还是会克服困难完成翻译任务。在文学作品的翻译中获得成功的情绪调节能力强的译者，很有可能会继续翻译更多的文学作品。这可以部分解释文学翻译经验的获得与情绪调节变量的关系。

还有值得考虑的一点是情绪调节与文学翻译之间的联系。可以说，在翻译文学作品，尤其是翻译小说时，适应性策略如认知重评、积极的重新聚焦、向下比较等都比较容易执行。事实上，在翻译小说时，译者一般不太会使用抑制作为应对策略，因为小说中的事件和人物都是想象出来的，所以感受到的情绪并不真实。虽然我们已经得知，间接目睹他人的交往过程的行为容易让人情绪低落（Totterdell et al., 2012），但当小说不是基于事实时，感觉就不那么强烈了。情绪的转移可以在更为安全的环境中进行，在那里译者感觉到与故事更有距离感。2014年在朴次茅斯大学的一次采访中，埃克斯特大学文学及法语荣誉教授马丁·索雷尔讨论了诗歌翻译这一复杂过程所包含的挑战与快乐。他将诗歌翻译比作填字游戏，认为它是一种充满挑战性和趣味性的活动，而不是一项带有惩罚性质的任务。当翻译被视为一种游戏、一种幻想，我完全认同译者实施适应性策略将会更为容易，情绪调节能力也更容易发展起来。当然，这并不适用于所有的文学作品。许多文学作品，包括诗歌，都是基于生活中的真实事件和真实体验，探讨的都是犀利的话题。尽管如此，我还是确信，翻译一份验尸官关于凶杀案的详细报告与翻译小说或诗歌中对凶杀案的描述截然不同。

4. 结论

鉴于翻译工作中可能会有情绪参与，译者应该在学校学习期间或通过培训做好充足的准备以应对职业生涯中可能遇到的各种情绪。邦特普和马尔科姆（Bontempo & Malcome，2012）提倡在对口译员的培训中开设专题，向学生讲授替代性心理创伤的疗愈。我还认为与翻译学生讨论情绪调节和情绪调节策略的实施也同样重要。正如邦特普和马尔科姆所强调的，某一天对某个学生有用的东西也许改天就不太合适了。因此，让学生有大量的策略储备以应对不时之需也是非常有必要的。约翰和格罗斯（John & Gross，2007：351）指出在情绪产生过程中存在五个重要的点,以实现情绪调节。

> 情境选择指的是避开一些人、一些地方、一些活动,或者限制接触能够引发负面情绪的一些场景;情境改变指的是调整或改变情况以减少负面情绪的冲击;注意力分配指的是集中注意力到情境中负效价值不太高的方面;认知改变指的是从依附于情境的多重可能的意义中建构一个比较积极的意义;反应改变指的是情绪一旦被引发,针对影响情绪的反应趋势所进行的各种尝试。

关于培训和教育的话题将在第 5 章中进行更详细的讨论。个案研究中关于情绪调节和翻译行业有关变量的研究表明,在翻译培训中,引入适应性策略和有助于培养良好情绪功能的行为习惯的相关课程,将会十分有意义。我完全赞成邦特普和马尔科姆(Bontempo & Malcolm, 2012:126)两位教授的说法,即学生和业内认可的从业人员应该更好地了解自己的气质和应对风格。

本章旨在表明,情绪调节是与翻译相关的重要概念。译者需要调节自己的情绪以有效应对翻译工作中遇到的引发情绪的内容。个案研究证明情绪调节能力和自控能力强的职业译者可能会更有经验、更称职、更快乐,造诣也更高。本章还强调文学翻译经验在情绪调节策略发展中的潜在作用。在接下来的一章中,我们将集中讨论情绪表达的概念。

注释

1. 接受有时也被认为是反应中心的一种策略,因为它涉及与其他先行关注情绪调节策略不同的潜在过程(Dan-Glauser & Gross, 2013:833)。

2. 如前所述,这是因为对情绪调节的研究主要是在以过度负面情绪为中心的临床疾病的背景下进行的,而过度负面情绪需要下调。(Campbell-Sills & Barlow, 2007: 543)。

3. 对于文学译者来说,内省和反刍思维有时可能对写作活动有益,如创作诗歌时。

4. 例如,工作记忆容量的基本差别可以影响情感信息的调节(Augustine, Randy & Lee, 2013: 321)。

5. 关于本研究为什么仅关注与情感相关的低阶人格特质,以及情绪性在解释人格方面的个体差异,请参阅第1章。

6. 疲惫和耗竭将在本章的第二部分做进一步讨论。

7. 目前关于文化对情绪调节策略使用的影响的研究很少,这是未来研究的方向。一些初步证据表明文化价值观可以预测习惯性的抑制策略的使用和与之相关的负面情绪。

8. 虽然这是一个非常新的研究领域,但已有证据表明,随着使用频率的增加,策略可能会变得自动化且能在无意识的情况下运行。

9. 表面行为是一个关于压抑情感状态的策略的术语(例如,参见Beal et al., 2013)。这也是一个心理学概念,可以被很有效地纳入口译研究的模式。

10. 关于本研究的完整描述(参与者、研究工具、过程等),请参考第1章。

11. 需谨记的是,本研究并不直接测量情绪调节,而是探索了参与者认为他们在情绪调节情境下会如何反应。关于自我报告方法的优缺点,请参考第1章。

12. 请参考格罗斯(Gross, 2007)对适应性/非适应性策略使用和幸福感变量之间联系的全面探讨。

第4章

情绪表达

> 翻译过程也许是在宇宙进化过程中产生的最复杂的事件。
> ——艾弗·理查兹

本章研究了情绪表达（情绪相关信息的交流）这一概念，对其进行了定义和回顾，展示了人们在情绪表达上的差异以及这些差异如何影响他们的身心健康。此外，还概括了在特质情绪智力理论内部对这一概念的理解和应用，提供了应用实例。随后，本章讨论了译者如何在译作中表达情绪，以及个体差异在这方面的影响，试图回答以下问题：情绪表达是否会对翻译表现造成影响？本章的最后一节回顾了来自个案研究的证据，为讨论提供了参考。

1. 情绪表达与心理学

1.1 情绪表达的定义

表达是个体交流经验的重要方式。普遍认为，表达在个体适应、疗愈过程和社会交往中起着关键作用（Kennedy Moore & Watson, 2001a：7）。科利尔（Collier, 2014：2）将情绪表达定义为言语和非言语交际的一个方面：人们用词语告诉他人自己的感受，同时也通过语音、语调以及非言语渠道，如触摸、面部表情、身体动作和姿势来传达情绪。肯尼迪-摩尔和沃森（Kennedy-Moore & Watson, 2001a: 4）将情绪表达定义为可观察到的传递情绪体验的言语和非言语行为。无论表达还是不表达都被视为情绪体验的外在体现。按照这些翻译观点，情绪表达在一定程度上是可控的，且并不总是与实际的情绪体验相吻合（Kennedy-Moore & Watson, 2001a: 4）。例如，某人心中可能五味杂陈，但是不一定以可见的方式将情绪表达出来。[1]

表达行为被认为是一个人情绪反应的组成部分，其目的是把情绪传达给别人。表达行为和不表达行为可以采取多种形式，带来积极或消极的后果。表达出来的或没有表达出来的情绪将会影响个体的情绪体验以及个体与他人的关系（Kennedy-Moore & Watson, 2001a: 7）。为了理解情绪表达和不表达是如何进行的，肯尼迪-摩尔、格林伯格和沃特曼（Kennedy-Moore, Greenburg & Wortman, 1991）做了一个过程模型（图4.1）来展示情绪体验是如何被转化为情绪表达的。

本质上，该模型类似于第3章讨论过的格罗斯和汤普森在2007年做的情绪调节过程模型。类似之处就在于模型中的步骤也反映了引发情绪的事件与外在的情绪表达之间的过程。按照肯尼迪-摩尔和沃森（Kenned-Moore & Watson, 2001a: 9）的研究，情绪体验的感知、调节和表达可以划分为五个关键步骤：(1)对引发情绪的刺激的预前摄反应，包括情绪感知和前意识的认知与情绪处理；(2)有意识的情绪感知和觉察情感反应；(3)标记或解读情感反应，包括对情绪体验的认知加工；(4)基于与信念和目标相关的可接受性程度，对情绪反应进行评估；(5)视社会环境和情境决定情绪的表达或不表达。这五个步骤共同决定了情绪表达是否发生，以及如何发生，而这两者又反过来依赖于个体对经验和情境的觉察、解读和评价（同上，11）。

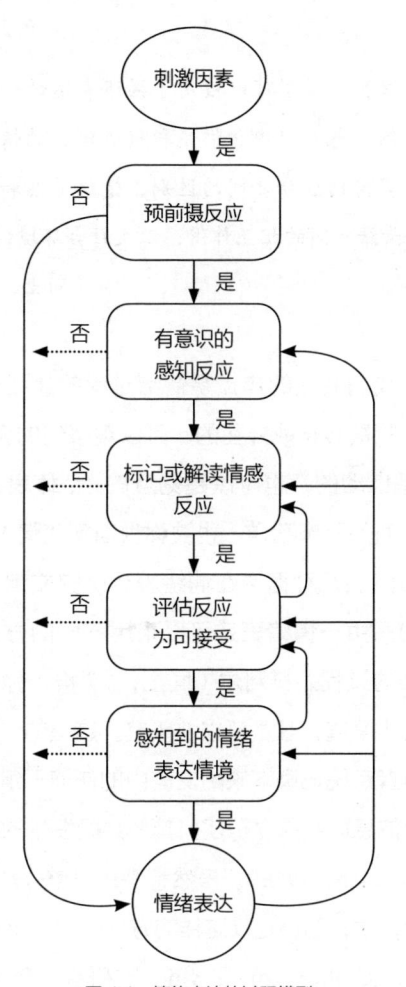

图 4.1 情绪表达的过程模型

随着时间的推移，该模型得到了进一步的修正，因为人们已经认识到：情绪表达并不一定以这样的顺序展开。情绪体验是反复的、反射性的、循环的和混乱的。事实上，这一过程可能会在各个节点受到环境和个体个性的干扰。[2] 尽管如此：

这个情绪表达模型可以被用于描述表达的一般倾向或具体的表达实例，也可以用于描述积极或消极的情绪。该模型还展示了不同情绪成分之间的区别、情绪觉察和控制的连续性、知觉和情绪之间的相互作用，以及社会环境的重要性。

（同上，12-18）

在本章中，我们关注的焦点是情绪过程的最后一个步骤，也就是隐藏的情绪体验被转化成外在的、可以观察到的表达行为的方式。表达行为可以是自动的，也可以是刻意的；个体表达情绪的方式多种多样，可以从面部肌肉动作（也被称为面部表情）到体态、触摸、言语和书写，虽然后几种据说在情绪表达研究文献中不太受到关注（Collier，2014）。由于情绪表达可以采用不同的方式，分析这些情绪就是一个复杂的过程。科利尔（同上，3）报告称，学者们往往仅关注一种情绪表达渠道，且是孤立地研究。这里的"渠道"可以定义为"已经被观察者系统记录下来的交流中的任何一组行为，并且观察者认为其携带的信息可以独立于任何其他共同发生的行为进行研究"。（Wiener & Mehrabian，1968）。虽然将表达渠道分开来研究的做法在最近受到了质疑，学者们仍是以这样的方式研究这个概念的。

根据科利尔（Collier，2014：viii）的研究，每个渠道都是一种不同的情感表达形式，受相同的基本原则制约。比如，书面和口头的情绪表达均被认为是减少抑制、应对各种令人不安的话题的方式。人们认为可以通过书面或交谈将创伤性记忆转化为语言以鼓励个体形成连贯的叙事，这样就可以将负面体验与其他记忆相结合（Smyth, Penbakera & Arogo，2012：181）。当然，在所谓的渠道之间，也就是情绪表达的模式之间也有差别。例如，有证据表明：书写负面情绪比谈论负面情绪很有可能显示出负面心境的增强（例如 Donnelly & Murray，1991）。这可以通过以下事实解释：书面写作与口头谈论均能以不同方式发挥作用，写作有助于形成连贯的解释，提供一种控制感；而谈话则更为私人一些，有助于产生新的感觉和视角（Kennedy-Moore & Watson：2001b：199）。尽管如此，这两种渠道都是情绪表达的形式，"一种渠道试图解决的问题，与另一种渠道同样相关"（Collier，2014：x）。情绪表达的优缺点将在下一部分详述。

　　本章集中讨论的情绪表达渠道是写作。传统上认为写作是一种刻意的表达形式。[3] 在心理学研究文献中，学者对与情绪同步发生的表达性行为和刻意的沟通方式进行了区分：在刻意沟通时，个体有目的地操控语言和非言语的行为以制造某种效果（Collier，2014：viii）。由于翻译就是一种刻意的、经过深思熟虑的行为，因此考虑通过这一特殊渠道刻意表达情绪似乎是有用的。另外，肯尼迪-摩尔和沃森（Kennedy Moore & Watson，2001a：20）提出，专注于研究刻意的情绪表达是一种深化个体自我了解和提升人际交往能力的好办法。这一观点似乎与本书的写作目的有相关之处。

　　显然，为了表达情绪而刻意进行的写作过程与翻译过程截然不同。在翻译过程中，表达出来的情绪并不一定是刻意的或译者自己的。然而，关于情绪表达特质如何影响译者的工作，最相关的心理学研究可以在关于书面情感表达主题的文献中找到。此外，已经有人提出将生活中有意义的方面写下来可以帮助个体更好地融入群体，更好地控制那些可能被无视的情绪（Wing，Schutte & Byrne，2006：1292）。因此，翻译写作很可能与传统的表达性写作存在一些异曲同工之效。在接下来的一章，我们将讨论情绪表达方面的文献，包括关于情绪表达过程中个体受益和损失的重要发现。

1.2 写作中的情绪表达

情绪表露长期以来被证明有益于健康。许多研究者（Baikie & Wilhelm, 2005; Booth, 2012; Niles et al., 2014; Pennebaker, 1997; Pennebaker & Chung, 2011）提出：写作或谈论感情丰富的事件是一项有益于健康的活动，能在各方面改善心理的、社会的以及生理状况。弗拉塔罗利（Frataroli, 2006: 823）强调，表露情绪可以"使人从不想要的想法中解放出来，帮助人们理清烦心的事情，教会人们更好地调节情绪，让他们习惯于负面情绪，增进人们和社交世界的联系，最终带来身心健康的益处"。在工作场所，跟工作不相关的情绪的表达也可以协调人际关系，从而对工作产生重要影响（Totterdell & Niven, 2014: 27）。

尤其要指出的是，书面情绪表达或披露已经被证明能在很多场合使各类人受益，包括家暴受害者、癌症患者、无家可归者，甚至是监狱的犯人（Frattaroli, 2006）。布斯（Booth, 2012: 106）这样描述以写作为渠道的情绪表露（也称彭纳贝克式干预法或结构性情绪写作）："志愿者被要求写下他们生活中的创伤性经历或令人沮丧的事情，并在写作中挖掘自己内心深处对这些事件的想法和感觉"。在连续几天举行的至少三次写作会议上，志愿者会用15—20分钟写下他们的经历。这种在写作中重新体验情绪事件的过程已经被证明是处理该事件的宝贵且有意义的方式。这对译者很有用，因为正如我们在第2章所说，译者在翻译时会重新体验原文。而且有可能在翻译某些能激发强烈情绪的文本时，过程（重写过程）本身其实也是一个情绪疏导的过程。

情绪感知与情绪调节的研究发现与此类似，情绪表达也会产生心理影响（比如心率和血压的变化等）。这些变化通常是由情绪表露引起的（Smyth, Pennebaker & Arigo, 2012：180）。一些针对在校大学生参与书面情绪表露活动的研究发现，这些大学生去保健中心的次数更少，更少在健康方面出状况，更少感染（同上）。其他针对不同成年人群体（最高安全级别罪犯、癌症患者）的研究发现：当将这些参与者与情绪中立的写作对照组进行比较时，得到了类似的结果（Swanbon, Boyce & Greenberg, 2008；Richards et al., 2000）。史密斯、彭纳贝克和阿里戈（Smyth, Pennebaker & Arigo, 2012：180）有更惊人的发现：书面情绪表露会使艾滋病患者的病毒携带数量减少、乳腺癌患者更少地预约就医、皮肤活检之后伤口愈合更快等。

一些关注精神健康的研究也提到了心理方面的改善。比如，情绪表露被认为对一个有着健康心理机能却出现焦虑和抑郁症状的人有着积极的影响（Gortner, Rude & Pennebaker, 2006；Pennebaker, 2012；Ullrich & Lutgendorf, 2002）。斯隆、马克思和格林伯格（Sloan, Marx & Greenberg, 2011：303）假定：并非所有患有创伤后应激障碍（PTSD）的人在参与书面情绪表露写作训练后，症状都会减轻，具体效果取决于所参加的写作训练的时长和次数，以及是否聚焦于认知重构。由此，一些学者将情绪表达当作压力管理的技巧，尽管其他人认为缺乏证据证明情绪表达会持续地降低压力水平。良好的心境和更高的生活满意度是书面情绪表露能够带来积极影响的另外两个心理结果（例如 Sheldon & Lyubomirsky, 2006）。

除了上述这些不同类型的健康改善情况外，书面情绪表露还被证明可以正面地影响认知表现，这意味着其可能有助于提高问题解决能力和推理能力。比如，克莱恩和波尔（Klain & Boals, 2001）发现：通过表达性写作的情绪表露，可以减少对压力事件的侵入性或回避性思维，从而释放更多的工作记忆容量。他们的报告还认为对于负面事件的表达性写作能够提升复杂工作记忆能力，并长期减少侵入性思维。马丁和克恩斯（Martin & Kerns，2011）在研究情绪对认知控制的影响时发现：自我报告有积极心境的受访者在某些复杂的认知任务中表现更好（如前期反应抑制），[4]但是在其他任务上不一定表现得也这么好。虽然他们的研究是对克莱恩和波尔研究的一个补充，但是他们认为言语工作记忆也受情绪唤醒的强度和情绪的积极或消极性质的影响（Martin & Kearns，2011：274）。显然，认知和情绪之间的内在联系并不简单，还需要进一步的研究。尽管如此，从马丁和克恩斯的研究开始，出现了越来越多的证据支持书面情绪表达对于各种认知和学术表现的积极影响（如 Blank Spadoni，2013；Park, Ramirez & Beilock，2014；Ramirez & Beilock，2011）。

表达负面情绪有时也会促进积极情绪的发展，正如我们在前几章所见，情绪表达是一个复杂而反复的过程。格兰特（Grant，2013）在讨论工作场所的情绪表达时提出：当一个人全神贯注地做某件事时，他对自己体验、感受、表达合适的情绪更为自信。反过来，这种信心会增强他做事的动机，帮助他疏导负面情绪，代之以积极情绪，比如通过坚定他的信念，也就是说，情绪表达是一件有意义的事情（同上，1706-1707）。即使简单地重复地参与一项任务也会提升个体的信心——表达出强烈的感情是有价值的活动（同上，1706-1707）。虽然格兰特研究的是用语言表达情绪，但他的观点——必须表达负面情绪——也可能对个体产生积极的影响；不同强度的情绪参与（表面的/深层的）有助于有效的情绪表露——在书面情绪表达的研究文献中均得到了响应。比如，帕克·浦伯（Parker Pope，2015）在一篇为《纽约时报》撰写的文章中总结了当前关于书写（或重写）个人故事的作用的研究成果。这篇文章强调：重述私人故事可以鼓励人们超越自挫性思维模式，进入一个不断加强的更为乐观的循环过程。卡什丹和比斯瓦斯-迪纳（Kashdan & Biswas-Diener，2014）也认为，表达负面情绪如愤怒、焦虑、内疚和悲哀可能会令人感到不舒服，但是也可以通过促进更多的分析性加工如更多关注细节，而起到有益的作用。伯顿和金（Burton & King，2006：161）还强调：积极情绪状态和消极情绪状态之间存在着相互作用，写作中的积极情绪可以加快人们从负面情绪中恢复的速度。有人认为将积极情绪和消极情绪整合到叙事中才能带来许多与表达性写作范式相关的健康益处（Pauley, Korman & Floyd，2011）。肯尼迪-摩尔和沃森（Kennedy-Moore & Watson，2001b）还强调：消极情绪的表达总是与积极情绪的表达相伴——比如幽默会化解忧愁。两种情绪的表达都会改善健康状况，而积极和消极情绪之间的转换通常被认为是重要的情绪加工标志（同上，204）。

另外，虽然目前对情绪表达的研究似乎均集中在书写负面事件带来的益处，但越来越多的文献开始证明书写积极的情绪体验——不一定是负面的或是创伤性的——也不无裨益（如 King & Miner，2000；Baikie, Geeeligs & Wilhelm，2012；Kennedy-Moore & Watson，2001b；Pauley, Morman & Floyd，2011）。彭纳贝克和西格尔（Pennebaker & Seagul，1999）强调，有益的写作包括使用高水平的积极情绪词汇、适度的负面情绪词汇，以及随着时间推移使用越来越多的洞察词汇。谢尔顿和柳博米尔斯基（Sheldon & Lyubomirsky，2006）发现：积极的写作会滋养积极的情绪，减少负面情绪。伯顿和金（Burton & King，2004：152）也报告称书写积极的事件会增加积极心境，同时也会让个体获得重要的技能以及健康益处，包括身体机能提升、更好的创造力、更好的信息整合能力，以及高效的问题解决能力。

有趣的是,一篇关于写作的论文引起了学界的注意。因为它和翻译尤其相关,所以值得我们在此专门探讨一下。拜基、格尔利格斯和威廉(Baikie, Geerligs & Wilhelm, 2012)提出:某些类型的写作可能会比其他写作有更强烈、直接的效果。他们比较了与创伤相关的表达性写作和积极写作,发现两者都会带来积极的健康益处。因此提出,关于情绪的写作通常都是有益的。他们的发现还证明了健康状况改善的程度取决于个体的基础心理健康程度。谢尔顿和柳博米尔斯基(Sheldon & Lyubomirsky, 2006: 74)认为:写作需要与自我和谐的目标一致(能够体现一个人的价值观和兴趣的目标,因为写作更可能预测一个人持续的努力、参与的程度和行为表现)。他们发现如果人们内心觉得某个活动是非常重要的,那么做好这个活动就会感到是值得的。这一观点显然与翻译相关,我们将在本章的第二部分详述。

德梅洛和米尔斯(D'mello & Mills, 2014)研究了书写时情感的作用,他们承认:情绪与写作题目和写作过程紧密相关,但情感是在写作过程中产生的,与文章的情绪性质无关。事实上,他们发现有些情感状态是在真实写作过程中被激发的,在不同场景中表现得更加稳定。而另外一些情感状态则尤其与文章内容/题目相关,所以更为短暂。有趣的是,他们的发现也表明:情感(积极的或消极的)可以预测所写文章的质量。克鲁格也认为写作可以是具体表达的一个策略(一种"建立情绪体验,支持情绪以一种新的更强烈的方式出现的方法";Krueger, 2014: 149)。这一点也与翻译高度相关,因为如果写作不仅提供了外在表现情绪的方式,还推动了情绪的发展,那么不难想象:翻译这一行为也会造成译者情绪强度的变化,并影响译者对情绪信息的加工。比如,一个正在翻译一起强奸案证词的译者可能会在阅读原文的时候感到悲哀和愤怒，但是在翻译受害者陈词的时候会感到越来越愤怒，这就验证了这一观点——表达情感足以带来情感的体验（Krueger，2014：151）。

尽管有上述这些有趣的发现，表达性写作的益处也会因一些变量的不同而不同。卢和斯坦顿（Lu & Stanton，2010：670）认为：表达性写作的效果"可能随试验参数的变化而变化，包括试验任务中针对的心理过程、评估结果和个体差异"。他们的研究发现表明：写作提示语、参与者对情绪性表达的矛盾心理的程度，甚至他们的种族都是可能影响写作表达效果的变量。如我们之前观察到的，斯隆、马克斯和格林伯格（SLoan, Marx & Greenberg, 2011）也提到表达性写作的成功与否取决于很多方面，比如每一次写作实践的时长。他们报告说针对将书面表达作为创伤后应激障碍（PTSD）的干预手段的研究结果不一，如创伤后应激症状的严重程度也会影响书面情绪表达能否成功。

在另外一项研究中，斯隆、马克斯和爱普斯坦（SLoan, Marx & Epstein, 2005）发现，只有那些在每一次写作训练中都写相同创伤经历的参与者才会表现出显著的健康改善，而那些每次写不同创伤经历的人就不会，这似乎在暗示只有重复表露一件事对个体才会更有利。此外，他们发现在写作干预一个月以后，创伤后应激障碍症状才会显著减轻。事实上，肯尼迪-摩尔和沃森（Kenenday-Moore & Watson，2001b：197）强调：表达情绪不会马上缓解痛苦，甚至可能会在短期内强化和延长痛苦。埃弗里尔、卡萨斯基斯和塞格斯特伦（Averill, Kasarskis & Segerstrom, 2013）发现，表达情绪对于肌萎缩性侧索硬化症病人的积极效果在三个月以后才会明显显现，而不是六个月。他们建议在该疾病治疗的不同阶段可能需要"强化写作训练"（同上，

710)。斯隆、马克斯和格林伯格（Sloan, Marx & Greenberg, 2011：299）也提出：参加书面情绪表露任务的人最初会报告并且表现出高水平的负面情绪，但是这些会随着时间的推移而消失。

相关研究文献一致认为，情绪表达的益处需要假以时日才能慢慢显现。肯尼迪-摩尔和沃森（Kenenday-Moore & Watson, 2001b：203）强调，"如果坚持与自己的情绪共处，就会发现情绪其实是可以忍受的，建构一个能给人启示的故事，体验与他人建立联系的各种新方法带来的益处，这些都是需要长期坚持才能发展起来的"。人们普遍认为，通过写作表露情绪会立刻带来负面情绪的变化，但这种变化是短暂的，这表明在表露情绪时感到的痛苦都是暂时的、会最终消失的。肯尼迪-摩尔和沃森（Kenenday-Moore & Watson, 2001b：204）报告称在彭纳贝克表达性写作实验中，参与者在两周的写作干预时间内，与对照组的人感觉一样好或者更好。然而，情绪性写作的益处出现的时间在不同的研究中有所不同，而且效果也并不一定持久。尽管弗拉塔罗利（Frattaroli）在2006年做的元分析得出结论：情绪表露是一种有效的干预手段，其效应量虽小但却达到了显著水平（具有实用价值），其背后的机制仍然是个谜。

表达性写作显然"有效"，但是学者们仅仅知道为什么会如此。德梅洛和米尔斯（D'Mellow & Mills, 2014：140）认为这是因为书写困难的事件可以帮助个体摆脱不想要的思想，减轻压力，对情绪事件理出头绪，更有效地管理情绪，促进情绪的社会分享。拜基和威廉（Baikie & Wihelm, 2005：341）概括了关于情绪性写作为何有效的文献，提出了四种具体的机制：(1)情绪宣泄；(2)对抗情绪压抑；(3)写出连贯的叙事，进行认知加工；(4)反复表露情绪。由于上述四种机制对所有类型的表达性写作都有潜在的影响，因此有必要更详细地描述这些机制。

首先，情绪宣泄机制即"放弃"威胁到个体的记忆或事件（Frattaroli，2006：824），这种机制在研究文献中没有得到太多支持，因为已经证明仅仅描写情绪要比既写事件又写情绪带来的益处更少（Baikie & Wilhelm，2005：341）。事实上，仅仅宣泄情绪并不有益，如果宣泄不是伴随着接受或深思熟虑地审视这些感受（Kennedy-Moore & Watson，2001b）。有证据表明，比起同时关注情绪、认知，或寻找意义，仅仅聚焦于情绪会导致更多的生理不适（Ullrich & Lutgendorf，2002：248）。

其次，通过书写创伤而直面创伤，从而承认和创伤有关的情绪。这一方法据说可以减少情绪压抑。然而，解除情绪压抑并不被认为是带来写作益处的唯一的机制，因为那些书写想象中的创伤的参加者也会有同样的健康益处。如弗拉塔罗利（Frattaroli，2006：825）强调"弗洛伊德式的抑制疏导的观点也许是必要的，但是还不够。一个人必须先充分理解这个事情，将它在脑海中组织起来、整合起来，益处才会慢慢显现出来"。

这让我们想到了第三个机制：随着时间的推移，个体可以渐渐发展、组织或建构一个连贯的故事，越来越能够对该事件更好地进行认知加工，由此带来健康状况的改善（越来越多地使用积极的情绪词汇和洞察词汇，[5]适度使用负面情绪词汇；Baikie & Wilhelm，2005：342）。写一个故事据说有助于将负面情绪组织转化为新的心理图式。这一新的图式比原本的减少了威胁性，可以被个体整合（Smyth，Pennebaker & Arigo，2012：181）。弗拉塔罗利（Frattaroli，2006）提出，患有慢性病的人如果能积极参与精心组织的写作，在疾病方面会有持续的改善。肯尼迪-摩尔和沃森（Kennedy-Moore & Watson，2001b：

193）也强调，情绪表达有助于我们提高情感洞察力、自我理解力，[6] 以及自我指导的能力，尤其是当我们创作结构化的叙事（精心构思故事）时。伯顿和金（Burton & King, 2004）认为，通过写作，我们会把各种正效价和负效价经历整合起来。这样一来，写作被看作是一个延伸自我的过程，从而带来更好的自我调控。如果我们将这种观点用于翻译，就可以认为通过翻译表达情绪是获得自我理解的一种方式。因此，类似于伯顿和金等人的写作理论，要想获得健康益处，翻译的题目本身并不重要，只要翻译内容对译者足够重要就行。[7] 人们认为，在进行结构化写作时，参加者会重新获得对过去经历一定程度的控制，从中创造出新的意义来（Kennedy-Moore & Watson, 2001b）。

有趣的是，学者们认为，语言的转换与情绪表达的益处相关。例如，坎贝尔和彭纳贝克（Campbel & Pennebaker, 2003）认为思维的变化反映了人们写作方式的改变，代词的选择意味着视角的改变，这反过来又预测了健康状况的改善。考夫曼和塞克斯顿（Kaufman & Sexton, 2006: 271）也提到自杀的诗人更倾向于在诗中使用与自我而非他人相关的词汇。这暴露了诗人过度关注内心世界、脱离社会的趋势，是非常不利的。

与此相关的是，有学者指出，在创作连贯的叙事时，人们则会使用越来越外向的视角。其他研究者也强调在写作关于情绪的话题时，将认知加工和情绪加工结合起来非常有益。确实，我们认为写作者需要真实地体验自己的感受，但又要保持足够的距离，这样才可以被别人解读。根据乌尔里希和卢特根多夫（Ullrich & Lutgendorf, 2002: 244）的说法：情绪与认知相互补益，只有在情绪反应和刻意的认知加工两方面的努力达到平衡时，才能取得最佳的情绪表达效果。只有当经验既包含情绪反应又同时促进认知加工时，书面情绪表达才是最为有益的。这一观点对翻译很有用处，因为在翻译时，无论译者的情绪是否被唤起，认知加工也在努力工作着。不仅如此，研究者们还发现当个体既关注事实也关注情绪时，会带来最大的健康状况改善（Pennebaker & Beall，1986）。而且书写不一定与自身关联的其他的题目，也会对健康有益（Greenberg, Wortman & Stone，1996；Kaufman & Sexton，2006）。上述发现均可以推广到职业译者群体，因为他们翻译的是真实的、能引发情绪但自身没有体验过的内容。值得注意的是，表达性写作题目一定要与自身相关，且充满情绪色彩，才能让写作者受益（Kaufman & Sexton，2006：277）。

第四个机制是"暴露"。有人提出长期使用一种治疗手段，如写作，可能会因为反复写作产生效果而消除负面情绪反应。比如，斯隆、马克斯和格林伯格（Sloan, Marx & Greenberg，2001）发现：书面情绪表露会提高创伤后应激障碍患者的治疗效果，原因是通过书写，患者被反复暴露于他们之前竭力避免的记忆和其他创伤相关的刺激物之下。我们认为反复书写情绪事件会使个体习惯于过往经历唤起的负面情绪，从而消除相关的负面联想。其他学者（Kennedy-Moore & Watson，2001b；Sloan, Marx & Epstein，2005）也指出：反复的情绪表达会促进对事件的接纳和习惯，由此减少情绪对个体的冲击力。有趣的是，虽然将情绪体验翻译成语言会带来健康益处，但对情绪刺激物的习惯意味着，一方面情绪发动的负面效应会随着时间的流逝而消失，但另一方面，如果积极的长期效益有限，重复暴露可能是必要的。许布舍尔-戴维森（Hubscher-Davidson，2016）强调，对情绪刺激物的习惯化也会影响职业译者。

情绪在什么样的情况下会影响身心健康尚不清楚（Kennedy Moore & Watson，2001b：206），表达性写作本身或许不足以带来健康益处，因此在临床中，将表达性写作与其他治疗手段相结合是非常有必要的（如 Smyth，Pennebaker & Arigo，2012）。虽然表达性写作并非在所有情况下对所有人都有效，但有大量证据证明在适当的条件下进行这种活动是有益的。

最后与本研究相关且值得一提的最新发现是：表达性写作影响着人们与周围世界的互动。弗拉塔罗利（Frattaroli，2006：858）的元分析揭示了情绪表露这种方法只有指向具体的人时才更为有效；拉德克利夫等人（Radcliff et al.，2001）证明：拥有一个具体的听众会提高书面情绪表露的效果；即使当情绪表达无人倾听的时候，也需要有一个想象的或看不见的听众；几个人一起写作要比一个人情绪表露更为有益。肯尼迪-摩尔和沃森（Kennedy-Moore & Wats）认为，向别人表露情绪有助于化解人际交往中的不快。情绪话题写作对社会关系有着积极的影响（Pennebaker & Graybeal，2001），甚至可以帮助个体探索和整合以前没有发现的感情和自我表现。布罗迪与帕克（Brody & Park，2004：147）将叙事性写作比作有意的干预手段，建议参与者在刚开始写作的时候脑海中有个隐形的听众，这个听众代表了他们身份的某一个重要方面。从这个角度来说，可以认为这个想象出来的听众（以及对这个听众的信念）将会影响表达出来的情绪的性质以及作品的情绪质量。布罗迪与帕克（Brody & Park，2004：152）甚至提出写作可能是一种转换机制，通过这种机制参与者将他们的情绪投射到想象的听众身上。在这种情况下，如果写作者感觉听众对自己持接纳的态度，写作者就会接纳自己的情绪；但是如果这个想象的听众态度挑剔，就会使写作不能产生适应性效果。总而言之，上述研究认为，情绪表达也是一种社会行为，这一发现与翻译紧密相关，我们将在第二部分深入讨论。

1.3 情绪表达研究的局限性

根据史密斯、彭纳贝克和阿里戈（Smyth，Pennbaker & Arigo，2012：181）的研究，情绪表达的早期科研文献主要关注情绪表露作为一种治疗手段的疗效，但较少关注能使其产生健康效果的潜在机制。肯尼迪-摩尔和沃森（Kenendy-Moore & Watson，2001b：206）也提到，未来的研究应该集中在情绪表达是如何以及何时提高人们的幸福感的，因为情绪表达的效果尚不清楚。心理的、生理的、认知的，以及情绪的过程都是互相影响的，许多机制都可以解释情绪表达的健康益处（Smyth，Pennebaker & Arigo，2012：183）。此外，也有人提出学者们还不知道如何整合针对各个独立群体，如癌症患者、大学生群体以及老人群体的实验得来的结果；有人提出情绪表露并非对所有群体都有着同样的效果（同上）。因此，情绪表露涉及的各种机制以及差异效应[1]都是未来研究的方向。

对于可能影响情绪表达的因素的研究也有所欠缺。例如，斯蒂克尼（Stickney，2010）认为，需要在可能的性别差异等方面做进一步的研究。⁸情绪表达受很多变量的影响，包括知识、个性和动机。我们需要进一步研究来理解这些因素及其他能力如何影响情绪性写作。虽然研究者已经一致认为：对来自不同背景和年龄的人的写作干预的成功，表明这些成果可以推广到其他群组。（如 Wing，Schutte & Byrne，2006）。

如前所述，情绪表达研究的最后一个局限性在于仅仅关注单一的表达渠道（如书写或口头）。因此，研究者们经常会忽略在其他领域

---

[1] 差异效应：不同组或实施环境下效果（或不良反应）的差异程度。

取得的成果而无法从中受益。科利尔（Collier，2014：vii）曾经提到面部表情一直被认为是先天的，但是非言语交际的其他领域的研究者还没有考虑到这一点；相反，他们将非言语交际当作是来自其各自文化并需要习得的一种特殊语言。如此一来，书面情绪表露研究领域剩下的问题可能会通过与相关领域的学者合作进一步阐明。

学者们还指出了对情绪表达研究中的不同方法的使用（Frattroli，2006；Sloan, Marx & Greenberg，2011；Smyth, Pennebaker & Arigo, 2012）。每个研究因为方法不同、应用程序不同，或具有不同特点，因此其结果很难进行比较。在家中完成写作与在实验室中完成写作的效果随着有无听众、不同时间段、指导语、程序、诊断标准、人群、参与人数等的不同而出现差异。正如弗拉塔罗利所说，"各个研究之间方法上的不同、参与者的个体差异都会导致通过实验进行情绪表露的有效性的差异"（Frattaroli，2006：827）。

在本研究领域的最后一个值得一提，并且与翻译相关的局限性在于：虽然人们一致认为，写作与自身无关的题目也会有益于健康，但这一领域还未得到充分的研究。不同类型的写作过程是否会对传统的情绪表露范式产生相同的影响，还有待进一步观察。此外，由于文献表明，不表达压力源（情绪逃避）可能会产生适应不良的后果，因此可以认为，那些书写与自身无关题目的个体实际上并没有表达压力源，而是将自己封闭起来。也许在某种意义上，书写或重写其他人的情绪状态的过程是积极的，但是有必要更进一步地研究书写他人的情绪体验的意义，因为这是很多专业作家作品的一个主要部分。

1.4 情绪表达和人格过程

正如一个高度自信的人其行为表现也会非常自信，一个天生具有高情绪表达性的人也会经常性地表达自己的情绪，这是合乎逻辑的。心理学文献中早已达成共识：情绪表达可以被认为是一种行为特质，因为个体表达自己情绪的程度在时间和地点上具有稳定性（Kennedy-Moore & Watson, 2001a, 2001b; Pennebaker & Graybeal, 2001）。肯尼迪-莫尔和沃森（Kennedy-Moore & Watson, 2001a）认为有些人倾向于积极进行表达，有些人则很少表达，但在情绪方面存在着一致性，即经常表达消极情绪的人也会经常表达积极情绪。另一方面，天生压抑的人自然会很少表达。根据史密斯、彭纳贝克和阿里戈（Smyth, Pennebaker & Arigo, 2012: 180）的研究，有证据表明一个人对事情的应对风格和情绪表达程度可能会影响情绪干预手段（如书面情绪表露）的效果；甚至有人认为，情绪压抑、悲观、消极或高度神经质的人实际上会比一般人从书面情绪表达中受益更多，因为书面情绪表达为他们提供了发泄情绪的出口（Frattaroli, 2006: 828）。

有高情绪表达性的个体可能对情绪刺激有着更强烈的反应（比如悲伤的门槛更低）。肯尼迪-摩尔和沃森等人（Kennedy-Moore & Watson et al., 2001b: 188）报告了针对消极情感较强的个体（经常有负面情绪状态体验的人）的研究，证明这些人有"各种各样的负面心境的倾向，包括焦虑、沮丧、悲伤、易激动、易怒，甚至在没有明显压力源的情况下，亦是如此"。这些研究者因此建议：这些人表达出了更多的痛苦，但是实际上这些表达没有减轻反而加重了痛苦。同样地，扎科夫斯基等人（Zakowski et al., 2001）报告说：有高负性情感（或神经质）的癌症患者不太容易从情绪表露中获益。事实上，这些人在六个月之后，要比低神经质的人表现出更高程度的痛苦。学者们认为有着神经质性格特点的人可能无法在情绪表达后进行必要的认知加工（同上，367）。如果我们相信神经质和特质情绪智力中的情绪性因素负相关，就知道这个发现是有道理的。情绪性将在下一部分讨论，包括情绪表达的特质（Petrides, 200: 61）。

如我们在前几章所见，与神经质相关的一个概念是述情障碍症（无法用认知加工情绪状态）。弗拉塔罗利（Frattaroli, 2006: 828）报告了一个研究，即有述情障碍的个体由于不能理解自己的情绪，而无法像其他通常能克制情绪的人那样产生同样有益的结果。显然，某些表达风格在某些情境中有效，在另一些情境中则无效；重要的是，要记住：情绪表达的具体实例对不同的人会有不同的含义，即使他们有着相同的表达风格。个体差异和人格变量可以解释书面情绪表达效果的不同，这一观点引出了一些翻译的关键问题。

彭纳贝克和格雷比尔（Pennebaker & Graybeal, 2001: 92）发现了一个有趣的现象：每个人都有自己的语言风格，这种风格往往具有一贯性和稳定性，不随时间和场景的变化而变化。他们发现语言风格与诸如健康、学业成就等相关联，并认为人们如何用语言表达自己可以显示其性格。语言的使用及其与人格的关系这一课题已经被二语习得的学者与双语学者研究过了，也为未来的翻译学研究开辟了道路。

我们之前强调过，有些人比别人天生更压抑，更少表达情绪，虽然他们可能不在天平的最末端。这些人通常被描述为回避情绪表达或怀疑情绪表达，因此他们在参与情绪写作，有机会加工负面情绪时，在健康和心理方面受益最大（Averill, Kasarskis & Segerstrom, 2013）。与此观点一致的是，玉川等人（Tamagawa et al., 2013）发现压抑的特质并不会妨碍表达性写作产生的效果。埃弗里尔、卡萨斯基斯和塞格斯特伦（Averill, Kasarskis & Segerstrom, 2013: 710）认为对于对情绪表达持矛盾态度的人来说，结构化的私人写作方式尤其有益。这个观点很有意思，因为一方面，翻译可能是那些对情绪表达有矛盾态度的译者为保持心理健康所需的结构化的私人写作方式。但是另一方面，通过翻译进行情绪表达并不一定像传统的表达性写作一样有益于身心健康。在传统的表达性写作中，情感纠结、矛盾的译者在翻译时可能难以正确传达情感。如果翻译不像其他表达性写作的方式一样起作用的话，有矛盾情绪的译者就很难在翻译中恰当地传递情绪。

至于传统的"大五"人格特质，据我了解，截至我撰写本文时，只有一个研究致力探寻书面情绪表露和"大五"性格特质之间的关系。拜尔等人（Beyer et al., 2014）发现，所有参与者，尤其是那些有着低认同感、低外倾性或高谨慎性的人，相对来说，在情绪表露的时候对个性化的指导反应不佳，效果不好。在表达的时候给这些人提供指导，告诉他们该干什么似乎会干扰他们的情绪加工。简而言之，拜尔等研究者认为：为进行表达性写作的人提供电脑指示（不管是与写作同时或先于写作）会妨碍情绪表达的效果。这些干扰会导致更少的情绪激活，以及更多的情绪抑制和情绪审查（Beyer, 2014: 488）。尤其是之前提到过的几种性格类型在写作过程中对指导反应不佳，效果不好。如果我们把写作提示和翻译提示做比较的话，会发现有着高度责任心的或者内向的译者在翻译情绪材料时，可能并不欢迎来自委托人过多的互动或指导，因为这可能对他们或他们的工作并无益处。

总之，显而易见的是，人格特质会影响一个人的情绪表达体验。扎科夫斯基等人（Zakowski et al., 2011）强调：在要求人们表达情绪时，人格是一个需要考虑的因素。虽然这么说，也还是有大量的证据表明各种人格类型的人都有可能受益于表达性写作。一个具体的例子就是玉川等人（Tamagawa et al., 2013）的研究，他们比较了所谓的防御型/高焦虑型人群和防御型/低焦虑人群的表达性写作，最后得出结论：不管个体先天的情绪应对风格如何，对于书面情绪表达的客观反应都是类似的。总之，表达性写作对于有着各种习惯性的情绪应对风格的人都有帮助，但前提是，如前几章所述，高神经质的个体似乎有自己独特的一套行为方式。

1.5 情绪表达与特质情绪智力

我们已经看到，人们在表达情绪的能力上存在差异。能够表达情绪是情绪智力的一个方面。在个案研究中使用的特质情绪智力模型中，情绪表达属于情绪性因素。情绪性下的情绪表达维度在特质情绪智力量表手册中是如此描述的：

> 在这个量表中得分高的人擅长将自己的情绪传递给别人。他们知道如何选择准确无误的表达感情的最佳词语；低分者即使在有必要的情况下，也很难准确表达情绪相关的思想。低分者发现自己很难让别人了解自己的感受，无法表达情绪，整体上缺乏自信或社交信任。这一方面的得分与回避趋势负相关，却与外倾型、社交勇敢和积极心境正相关。
>
> （Petrides, 2009: 59）

特质情绪智力量表中包括自我报告的条目，如"我通常能够在想表达的时候表达自己的情绪"，这就为受访者自己能感觉到的情绪相关的表达提供了线索，这一描述应有助于解读个案研究中的参与人的情绪表达得分。

林雷等人（Linley et al., 2011: 393）报告，特质情绪智力高的人能够比一般人更准确地评估自己的情绪状态，因此更善于做出恰当的情绪表达。但是尽管处于不同情绪智力水平的个体表达情绪的方式不同，情绪智力和表达性写作的关系还基本上没有得到研究，仅有少量研究在测量情绪智力的同时考察过情绪写作的效果（Pluth，2012）。

温、舒特和伯恩（Wing, Schutte & Byrne, 2006）早期的研究发现，写作任务可以帮助个体管理自己的情绪，让他们重新评估事件，巩固情绪智力的各个方面。他们基于自我报告的研究表明，被要求写出积极情绪体验的受访者给自己的情绪智力打分更高，且在完成书面情绪表达之后，报告生活满意度更高。这些研究者提出，这一发现说明"积极写作的益处之一就在于可以增强情绪智力意识和提升运用情绪智力的能力"（同上，1299）。有趣的是，研究者还发现，比起在干预之前已经得分很高的参加者，干预前得分较低的参与者从积极写作所倡导的自我检查和学习中受益更多。这一发现非常有趣，因为它说明情绪性写作可以帮助有情绪智力缺陷的个体提高情绪智力（同上）。

同样，普鲁思（Pluth，2012）探索了情绪理解能力弱的人是否与情绪理解能力强的人书写情绪的方式不同。研究结果表明：有着不同情绪理解水平的人书写情绪的方式截然不同。在其最近的研究中，普鲁思（Pluth，2012）发现随着参加者情绪智力的提高，他们文章的字数，以及洞察词及副词的使用频率也在增加。他对此做出解释：（1）写作长文章可能反映了作者能够更充分、更轻松地参与自己的情感体验；（2）更能反思自己情绪的人更可能使用解释自己情绪内涵的词；（3）使用更多的副词反映了对自己情绪更准确的理解。与更多的文献相符的是，普鲁思还发现，情绪智力的提高与代词的灵活使用相关，这也表明更多的内省以及更为符合逻辑的叙事，使读者更易跟上作者的思路（同上）。所有这些关于语言使用和情绪智力的关系的研究发现都令我们着迷，因为参与、理解情绪材料以及表达情绪材料的简洁性，都显然与翻译相关。

在其他方面，普鲁思的发现更令人惊讶。一方面，研究表明表达性写作干预并不会直接带来情绪智力水平的显著变化，尽管现存的一些证据表明，写作可以提高人的情绪技能（如 Kirk, Schutte & Hine, 2011）。另外，情绪智力与试探性词汇的使用呈正相关，与包容性词汇的使用呈负相关。这两个结果都与我们的直觉相反，因此很难解释。值得注意的是，普鲁思承认使用的是简化版情绪智力量表，其准确性和有效性都值得怀疑，这也就解释了为什么这个研究结果不一样（Pluth, 2012: 46）。

最近的一项研究使用了简化版的特质情绪智力量表（本研究所使用的量表的简略版），结果发现学生的情绪智力可以通过情绪驱动的沟通练习而得到提高（Abel et al., 2013）。虽然没有专门探讨书面情绪表达，但是这个研究探索了倾听他人说话以及表达自己的感受如何在经过一段时间后会提高参加者的沟通技能、技巧、同理心和整体情绪智力。

还有一项研究更具体地讨论了特质情绪智力的一个维度——情绪的自我效能。柯克、舒特和海因（Kirk, Schutte & Hine, 2011）发现：表达性写作干预可以提高情绪智力和工作环境中的正性情绪。他们发现参加彭纳贝克式写作干预的人在自我效能方面要比对照组得分高得多。与温、舒特和伯恩（Wing, Schutte & Byrne, 2006）的研究相似，他们发现比起那些在自我效能预测验中得分高的参加者，本来就得分较低或中等的参加者可能会从中受益更多。柯克、舒特和海因（Kirk, Schutte & Hine, 2011: 189-190）认为，在这方面本来就有天赋的人进步的空间较小，因为他们已经习惯性地将注意力放到了自我效能的来源上。情绪智力低的个体却可以通过表达性写作提高情绪智力。所以，可以认为翻译情绪材料是一种将注意力集中到情绪自我效能上的方法，由此，个体就会反思与情绪有关的行为，进而拥有更好的情绪机能。

2. 情绪表达与翻译

2.1 翻译作为情绪性写作

大部分关于情绪表达的心理学文献都对译者适用，表达性写作和翻译之间确实有相似之处。事实上，最新的研究已经表明，写作与翻译活动之间有许多共同的特点，两者都是文本产出的类型（Dam-Jensen & Heine，2013；Koster，2014）。在本节中，我将讨论这两种沟通模式的异同，以阐明表达性写作研究在哪些方面与翻译工作相关。

首先，我们知道翻译是一种沟通行为，因此也是一种表达方式。书面情绪表达或者在写作中表达情绪，毫无疑问是大部分译者在其职业生涯中都会做的事情，对文学翻译来说更是如此。虽然译者描写的是情绪，但很显然，翻译与表达性写作有一个关键的不同：传统表达性写作必须书写自己的故事，而翻译则是书写别人的故事。因此，与结构化的私人情绪写作不同，译者产出的文本并非反映和表现了身兼作者、译者双重身份的人的感情和心理健康状况。尽管如此，人们普遍认为，翻译的文本不太可能完全没有译者的声音、风格和其他个人痕迹，它可以反映译者的个性和写作天分（如 Jääskeläinen，2012）。因此，目标文本就是一个混合产物，经过译者润色后，可以说包含原语作者和译者双方所表达出来的情绪。译者朱莉·罗斯（Julie Rose，2013：16）如是说："我（译者）将作品变成了我自己的……。我一直都在那里，只不过你没注意到罢了。"

我们已经看到情绪表露的研究文献主要关注的是表达自己的情绪，并没有谈到表达他人的情绪。我们还注意到人们一致认为，通过写作分享自己的经历，有助于减轻负面情绪，如释放压力。但是像翻译这样截然不同的写作过程是否会有类似的效应尚不得而知。当翻译一篇深深触动译者的作品时，他或她可能会通过具体的不经意的词汇选择，分享自己的情绪。但是与传统表达性写作不同的是，翻译是一种间接的表达形式。译者不是在直接书写自己的情绪体验。相反，他们只是在翻译别人的故事时不小心暴露了自己最初产生的情绪反应。在这种情形中，很难分清楚表达出来的到底是作者的情感还是译者的情感。

如第2章所述，译者都是热切的读者，可能被自己要翻译的作品深深触动，尤其当他们将自己代入原作的角色时。译者在表达不是自己的感情的时候，感受到的与原文角色的融合程度可能会直接影响情绪表达带来的潜在益处。《善良者》是一部充满争议的小说，从施暴者的角度讲述了纳粹在二战期间犯下的罪行，故事的讲述者毫无悔意。霍利尔胡克（Holierhoek，2008）在讲述与人合作翻译这部小说的过程时，承认自己并没有完全置身于主人公玛克斯·奥的角色中去，因为这个角色变得越来越残暴，犯下的罪行一个比一个凶恶，读者与这个主人公的心理距离也越来越远。尽管霍利尔胡克试图用哲学解释主人公的行为，为其塑造角色形象，但他坦言自己对玛克斯·奥没有产生同情或同理心——这让她感到宽慰，令翻译过程轻松不少。这个观察很有意思，可以认为身兼读者和译者角色的霍利尔胡克因为没有与原文角色融合，而得以与原文角色的情绪体验拉开距离。译者的这种做法是一把双刃剑：一方面，由于译者没有被强烈的情绪所影响，得以顺畅无阻地进行翻译工作，从而译出成功的作品；另一方面，译者可能无法像传统表达性写作的作者那样从情绪表露中获益。

正如我们在第一部分所见，表达性写作必须与本人相关，而且写作的题目必须饱含情绪，这样才能让写作者受益。然而，可以说，不融入原文角色并不意味着完全缺少情绪投入或不参与文本中的引发情绪的内容。霍利尔胡克（Holierhoek，2008）提到这个话题总是能引起她的兴趣，很显然她在翻译的时候能亲身感受到原文本的情感力量，因为她称整个翻译过程令人更感动、恐惧和窒息。尽管她没有融入主人公，但她对原文的深度参与是不可否认的。

> 我的书架上放满了黑色书脊的书，内容都是关于党卫军制服、国防军徽章、斯大林格勒战役、柏林大空袭等。还有包含历史材料的DVD、互联网上找到的希姆莱在波兹南的演讲片段、令人毛骨悚然的准纳粹网站、萨克森豪森简介、柏林威廉大街指南、人们在死前一分钟凝视摄像镜头的照片、杀了上千人仍然敢直面镜头咧嘴笑的德国人的照片——搜寻所有这些细节使我长时间地陷于一个压抑的世界中。[9]

可以假设译者对原文参与的深度是一个连续体，从完全融入角色到完全不参与的连续体。从译者在这个连续体上的具体位置可以最终判断译者对原文感情的翻译是否成功。过多或过少的感情投入对翻译都是有害的，就像在表达性写作中一样。但深度参与再加上合适的翻译策略将会有助于翻译的成功。肯尼迪-摩尔和沃森指出：表达必须是情绪浸入和情感控制的结合，这样才能培养对痛苦感觉的接受感和掌控感。如果有控制的参与对于体验情绪表达的益处非常关键，那么在翻译时译者如果处在一个非常情绪化的状态，就会起到相反的作用，会使译者无法产出有积极效果的作品。可以猜想，如果写作/翻译的主题不是直接和自我相关，即不是个人所体验到的，就可能会在情绪投入和情绪控制之间达到一个更好的平衡。

霍利尔胡克的经历是一个很好的控制情绪投入的例子。与另一位译者合作，通过口头或翻译分享经验都有助于她接受和理解饱含情绪的文本。她说与人合作翻译使她得以讨论语气、句子结构、单词顺序、词汇选择，这一切都意味着"最后看起来并没那么糟糕"（真正翻译起来没有她当初料想的那么糟糕）。这种合作是一种有效的工作策略，使得情绪表达和情绪表露在一个安全有序的工作环境中进行，反过来又使翻译成了一次有益的经历。正如我们所看到的，史密斯、彭纳贝克和阿里戈（Smyth, Pennebaker & Arigo, 2012: 175）认为：情绪表露可以加强个体间的联系，有助于管理压力，减少与经验相关的负面感受，使人更健康。如此说来，翻译有情绪效价的文本时，译者可能会从这种情绪分享和表达中获得健康益处，就像那些进行情绪表达的写作者那样。

同样有趣的是，除了与人合作翻译以外，将注意力集中到语言和写作（词汇顺序）上来似乎也帮助霍利尔胡克完成了翻译工作。我们在第一部分总结的研究成果表明：对语言的具体使用（代词、副词和洞察词等）反映了更深层次的情绪表达。霍利尔胡克（Helierhoek, 2008）也提到过能从翻译工作中具体的语言和技术层面（推敲文字、转换句子结构等）获得快感，即使翻译的内容本身令人痛苦。在霍利尔胡克的例子中，译者似乎就是因为将注意力放在了具体的语言层面，才帮她完成了这个翻译。思考文章的语言可以分散译者的注意力，并且可能提供了视角和思维的变化，有利于表达性写作——这些都是产出译作所必需的。

科斯特（Koster, 2014: 152）在她的作品中，也提到过有技巧的译者会使用叙事技巧来弥补语言结构的差异，以制造特定的文本和文学效果，如转换视角等。通过语言使用来转换视角的能力似乎在成功的翻译和表达性写作中很常见。

当然，译者被原文文本束缚这一事实必然意味着他们只享有有限的自由，尤其是当译者使用能够预测健康状况改善的洞察词和各种代词的时候（Campbell & Pennebaker，2003）。比如，有一首诗歌暴露其作者缺乏社会融入，仅关注内心的不良倾向。那么翻译这首诗歌的译者就不太可能改变作者的角度或代词的选择。尽管如此，为了有效地传达意义，译者必须在词汇层面、短语层面、句子层面进行操作，而且已经证明译者可以采取各种修辞手法来传递原文的含义。纳尔逊和马赫（Nelson & Maher，2013：3）认为："文本的每一次翻译都是该文本的一次表现，这反映在每一页词语的挑选和排序上"；"文学翻译是一项高度复杂的活动，包括很多对语态、语气、语调、语域、节奏、内涵意义、指示意义，以及词汇的色彩和精心选择"。例如，在翻译联合国儿童基金会关于世界儿童现状报告的意大利语版本时，阿巴蒙特和卡瓦列尔（Abbamonte & Cavaliere，2006：7）强调，原文文本和译文文本对评价词和修辞策略的不同使用构建了不同的作者声音，最终塑造了这些原语和译语文本。因此，译者在操控文本中的语言时，享有一定程度的灵活度，这一过程可能会使译者在一定程度上与蕴含强烈情感的原文文本及其引发情绪的内容拉开距离。因此，对于翻译诗歌的译者来说，对同一诗歌采用不同的视角和修辞手段，译出几个不同版本的译文，可能会带来健康益处。

译者可以通过使用特别的词汇清楚或隐晦地传达特别的情绪。例如，阿巴蒙特和卡瓦列尔就注意到译者有时会把唤起视觉或空间场景的词汇转化为更模糊或官僚的语言，这种转化会带来一种距离感或者视角的改变。这两位研究者认为，译者有能力使一篇原文文本的情绪色彩在"官僚语言的跨话语系统中"慢慢褪色（Abbamonte & Cavaliere，2001：256）。科罗莫明（Coromomines，2010：1）在一项有趣的研究中探讨了君特·格拉斯的《铃蟾的叫声》加泰罗尼亚语和西班牙语译本中的情绪翻译,指出"语言的、文化的和个人的局限性使得表达情绪和情感的词尤其具有语义上的灵活性,会使得译者,尤其是文学作品的译者在他们的译文中进行认知和语言调整"。

我们在第一部分也看到了写作结构化的文章会让个体从情绪体验中获得一定的控制感和健康益处。当涉及通过产出结构化的目标文本传递情绪时,我怀疑翻译是否能像其他表达性写作那样发挥作用。根据职业译者的叙述判断,很显然在翻译的过程中存在着一个结构化过程。罗斯(Rose,2013:15)用猜谜做类比来描述译者如何将文本串联在一起:

> (译者的)任务是把文本"用正确的方式"串起来,通过尊重每件作品原来的颜色、形状和总的图案……最终得到一个贴合、完整的物体。在这个过程中,译者的直觉和感官反应都在严谨的科学指导下得到强化,包括语言和文化上的探索以及再创作时的准确度决策。

文本的情感似乎被以一种相对有条理的方式编织到翻译中去了。资深译者彼得·布什(Peter Bush,2013:39)在解释翻译过程时也清楚地写道:"我在相关的阅读和研究中,更注重为译本寻求一种恰当的'感觉结构',也就是供主人公的意识流和个性发挥得恰如其分的情绪的、社会的、语言的氛围。"译者显然试图用类似其他表达性写作的方式控制情绪。

通过推敲文本的语言和驾驭修辞手段,译者可以在翻译时与文中的角色情感共鸣的同时,让自己置身于角色的立场之外(De Marchi in Gussago，2013：74-75）。就情绪表达而言，翻译这种精心设计的写作能够使二者达到平衡。

写作与翻译的异同在翻译过程研究中已经得到了大量的记录。例如，最近的研究告诉我们译者和作者一样可以使用具体的策略解决问题，达成目标。对这两种文本产出者而言，策略的使用都受制于产出者的精神状态，如感觉、记忆、能力和知识（Dam-Jensen & Heine, 2013：93）。但是，这两种活动也有着显而易见的区别。与我们的研究最有趣的相关之处就在于准备阶段，写作比翻译更为模糊、更为复杂，因为写作者比译者有更多的素材来源，译者毕竟多少受制于原文（同上）。与传统表达式写作相比，翻译更像一个可控的过程，这意味着翻译更有助于有效的情绪表达，能给文本产出者带来更大的益处。事实上，罗斯（Rose，2013：23）认为，对细节的关注以及深入透彻的翻译过程，包括深刻的规划、详细的研究，都会帮助译者产出那些"我们可以信任的文本，以便抽象的、情绪性的东西继续下去"。

在严格结构化的翻译情境中表达情绪对译者的身心健康有益，这一观点与心理学文献中表达性写作的相关论点不谋而合。翻译提供的疏远效应也得到了书面证据的证实。比如，在比较原文和译文的情感强度后，科罗莫明（Coromomines，2010：1）提出：与原文相比，加泰罗尼亚语和西班牙语译本的《铃蟾的叫声》中，原文叙事者经常性的类似愤怒的情绪被减弱，呈现给读者的是一个不像原文那样激烈和苦涩的"虚幻"世界。虽然之前提到过的疏远效应不一定等同于产出情感上不太激烈的译文，科罗莫明认为，即使稍加改动原小说的情感强度都会大大影响目标语读者对译文的接受。因此，应该牢记的是：结构化和疏远化的写作有益于译者的健康，但是由此导致的目标语情绪表达虽然有效，却会与原文有所不同。[10]

　　饱含情绪的翻译过程与饱含情绪的写作过程之间另一个潜在的相似之处在于其对认知表现、解决问题和推理能力的影响。毫无疑问，译者翻译时必须进行复杂的认知工作。科斯塔（Costa，2007：114）指出，与优秀作者合作的译者更有机会提升自己的写作能力，因为在翻译过程中写作能力不断受到挑战从而得以提升。在讨论自己职业生涯中不得不做出的几个天真的翻译决策时，科斯塔展示了在翻译复杂的双关语、谜语以及兼顾语言概念和文化概念时所需要的思考深度。

　　尽管在翻译中有明显的认知活动，认知和情绪在翻译中具体是怎样相互影响的还尚不可知，因此尚不能确定翻译时的情绪表达是否会提高译者解决问题的能力。尽管如此，文献中仍有令人信服的证据表明：如果在翻译时将认知和情绪加工结合起来，译者就可以做出最优的解决方案。罗斯（Rose，2013：16-17）在翻译安德列·高兹令人伤感的回忆录时，她像做数学题一样将译文的句子"相加相乘"从而用巧妙而刻意的手段增减内容。

> 翻译面临的挑战就在于当高兹向当时已经病入膏肓的妻子重述他们58年的婚姻时，译者得跟着他一起走过艰难的心路历程。翻译这段文字时，译者需要努力保持情感紧迫性和高兹毫不费力就营造出的沉着感……必须行使译者强大的自由权——在必要时从原文中抽离出来，以便对它保持忠诚。

逻辑和推理是翻译过程中不可或缺的部分。译者很好地运用了这两个工具来翻译生动的情绪，创造出了一个真实的目标语文本。这种为了实现译文的成果而将认知和情绪结合起来的做法证实了肯尼迪-摩尔和沃森的观点：表达必须是情绪浸入和控制的结合，才能培养出对痛苦情绪的接受感和掌控感（Kennedy-Moore & Watson，2001b：191）。

也许有人要问，在翻译诗歌时，翻译的行为、对翻译过程的思考和准备是否有着类似的效应？在第一部分中，我回顾了考夫曼和塞克斯顿（Kaufman & Sexton，2006）的观点，他们认为结构化的叙事对健康有益，碎片化的写作实际上可能对译者的心理有害。我猜想诗歌译者正是如此。众所周知的表达性写作所能带来的认知和情绪益处并不适用于诗歌翻译。

有趣的是，翻译研究似乎指出这样一个事实：翻译诗歌（至少是某种类型的诗歌）对译者来说可能是一种充满挑战的经历。

根据博厄斯-贝尔（Boase-Beier，2006：49-50）的研究，比起其他类型的翻译，诗歌翻译需要译者投入更多的努力、精力和情绪。琼斯（Jones，2011：37）在研究过众多诗歌译者后发现：翻译诗歌比起翻译其他类型的文本，更受情绪驱使，因为诗歌译者都是自愿翻译且有较强的动机。罗斯（Rose，2013：19）在阐述她对《悲惨世界》的翻译策略时解释说，在翻译初稿时，她需要把同义词都罗列在纸上，将语义的微妙之处和韵味先置于脑后，直到她彻底理解了"正在翻译的东西，可以从一堆近义词中挑出最正确的词为止"。因此完全可以说，诗歌翻译是表达性写作的一个例外，后者被公认的益处并不总是适用于诗歌这种类型（碎片化且高密度）的翻译过程。[11] 诗歌翻译本身的复杂性使它和其他类型的表达性写作区分开来。

抛开诗歌翻译不说，翻译饱含情绪的材料往往会帮助译者理解痛苦的事情，探索自己的情绪。布什（Bush，2013：38）承认：在翻译的时候自我的某一部分是活跃的；重写文学作品的行为可以使"个人的情绪和想象力"浮现出来。2014 年 5 月 10 日在伦敦大学的高级研究学院举办的一次题为"情感翻译"的研讨会上，西-英译者伊莎贝尔·德尔·里奥发表了有趣的讲话，提到了自己观察到的有趣现象：情绪是写作技巧的一部分。在某些方面，翻译行为似乎像我们在第一部分所说的是一种宣泄行为。通过这种行为，情绪在整个写作过程中得到加工。同样在该研讨会上，意-英译者克里斯蒂娜·维蒂也表示：翻译对她来说就是一个治愈的过程。她总是问自己今天允许自己翻译哪种文本，允许哪种情绪浸入内心。如果我们回看第 2 章，就会发现卡罗尔·迈尔（Carol Maier，2002）在翻译完奥克塔维奥·阿尔芒的流亡诗后，克服了心神不宁，改善了精神状况，从中受益匪浅。翻译似乎有助于把消极情绪组织成新的图式。在我们先前讨论过的另外一个案例（霍利尔胡克翻译一部关于二战期间纳粹所犯罪行的小说）中提到，专注于处理翻译的细节显然有助于减少对饱含情绪的内容的侵入性和回避性思维。这样的做法是否释放了译者的工作记忆容量——像克莱恩和波尔（Klein & Boals，2001）发现的传统书面情绪表露写作能做到的那样——仍然是个问题。尽管如此，通过翻译进行表达似乎确实是学会处理情绪材料的一个切实可行的办法。

2.2 为自己写作和为他人写作

鉴于我们已经探讨了翻译与表达性写作的异同，接下来我想专门讨论影响翻译中情绪表达方式/时间的两个领域：情绪管理的（一般是积极的）后果，以及预期的读者反应。

我们已经在第一部分看到：当个体写作饱含情绪的文章时，就会产生很多积极的后果，虽然我们一直在质疑翻译是否应该也带有足够的情绪张力以便产生积极的后果。[12] 根据相关研究文献中译者对自己经验的叙述，译作的成功确实在很大程度上得益于译者在语言转换过程中承担的情绪性工作。事实上，翻译过程有时会给人一种解脱的感觉，带来一种幻想的生活。这种生活"可以让译者丝毫不尴尬地将文字写在纸上"（Weingerger，2013：28）。译者先是与情绪抗争，最终战胜强大的情绪，然后有了强烈的动机去翻译，而这种动机会在译文中找到蛛丝马迹。彼得·布什（Peter Bush，2013：3）曾表示，是自己对战争劫后余生的回忆驱动着他去翻译罗德雷达的作品。他认为翻译过程就是一个重写的过程，"重写历史上的自己"。另一个受益于译者情绪投入的例子就是雨果的《悲惨世界》的译文。译者罗丝（Rose，2013：19）将她对这部经典作品的重译视为一个重建工程。她翻译的动机就是与之前的译本的一种良性竞争（"我能比他们翻译得更好"）。还有一件有趣的事是她在翻译中选择使用的语言及其给她感受之间的关联。例如，她使用奥地利俚语——她自己家乡的方言——以便将读者带到一个陌生的环境中去，"这种（语言上的）选择归根结底是出于精力、活力和诚实的态度"（Rose，2013：29）。这些积极情绪点亮了她的翻译，而方言的相关内涵又呼应了斯隆、马克斯和爱泼斯坦（Sloan, Marx & Epstein, 2005）的观点：书面表达自己熟悉的事情可能会非常有益，恰如本例中既有益于个人又有益于因此产出的译文。

在研究翻译过程的文献中（参考 Albino, 2012; Kolb, 2013; Bolanos Medina, 2014; Hubscher-Davidso，即将出版），还有证据证明某些情感特质，比如自我效能（相信自己的能力）、自信和模糊容忍度都可以正面影响翻译表现。事实上，有着高情绪机能的个体会积极参与并成功管理充满情绪的情境，由此增加产出高质量译文的可能性。正如其他文献中讨论过的那样（Hubscher-Davidson, 2016），有效地完成翻译等情绪表达任务与对自身感受的充分了解之间存在关联。一个人如果能成功地管理情绪，就能够成功地表达情绪。最近，一些学者（如

Lehr，2014；Rojo & Ramos，2016）发现了一些证据，证明情绪会影响创造力和翻译的准确性。例如，莱尔（Lehr，2014）在一篇未公开发表的论文中写道：情绪可以影响习语的使用、文体的适切性，以及术语的正确性。他认为，翻译过程中情绪的投入一般与更好的翻译表现相关，但是积极的或消极的情绪可以导致不同的加工风格，提高翻译的创造性或准确性，虽然这项研究还处于初期，但它给我们提供了另一重证据，证明情绪以不同的方式渗入书面表达，从而在翻译中留下各种痕迹。

如前所述，写作行为本身可以强化个体积极和消极的情绪，有助于消灭负面情绪，或将负面情绪转化为正面情绪（如 Grant，2013；Krueger，2014；Sheldon & Lyubomirsky，2006）。所以对于译者来说，在翻译过程中参与文本的情绪内容显然是有利的，尤其是当译者往往性格内向或者情绪压抑时，写作可以成为他们发泄情绪的出口。维特韦尔（Wittwer，2007：352）认为在翻译时应该压抑自己的情绪，对此我持怀疑态度。他认为，对于专门翻译儿科领域著作的译者来说，翻译诸如儿科疾病的相关图书时，很难不对孩子产生同情。然而，他也提到"为了避免对原文本情感的误传，翻译时译者要抑制自己的敏感情绪"（同上）。首先，我们已经在第 3 章看到，对已经引发的情绪进行压抑并不是一种健康的应对方式；其次，维特韦尔似乎在暗示，不克制自己情绪或同情心[13]的译者将无法准确或忠实地翻译原文。我们已知不可能抑制所有的情绪反应，因为有些情绪是自动的、下意识的。而带着"同情心"从事翻译而不是压抑它，这可能有助于成功的翻译。为了成功地翻译原文的情绪，译者的感受应该得到认可，其对于原文的感情需要被加工，因为这可能会带来更好的工作表现。我们已经在第 3 章看到，没有约束的情绪可能会导致情绪耗竭，但是个体可以使用不同的策略来加工情绪，避免崩溃。我们之前提到过的于

第 4 章 情绪表达

2014年5月在伦敦大学高级研究学院召开的"情感翻译"研讨会上，英国的很多女性作家和译者探讨了翻译中情感的作用。她们强调，翻译会在情绪上影响译者，反过来译者又会影响译作。译员们一致同意：译者有必要表达和谈论他们在翻译中的情绪经历以避免使自己成为翻译这个写作过程的受害者。译者不会胡乱翻译原文本的情感，恰恰相反，他们深信承认自己的情绪并把其表达出来会帮助他们接受原文中蕴含的情感，并成功地将它们翻译出来。通过翻译这个中介表达积极和消极的情绪似乎有助于提升情绪表现、鼓励创造性、增强对细节的关注以及解决问题的能力。[14]

我认为，真正（并自我监督）地参与到原文的情绪内容中是产出好译作的必要条件。这是令人信服地重新创作文本，并在读者身上产生罗丝所说的原文的"情绪和审美冲击力（Rose，2013：15）"的唯一办法。卡普兰（Kaplan，2013）曾经描述过一个关于作者和译者之间关系出现问题的例子。她说译者如果想要归化处理原文，去掉原文的异国情调，调整内容，就意味着译者没有真正理解原文作者的情绪，没有真正融入译作，也没有真正尝试再现和尊重原文的风格和内容。这就导致译者与作者之间工作关系的破裂。在这个例子中，可以说译者之所以在情绪上拒绝融入原文，是因为这与他令他自洽的目标和兴趣不符，这一点导致所有相关的参与者都没有得到情绪上的回报。所以，我们可以认为，类似谢尔顿和柳博米尔斯基（Sheldon & Lyubomirsky，2006：80）的建议，个体应该认真思考自己愿意从事什么类型的写作，因为从长远来看，与自己的个人兴趣和目标相符才能从中受益，译者应该考虑他们要翻译的文本是否与自己的兴趣"相符"。

第二个影响译文中情感表达的因素就是隐形的读者及我们想象的他们的反应。译者在译文中表达出来的或没有表达出来的东西很显然都会产生影响，不仅影响译文本身，而且会影响译文读者对翻译的接受。在第一部分中，我们看到隐形的读者的存在一般会提升译者表达出来的情绪的性质，以及情绪表达的质量（参考 Brody & Park，2004）。译者霍利尔胡克（Holierhoek，2008）非常清楚地知道读者对《悲惨世界》的反应，因为她在自己文章中留出了一部分篇幅讨论读者对小说的评论和争议。正是对这部小说的热情和读者的参与激励着她翻译下去。她声称，仅凭这些就足以让她感到翻译这本书是值得的，人们对小说如此重视让她觉得付出是有价值的。这个例子证明：如果一个活动对自己和别人都很重要，那么这个工作就非常有意义。这也表明（类似表达性写作）：如果翻译行为符合一个人自我协调的目标以及布罗迪与帕克（Brody & Park，2004）所谓的"对想象的读者的信任"，而且翻译的作品与译者的内心创伤相关且翻译时能帮助译者宣泄情绪，那么这样的翻译就会缓解译者内心的压力，带来较高的情绪写作质量以及其他一些积极的影响。在本案例中，我们可以想象霍利尔胡克在进行这个她称为"强度高到有时令人窒息的翻译"时，所唤起的那些负面情绪。最终，如格兰特（Grant，2013）所言，这些负面情绪被疏导，最终转化为积极的情绪（例如，坚信表达是一件值得的事情）。

如果译者感到读者毫无反应或反应负面，就会阻碍写作过程。如果译者觉得想象中的读者是挑剔的，那么译者就会觉得不值得表达原文的情绪。

在比较了联合国儿童基金会关于女童教育报告的英译本和意大利语版本之后，阿巴蒙特和卡瓦列尔（Abbamonte & Cavaliere，2006：249）两位学者注意到了意大利语译者情感定位强度上的偏差："不可否认的是，出现了同理心的缺失。"有趣的是，两位学者分析了译者情感站位发生变化的可能原因，正是这些原因导致了译文没有原文想要表达的同情的信息。他们说为了符合意大利语言的文法，满足译语读者的期待，以便更有效地传达原文的意思，意大利语译者可能对原文做了修改（同上，254）。目标语读者（语言、意识形态、习俗上）的期待似乎都是影响意大利语译者决策的重要因素。想象中的读者（以及译者对读者的信念）严重影响了译文的情绪质量，以致在这位译者的译文中情感几乎消失殆尽。[15]

朱莉·亚当翻译的约翰·麦克纳的短篇小说《夏日女孩》，是另外一个证明观众接受度是影响情感翻译的关键因素的例子。译者亚当（Adam，1998）声称：在原文中 fuck 和 fucking（表示气愤、厌恶、惊奇的粗话）这两个词在这篇 8900 词的小说中出现了 34 次，表现出了主人公内心的挣扎和对恋爱对象的复杂感情，翻译的时候有很大的困难。亚当认为这两个词代表了叙事者的爱与恨。在传达这两个词的情绪力量和审美力量时，使用魁北克省的法语进行翻译必然不同于使用其他法语。为了忠实地传达主人公内心翻腾的情绪，译者需要精心挑选能够传达情感和情感力量的词汇。为了达到这个目的，译者不得不使用口语词汇。有意思的是，很显然，不同的读者群需要不同的情绪表达。在另外一个场景中，罗丝（Rose，2013：17）也进行了类似的观察，她提出：由于现代读者已经适应了一些赤裸裸的描写，译者在翻译时仍有必要"强化"或者升级文中的情绪。译者为此能做到什么程度，我们将在下一章进行讨论，同时也会分析职业译者的情绪表达特质。

3. 个案中的情绪表达

3.1 简介

在本部分，我们将对155位职业译者的情绪表达进行考察。[16] 具体将根据特质情绪智力量表测量的译者的情绪表达特质，使用与翻译职业相关的社会生理变量来测试。这些变量都是我们从情绪表达的研究文献中找出来的。

如前所述，特质情绪智力量表通过包含4个总因素和15个分量表测量的15个维度来衡量总的情绪智力。情绪表达的这一方面被归入情绪性这一因素之下。根据测试的结果，我们对职业翻译的特点和情绪表达之间的关系进行了分析，结果如下。

根据文献综述，我们知道情绪表达可能会与以下一些变量相关：翻译资质、教育程度、自我感知的职业满意度、自我感知的职业成功、翻译从业年限、用于翻译的时间、文学翻译经验。事实上，与人交流情绪的能力据说也和学术及认知能力相关。此外，如第一部分所示，假设译者在情绪表达过程中健康状况得到改善，工作表现更好，提高了生活满意度，那么，基于我们在第二部分所回顾的工作，可以进一步假设：情绪表达能力随着职业经验和文学翻译经验的增加而提高。我们还进行了皮尔森相关分析，结果如表4.1所示，随后进行具体分析。

表4.1中在情绪表达特质与所确认的七个变量之间的双变量相关性结果表明，情绪表达与以下变量在统计学上存在着显著正相关关系：职业翻译经历（$r = .22$, $p < .01$）、职业满意度（$r = .29$, $p < .01$）、文学翻译经验（$r = .16$, $p < .05$）、受教育程度（$r = .16$, $p < .05$）。除此之外，情绪表达还与职业成就正相关（$r = .12$, $p = .14$），虽然在统

计学上不太显著。至于情绪性这一因素，表4.1也显示出了类似的趋势。有趣的是，情绪表达和情绪性都与花费在翻译上的时间这一变量负相关（分别是 $r=-.07$, $p=.37$; $r=-.16$, $p<05$），而且情绪表达和翻译资质之间也是负相关，虽然这种相关关系还没有达到统计上的显著性。

表4.1 职业译者的社会生理变量与情绪表达和情绪性的相关关系

变量	情绪表达	情绪性
翻译资质	−.05	.03
职业翻译经历	.22**	.17*
职业满意度	.29**	.20*
工作成就	.12	.08
花费在翻译上的时间	−.07	−.16*
文学翻译经验	.16*	.10
受教育程度	.16*	.13

$p<.05$ ** $p<.01$

翻译资质变量（$r=-0.5$, $p=.52$）虽然这个 p 值还没有达到统计显著性。

3.2 讨论

表4.1清楚地表明情绪表达与所测试的七个变量中的五个正相关。这表明有高特质情绪智力的职业译者可能更有翻译经验且受过高等教育；他们更可能对职业满意，更可能在职业上成功，更可能有文学翻译经验。换句话说，上述结果表明情绪表达（自我报告的沟通情绪的能力）的水平越高，职业译者就越有可能受到良好的教育、感到快乐和成功。另外，译者的文学翻译经验越丰富，情绪表达的水平越高。然而，有趣的是，情绪表达并不与花费在翻译上的时间相关，与是否

获得翻译资质也无关。这些发现说明有着高情绪表达能力的职业译者并不一定会每天花大量的时间在翻译上，也不一定拥有翻译方面的学位。

由此可见，在分析结果时谨慎一些是非常明智的。下面，我们将对调查结果做进一步分析。

3.2.1 情绪表达与翻译从业年限显著正相关

基于在第一部分和第二部分所回顾的研究文献，我们认为在情绪表达与职业翻译经验之间存在统计学上的正相关关系有一定道理。职业译者在有了几年的实践经验，翻译过各种类型的文本，接触过各领域的作者后，必然会掌握一定的沟通和人际交往技巧。事实上，这些都是高级翻译职位的职业特性中经常出现的素质。经过多年的历练，译者获得的写作经验塑造了他们在翻译中交流情绪的方式。我们已经看到，重复承担一项任务会提升一个人的自信心，让他相信自己可以表达出强烈的情绪（Grant，2013）。重复或长期接触相似类型的情绪相关任务可以显著改善情绪加工过程（Sloan，Marx & Epstein，2005）。这样一来，资深的译者会发现沟通情绪相关的信息变得更为容易了——这似乎是一个顺理成章的结论。

情绪表达的改善往往需要一些时间才能显现出来（Kennedy Moore & Watson，2001b），写作水平的提高（更多使用不同的角度和更为复杂的语言）也与更广泛的练习相关（Campbell & Pennebaker，2003）。这就意味着经验丰富的职业译者必然会比新手译者更擅长在写作中表达情绪。大量的实践练习有助于译者学会更深入地思考原文的语言及其他方面（语流、节奏、语域、措辞），也有助于他们掌握罗丝（Rose，2013）所说的强化和升华情绪的技巧。译者的经验越丰富，越有可能知道什么样的单词能准确无误地表达情感（Petrides，2009：59）。

在经过一段时间的翻译实践以后，不擅于情感表达的译者在这方面也会变得更为熟练。由于情绪表达的分数随着翻译从业年限的增长而增长，因此我们可以做如下猜测：（1）情绪表达特质得分高的人可能会选择翻译职业，并成为经验丰富的职业译者；（2）有经验的译者可能经过长期的积累提高自己的情绪表达能力。尽管这种影响的方向尚不清楚，但这种相关性在统计学上非常显著，为进一步研究提出了有趣的研究问题。在第一部分，我曾质疑是否不同类型的写作过程会对传统的情绪表露范式有类似的效果——个案研究的结果进一步表明，也许翻译是一种写作过程，至少在某种程度上可以作为情绪表露和情绪表达能力发展的有效渠道。

职业译者在工作中遇到的情境和场景的变化意味着他们很可能已经学会容忍和适应各种各样的翻译情境。事实上，昆兹利（Kunzli，2004）观察到职业译者比初学者对于模糊的原文文本的反应更为谨慎、更有效。在最近的一篇论文中，我提到成功的职业译者认为一定程度的模糊是可取的，因此能对变化的、不确定的、矛盾的观点做出积极反应（Hubscher-Davidson，待出版）。因为容忍模糊和复杂的情境被认为是一种适应的方法和健康的情绪机能，经验丰富的译者如果学会了容忍模糊，并能在工作中适应性地应对复杂的情境，也会因而从良好的情绪机能中获益。[17]

在之前的章节中我们说道：随着翻译经验的增加，译者逐渐习惯并学会在工作中更有效地管理情绪，以便能够更好地接受翻译带来的挑战。例如，资深译者彼得·科尔（Peter Cole，2013）承认：翻译过程的每一阶段都包含着某种不适和快乐。因此我们推测，随着时间的推移，重复的翻译行为可能会对译者的情绪信息加工能力带来正面影响，减少翻译带来的情绪冲击力。个案研究的结果表明：持续的翻译经验可能会推动某种治愈性变化，这也是斯隆、马克斯和格林伯格（Sloan, Marx & Greenberg, 2011）等学者坚信写作情绪披露所能带来的。翻译经验所能带来的另外一个福利就是可以接触大量不同的客户和读者。据说，为特定的目标读者写作，并对这些读者负责都会提高书面情绪表达能力（Radcliffe et al., 2010）。翻译本身具有共享性，且在翻译过程中，译者会与假想的受众反复互动，从而改善表达出来的情绪的性质，以及情绪表达的质量。

3.2.2 情绪表达与职业满意度、工作成就显著正相关

在个案研究中，情绪表达特质被发现与自我感知的职业满意度和工作成就这两个幸福变量相关，虽然只与前者在统计学上显著相关。第一部分的研究综述清晰地说明通过写作表达情绪与各种健康状况改善（心理的、社会的、生理的）相关。托特戴尔和尼文（Totterdell & Niven, 2014）也强调过在工作场所表达情绪的具体益处。他们认为，通过写作进行情绪表露有助于缓解压力和抑郁，改善心情，提高生活满意度（例如 Sheldon & Lyubomirsky, 2006）。如果情况果真如此，有高情绪表达能力的译者在工作中更快乐这一发现就不足为奇了。

反过来说，对工作满意的译者在情绪上更满足，更会在工作环境中积极沟通。有人喜欢每天都做翻译工作，认为这既有意义又有趣。这些人可能更会带着谢尔顿和柳博米尔斯基（Sheldon & Lyubomirsky, 2006: 74）称为自我协调的目标去工作。如此一来，翻译就变成一项对于译者极为重要的活动，很可能会推动译者持续付出努力、投入情绪并高效地工作。下面的例子很好地说明了译者对作品的积极投入，帮助他们成功翻译出情绪相关的思想。安·戈尔茨坦（Ann

Goldstein)是意大利小说家埃莱娜·费兰特(Elena Ferrante)的《那不勒斯四部曲》的译者,并且是古根海姆翻译奖获得者。他观察到:

> 费兰特看待情绪关系确实有自己的一套。我翻译《被遗弃的日子》(关于一个女人在被丈夫抛弃后,如何重新振作起来的故事)时,我们所有译者试译了第一章后,他们选中了我。我记得自己当时完全被这本书迷住了。它太强大了,它写的是我们都知道的故事,但是作者却能让小说更为情感充沛、更为有趣。
>
> (Ann Goldstein,2016)

在这个例子中,翻译的动机和随后对作品的情绪投入可以说都帮助戈尔茨坦在译文中成功地进行了情绪表达。另外第二部分中讨论过霍利尔胡克(Holierhoek,2008)描述的与人合作翻译的经历。当时,译者的职业满意度大增,使情绪表达得以有效进行。在这个例子中,译者对情绪效价高的原文的操作大大受益于情绪分享和表达。

我们已经在第一部分和第二部分看到情绪加工和对译文的操作是交织的——太多或太少的情绪投入都对翻译不利,就像其对表达性写作有害一样。霍利尔胡克和戈尔茨坦讨论过的那种深度情绪投入,加上适当的掌控情境的技巧都有助于成功而恰当的翻译表现。[18]然而,虽然准确无误地加工和表达情绪肯定对翻译有益,尤其是对翻译某种类型的文本,但是并不一定能确保翻译成功。虽然在本研究中,译者的情绪表达与翻译成功之间存在正相关关系,然而并没有达到统计显著性。而且必须提醒大家:一个人自我感觉能胜任工作并不等同于他的实际工作表现。有关情绪表达和工作成就之间的数据还值得继续探讨。如果能够测试更多的职业译者以了解这两个变量之间关系的性质，那将非常有意义。

总之，职业译者的情绪表达特质和自我感觉的职业满意度显著相关这一事实，从我们现有的心理学文献看来并不令人感到惊讶。事实上，既有的研究已经很清楚地表明：大部分特质情绪智力的方面都与工作满意度直接相关，因为有高特质情绪智力的雇员更善于辨别和管理压力及沮丧情绪，这使得他们能更好地应对工作中的方方面面（如Kafetsios & Zampetakis，2008）。此外，翻译情绪材料是一种将注意力集中到情绪相关行为上的方式。通过这种方式，可以为有着各种习惯性情绪应对风格的个体提供帮助。因此，通过翻译表达情绪有可能会产生情绪的自我效能，从而让人对翻译工作产生积极的情感。

3.2.3 情绪表达与教育程度显著正相关，但与翻译资质无显著相关性

大量文献证明：特质情绪智力是学业成就和认知机能的重要预测指标（如Shao，Yu & Ji，2013）。因此，本研究中的关于情绪表达的特质情绪智力与职业翻译的教育水平显著相关就不足为奇了。我们已经看到书面情绪表达被证明会正面地影响认知表现；书面情绪表达与认知的各个方面以及学术表现都存在正相关关系，比如问题解决能力、推理能力、工作记忆、对细节的关注、分析性加工、创造性，以及更好的信息整合等。这些技能随着追求的学位越高或资质等级越高，变得越来越重要。如果一个人发现和他人沟通越来越困难，越来越难以在写作中找到合适的词汇清晰准确地表达自己的想法，那么她/他也就不太可能在正式的学术环境中像其他更自信的同伴那样表现得一样好。

此外，为取得某种正式资质而进行的复杂的写作（比如博士论文）实践，可能有助于个体更有效和更深思熟虑地表达自己。邵、于

和吉米（Shao, Yu & Jimmy, 2013：110/118）强调：写作既是一项个人活动也是一项互动活动，需要很强的动机和大量的认知努力。高水平的写作很大程度上依赖于作家以具有社交意义的方式与读者交流和共情的能力。大学学术环境中的写作行为一般会将深思熟虑的认知工作和情绪投入结合起来，如乌尔里希和卢特根多夫（Ullrich & Lutgendorf, 2001）所认为的那样——这种做法对情绪表达能力的发展非常必要。

教育（尤其是人文教育）为个体提供了很多机会来写作结构化的文章，并形成精心构思、连贯的叙述文体。我们已经看到：这种类型的写作能够更好地加工情绪，使得个体能够重新获得对自己情绪体验的掌控（如 Kennedy-Moore & Watson, 2001b）。我们已经看到：当我们形成既包含积极情绪又包含消极情绪的叙事且使用的语言越来越复杂时，当我们对自己的情感进行深思熟虑的审视时，就会带来各种各样的情绪上的益处。在最近的一次采访中，伊迪丝·格罗斯曼（Edith Grossman）——以翻译加西亚·马尔克斯（García Márquez）的作品而著名——特意强调了为翻译而进行的写作如何既提供了智力上的刺激，也带来了积极的情绪。

> 我翻译的这篇文章叫作《通灵术》，翻译过程棒极了。通过这个过程，你可以让你某一部分的记忆得到锻炼，这简直就像某部科幻小说一样。我觉得待在家里翻译这个小说比出去与猴子嬉闹有意思得多了。我不用穿戴整齐出去工作，想抽烟就抽烟。这简直太完美了，这是我工作的最佳方式。所以我做得越来越多。
>
> （Edith Grossman, 2016）

183 这段引言表明了在写作活动中将严肃的认知工作和积极的情绪投入结合起来（情绪沉浸加控制）的重要性，众所周知，这是在学术环境中才能培养起来的。译者获得的翻译资格证越高级（硕士、博士等），越有可能在写作中深深地体会到这两个方面（认知和情绪投入）。

情绪调节和情绪表达是两个高度相关的方面（$r = .25$，$p<.01$）。心理学研究文献认为善于调控情绪的人一般也善于表达情绪。例如，我们在第3章提到认知重评这个适应性策略会增强积极情绪的表达。这也进一步佐证了一个观点：认知和情绪工作对于有效的情绪表达都是必要的。

尽管学历和情绪表达特质具有统计学上的显著相关性，获得具体的翻译资质却不与情绪表达相关，这有点令人奇怪。第一，我们已经看到翻译这种活动可以提升情绪加工能力，带来有效的情绪表达和更好的工作表现。第二，我们也回顾了文献，发现修改译文有助于发展监控策略和应对机制，从而提升问题解决的能力和创造力。翻译的行为显然可以将复杂的认知和情绪工作结合起来。翻译资格证与情绪表达不相关有两个可能的原因：

首先，我们已经看到翻译经历与情绪表达高度关联，这说明从事翻译确实有助于情绪表达（或者说有高情绪表达特质的人相较而言有更多的翻译经验）。实际的翻译实践可以在没有取得翻译资质的情况下进行。许多声名赫赫的译者有着职业的翻译经验，也同时拥有其他领域（语言、历史）的学位，但却没有翻译资格证。实际上，翻译资格证在高等教育领域出现得相对较晚。在本研究的受访者中，只有不到一半的职业译者拥有研究生学历。因此，虽然对情绪表达能力而言，有实际翻译经验和受过大学教育很重要，但是具体的翻译资格证的类型其实并不重要。

其次，从表 4.1 可以看到，对情绪表达而言，翻译经验的类型中最为重要的是文学翻译经验。如今，很多坊间传闻或者个人经历都表明大部分翻译学培养项目都致力培养学生从事商业翻译，却避而不教文学翻译，因为它在这个日益扩大的市场中只占很小一部分。这样一来，翻译硕士的课程设置就不太可能像比较文学专业那样，引导个体从事以文学为基础的活动。

3.2.4 情绪表达与文学翻译经验在统计学上显著正相关，但是与在翻译上所花费的时间不相关

如表 4.1 所示，拥有文学翻译经验与特质情绪智力中的情绪表达特质正相关，而且显著相关。

我在之前发表的文章中讨论过这个特别的发现，结论是：文学翻译有助于情绪表达的发展，因为翻译文学作品需要深入理解语言和文化之间微妙的情绪联系。事实上，研究表明，以文学为基础的活动，如文学翻译，可能会对特质情绪智力的发展有益，尤其是对情绪表达有益（Hubscher-Davidson，2016：146）。对于文学和非文学的译者来说，文学翻译经验越多，情绪表达分数就越高。可以认为，翻译文学作品有助于提高沟通和表达情绪的技能。大量学术文献表明，文学活动能够培养特质情绪智力技能，而特质情绪智力反过来又有助于写作表现（如 Ghosn，2001，2002；Abdolrezapour & Tavakoli，2012；Shao Yu & Ji，2013）。

关于翻译过程的最新研究已经表明（如 Lehr，2014；Rojo & Ramos，2016；Rojo，2017），不同类型的情绪会影响翻译表现的不同方面。特别是，莱尔（Lehr，2014）认为积极的情绪可以增加翻译中的创造力。这个发现很有趣，因为：（1）积极心境与特质情绪智力

中的情绪表达特质正相关（Petrides, 2009: 59）；（2）创造性是影响文学翻译表现的关键因素。鉴于此，我们可以推测文学翻译中投入积极的情绪有助于更具有创造性的加工风格以及更成功的情绪表达。这项对情绪和翻译之间关系的开拓性研究为以后的进一步研究铺好了道路，也是理解情绪如何影响译文产出的新发现。

相较于我们之前讨论过的情绪表达与职业翻译经验之间的正相关性，情绪表达并不与译者在翻译上所花费的时间正相关这点，令人有些惊讶。有着多年的翻译经验可能意味着将很长时间花费在了翻译上，而情绪表达却并不与此正相关，有点出人意料。虽然我们尚不清楚为什么研究结果显示情绪表达与在翻译上所花费的时间负相关，但有两点值得考虑，可能对理解这个结果有所启发。

其一，我在第 2 章中提到过情绪感知与在翻译工作上花费的时间负相关。一个可能的原因就是，经常性的翻译，但不一定是高强度的翻译实践，可能会有助于更好地监控情绪过程，随着时间的推移，会有助于发展情绪感知技能。同样的道理也适用于此：多年的常规性翻译实践有助于发展情绪表达技能，但是每天连续翻译数小时不太会引向积极的情绪后果。事实上，我们已经在第一部分看到：只有数周甚至数月的定期翻译练习（反复练习），情绪表达的改善效果才会慢慢显现出来；而且长时间深度参与情绪表达可能会有适应不良的后果（如 MacRoBert，2012）。如果我们想象那些将大部分工作时间用于翻译的译者（这些译者的主要收入来源是翻译工作）并没有多少机会选择他们翻译的种类、交稿的最后期限，甚至在每一次翻译任务上花费的时间，我们就更容易理解这些条件对发展情绪表达技巧并不有利。相反，在那些偶尔从事翻译，并且接到的是一项特别有趣的翻译任务的人身上，情绪表达更容易发展起来，因为他们有时间和自由去按自己的节奏翻译。尽管如此，为了充分理解这一结果，有必要进一步研究译者对文本的情感投入的频率和强度。

其二，关于创造性写作的研究也对情绪表达与在翻译上花费的时间之间的负关联有一些启示。像译者一样，创造性写作的作者也不得不表达不一定属于自己的感情。麦克罗伯特（MacRobert，2012：349）认为，提供替代性的情感体验对作者来说是一个沉重的负担，而且我们已经在前几章看到译者必须深挖自己的情绪体验以产出好的作品。所以创造性写作研究发现作者的情绪投入与他的精神健康之间是有关联的：情绪上过度投入写作可能对作者的精神健康有害（Kaufman & Sexton，2006）。因此，这些研究者提倡作家们不要长时间地从事小说创作。事实上，学者们建议在一段时间进行短时间的写作，定期休息一下，可以通过进行正念练习、沉思、心理辅导，以及使用技巧来调节写作过程中过山车般上下起伏的心情（MacRobert，2012）。这些发现可以推广到那些可能进行数小时翻译的职业译者身上。考夫曼和塞克斯顿（Kaufman & Sexton，2006：276）观察到作家被吸引从事这个职业的时候，可能并没有意识到全职写作会给他们带来情绪上的伤害。所以本研究对下面的假设又增添了新的证据：经常性的但是强度不太大的翻译可能有助于情绪表达的发展，尽管不能仅根据本研究的结果得出结论。

4. 结论

翻译可以被视为情绪表达的一个途径，也可以被视为应对情绪的可能的手段和方法。在第1章中，我已经证明翻译是一种表达方式，且如果它是具体认知和人际加工过程的结果，那么翻译也可以是适应性手段。像其他一些成功的情绪表达的作者一样，高水平的译者通过意义创造过程来处理思想和感觉，形成叙事，采取社会导向的视角，善于通过持续的写作练习来传达情感。当它发挥作用时，翻译就是一种增强自我意识和加工情绪信息的手段。个案研究证明有着高情绪表达能力的职业译者在工作中可能更有经验（尤其是在文学翻译方面）、更称职、更快乐、更成功。与其他形式的表达性行为相比，写作在情绪表达文献中受到的关注较少（Collier，2014），这一点非常重要，因为它强调了其他领域的研究者在跨学科研究中可从事的新领域（参见 Gentzler，2003）。

下一章将对本研究的主要发现进行总结。

注释

1. 这一观点也适用于译者。在之前的章节中也讨论过，译者也许在阅读原文文本时体验到了各种情绪，但是这些情绪需要控制，这样它才不会成为翻译过程中的阻力。情绪体验可能会对情绪表达产生积极影响。我们将在下一节中探讨这一点。

2. 务必记住，情绪调节与感知的区别也是人为的，内在情绪与外在情绪之间没有明显界限。克鲁格在其一篇引人深思的论文中总结了杜威对此事的看法，强调说情绪体验是通过外在行为表达出来、保留下来的，情绪和表达并非被分开或者仅仅是"偶然关联"（Krueger，2014：146）。这意味着情绪表达是一个更为复杂的过程，绝非一个模型可以包括的。

3. 应该注意的是，虽然写作是一种有意行为，但自发的和有意的表达行为之间的传统区分一直受到质疑。肯尼迪-摩尔和沃森（Kennedy-Moore & Watson，2001a：19-20）认为很难区分二者，而且许多表达的例子并不容易归类或控制。

4. 前期反应抑制被马丁和克恩斯（Martin & Kerns，2011：267）定义为意识控制的一个方面，需要一边维持任务目标，一边如遵守任务说明一样体验自动化的但是却不恰当的反应。这些学者以斯特鲁普的任务为例，因为它涉及前期反应抑制，如当参与者被要求在说出刺激物的颜色的同时眼睛看着另外一个不同的颜色。

5. 洞察词汇包括诸如理解、意识到、以及，因果关系词汇如因为、原因（Baikie & Wilhelm，2005：342）。

6. 根据史密斯、彭纳贝克和阿里戈（Smyth，Pennbaker & Arigo，2012：182）的研究，书写自己的经历会增加一个人对该经验的自我觉察；情绪表达有助于稳定个体对充满情绪的情境的反应，这些都意味着通过写作披露情绪可以影响一个人的情绪调节能力。我们已经在第3章看到，情绪调节策略和知识可以构建我们表达情绪的方式，所以用第3章讨论的方法来扩充情绪调节知识从逻辑上来讲可以帮助个体增强有效表达情绪的能力。

7. 写作的题目可能不重要，但是情绪性写作的类型却很重要。考夫曼和塞克斯顿（Kaufman & Sexton，2006：268）认为叙事的形成对心理健康是必要的，而没有形成结构化叙事的碎片化写作（如诗歌）实际上可能对作者有害。这一点在第二部分进一步讨论。

8. 虽然已经有理论认为男性比女性从书面情绪表露中获益更多，但目前尚没有证据证明性别在写作—健康关系中所起的作用。

9. 本段摘录自我委托撰写的荷兰语文章的英译本。

10. 有趣的是，对多语者的研究指向这样一个事实：甚至那些对两种语言都同样熟练驾驭的个体，在表达情绪时对两种语言的使用也难以平分秋色（如Dewaele，2016）。

11. 罗斯翻译诗歌的方法（将最初的情绪反应和后来的反射过程分

开）本身就是在规划，可能会对成功的诗歌翻译有益。

12. 除了体验到二手情绪，译者可能还要处理用他们的第二语言写成的原文。这更增强了距离效应，因为第二语言经常被人认为不那么"情绪强烈"。

13. 威特韦尔的观点尤其有问题，因为他并没有定义"情绪同情"这个术语。有很多概念与这个观点有关（如认知同理、情感同理、替代情绪），感受到的情绪类型定会决定反应的适当性（是否被表达、加工或压抑等）。感谢马蒂亚斯·阿费塔勒指出这一点。

14. 这里值得一提的是，从母语译入或译出区别不大。虽然证据显示很多译员都是译入他们自己的母语，但是市场上的情况却意味着并不总是这样。需要承认的是，用外语表达情绪对译员来说，要比将外语表达的情绪译入自己的母语困难得多。母语一般有更强烈的情绪（参考 Dewaele, 2013）。翻译中的情绪表达似乎受译者使用的语言影响，因为据说第二语言可以使多语者从情绪事件中抽离出来（同上）。尽管如此，文献强调，一个高度社会化、第二语言高度熟练且在真实环境中用第二语言交流过的人，如职业译者，非常有可能能够用两种语言同样熟练自信地表达情绪。

15. 有趣的是，科尔布（Kolb, 2013）研究了文学翻译中的决策制定，她也观察到了类似的现象。在她的研究中，一位译员在阅读原文文本时建构了非常私人化的意义，由此产出的译本见证了该译者与原文文本的深入沟通。与此同时，科尔布提出：在产出目标语文本时，她对读者隐瞒了这种与文本的强烈互动。她并没有解释这么做的原因，但是我们猜测译者可能会认为目标语读者会对这么强烈的情绪感到不适。

16. 关于这个研究的详细描述（参与者、研究工具、过程等），请参考第1章。

17. 事实上，许布舍尔－戴维森发现对模糊的容忍与特质情绪智力下的情绪表达维度有统计学上的显著相关性。

18. 翻译过程中的合作翻译和其他形式的口头披露的好处经常被研究翻译过程的学者所强调，这也可以为有关情绪表达主题的心理学研究设计提供有用的信息。独白或对话（有声思维过程）可以构成情感表达的媒介或渠道。

第5章

结束语

> 只教育头脑而不教育心灵，那根本不能称之为教育。
>
> ——亚里士多德

1. 主要研究结果摘要

实证研究的结果中值得注意的是，译者自我感知的情感技能与一些社会生物变量之间存在联系。这些研究结果为证实情绪对人们生活各个方面的影响增加了大量新证据。在维度这一层面，一方面已经发现了情绪调节与情绪表达显著正相关，一方面也发现情绪调节和职业翻译经验、教育程度、文学翻译经验等变量在统计学上显著正相关。此外，还发现情绪表达和职业满意度之间显著正相关。虽然第3章和第4章中的文献综述没有强调年龄对于情绪调节与情绪表达的影响，我们可以从附录2中看到情绪调节和情绪表达都与年龄显著正相关。

在因素这一层面，情绪性和年龄、职业翻译经验、职业满意度等变量存在统计学上的显著正相关性；而且自我控制与职业翻译经验、受教育程度、文学翻译经验等变量也显著正相关。在翻译上所花费的时间与情绪性这一因素显著负相关。

仔细阅读这些研究结果就会发现，有高情绪能力的译者具有的特点可能是：更成熟／年长、受过一定的教育、有多年的职业翻译经验、对工作满意、有一定的文学翻译经验。情绪智力高的译者更可能在翻译的同时从事其他专业活动，因此不会将大部分时间用于翻译。

研究结果表明，情绪特质对译者起着重要作用的四大主要领域是：职业满意度、经验和年龄、受教育程度、文学翻译。尽管前几章已经详细讨论了这些发现及其对译员情感过程不同组成部分的影响，但是现在既然我们已经到了研究的尾声，还是有必要进一步回顾和概括一下主要观点。

1.1 职业满意度

本研究已经证实，职业满意度与情绪表达呈显著正相关，也与总的特质情绪智力显著正相关（如 Hubscher-Davidson，2016）。越来越多的文献证明，我们在第 1 章所述，特质情绪智力可以预测在工作场所一些关键的表现：如工作投入程度、创业行为、领导力等；特质情绪智力还与工作压力及工作倦怠负相关（Petrides et al.，2016：338）。

最近的证据证实了情绪智力对我们生活的方方面面造成了影响。在一项对情绪智力的元分析中，苗、汉弗莱和钱（Miao, Humphrey & Qian，2017a）证实：特质情绪智力与组织公民行为[1]正相关，与反生产工作行为[2]负相关。这些学者因此认为当适当管理和激励时，情绪可以激发创造力，促进决策制定。在论文结尾，学者鼓励从业者将

---

[1] 组织公民行为（organizational citizenship behavior，简称OCB），它是指在组织中组织成员主动做出的，并不被一般绩效考核体系囊括的，但总体上可以提升组织工作效率的行为。

[2] 反生产工作行为会伤害组织或组织中利益相关者的利益，包括员工和客户。

情绪智力测试纳入选拔人才过程，尤其是对那些以情绪为基础，需要经常管理情绪的工作。在本研究中，我们已经看到翻译必然涉及大量的情绪管理，高情绪智力可以提高作者应对工作挑战的能力。富有成效的工作行为、创造性，以及较高的问题解决能力都是译者理想的品质特点，因此在译员培训和员工进修项目中增加对译员的情绪智力评估似乎是合乎逻辑的。同样，罗德里格斯-卡斯特罗（Rodriguez-Castro，2016：224）发现，对于翻译公司老板来说，在译员生涯中的各个阶段关注其内在和外在满意度是非常重要的，这样才能让他们保持干劲和生产力，减少损耗。

在对情绪智力的另外一项元分析中，苗、汉弗莱和钱（Miao, Humphrey & Qian, 2017b）发现特质情绪智力有助于使人获得工作资源，且工作资源和情绪智力都对提高职业满意度有帮助。这些学者因此强调所有人都可以通过运用情绪智力来提高他们的职业满意度。虽然不敢确保情绪智力比其他因素在决定译者的职业满意度上更为重要，但是存在这样一个越来越难以忽视的事实，即大量文献已经表明特质情绪智力与很多东西相关，如生活满意度、职业满意度、工作表现，以及心理健康。情绪智力高的译者，像其他高情绪智力的个人一样，可以在情境需要的时候激活情绪智力，例如对工作投入情绪，利用情绪智力控制负面情绪和维持积极的情绪，使他们能完成工作目标，并在工作中茁壮成长。鉴于此，翻译公司的老板和翻译培训人员都应该留意译者的情绪特质和他们的职业满意度之间的联系，尤其是最新的证据表明，翻译可能是一个过渡性质的、地位较低的、收入不高的职业（Dam & Zethsen，2016）。情绪智力高的译者可以建设性地评估自己的工作环境，有效地管理压力，做出适应性反应。显然，这都取决于译者在工作中照顾自己和他人感受的能力。

1.2 经验

本研究发现，职业翻译经验与情绪性和自我控制，更确切地说和情绪调节和情绪表达呈显著正相关。年龄变量与情绪性因素也显著相关。经验和年龄与译者的情绪素养之间的关系可能是本研究最不让人感到惊讶的发现之一。

最新的证据表明发展性变化（年龄和经验）可以影响我们对情绪的处理。随着年龄和经验的增长，个体辨识、理解以及体谅别人情绪的复杂能力也与日俱增（Magai，2008：377）。如此，年龄更大、经验更丰富的译者就更容易辨识和控制自己的情绪状态。事实上，随着译者逐渐成熟，获得越来越多的翻译经验，他们学会了更好地处理在工作中碰到的情绪信息。他们会在个人发展和事业进步的同时，磨炼自己的情绪技巧。他们很有可能更善于理解和处理自己的情绪以及他人的情绪。随着经验的积累，译者变得能够熟练揣摩和处理客户的期望以及目标读者的需求，更善于使用适用性应对策略。这些策略反过来又会提升他们的工作投入程度和总体幸福感。事实上，我们已经看到经常承担情绪相关的任务可能会改善一个人对情绪相关信息的加工和沟通，这一点我将在本章的建议部分详细阐述。

虽然我们已经在第1章提到过，人格特质和气质在一段时间内相对稳定，因此情绪技能需要时间和精力来培养，但是泽德纳和马修斯（Zeidner & Matthews，2017：177）认为反复练习可以提升某些情绪应对技巧、能力和行为。

玛盖（Magai，2008：378）也声称随着年龄的增长，"人们会表现出更强的体验和表达复杂的情绪的能力，展示出更强的情绪调节能力，体验和反映对他人痛苦更多的同理心，维持和滋养人际关系等一系列能力"。这些论点用翻译过程研究的角度去观察尤其有意义。翻译过程学认为，一些与翻译专业技术相关的具体能力会随着经验的增长而增长，尤其是某些软能力（例如情绪调节能力）可能与某些专业技能的学习相关（Tiselius & Hild, 2017: 429/438）。达姆和泽森（Dam & Zethsen, 2016: 182）最近研究了那些终身从事翻译的译员，为我们描绘了一个有长期经验的职业译者的形象——尽管大部分时间他们都得不到社会的认可和欣赏，这些译者仍然可以用非常积极的字眼描述他们的工作：激动人心、带来欢乐、带来自信、振奋人心、非常刺激、智力挑战等。我们还不能确定到底是译者的情绪技能随着经验的增长而增强，还是译者的职业经验增长是因为已经具备一些情绪技巧，但显而易见的是，这两者是齐头并进的。

在情绪研究文献中反复出现的一个术语是"习惯化"。我们已经在前几章提到过：随着经验增长，个体更善于在工作中管理情绪。这可能也是因为习惯化，习惯于强烈情绪的影响。事实上，随着经验的增长，所有译者都在实施适应性的、不太费力的策略上面获得了大量的练习机会，这使得他们能够处理工作中涉及的情绪。重复性地将情绪经验翻译成另外一种语言的行为迫使译者动用认知能力来发现这些情绪经验的意义，从而将它们结构化，用不同的方法表达或再次表达，解读或再次解读这些情绪，最终使译者能够忘记这个事情。虽然这种做法对于新手翻译来说并不一定感到舒适，但"时间会让一切变得简单"这句谚语是有道理的。因为人们相信对于负面刺激的习惯化会减少个体的负面情绪反应，所以很有可能译者会变得习惯于在工作中对负面刺激做出反应，从而抵消挑战性事件的情绪冲击力。因此，习惯化会随着年龄和经验的增长而发展，并有助于改变译者对特定情境的行为和反应。从这个角度来说，我们可以认为，翻译经验可以以一种重要的方式影响情绪的发展，提供新的视角让人们去感知、调节和表达情绪经验。

同样有趣的是，在最近对译员的手势语言的研究中，人们也发现经验与长期的毅力和意志力相关。麦卡特尼（McCartney, 2016）发现那些有着多年从业经验的口译员在毅力这一项目上得分最高。也就是说，口译员从事这个行业时间越长，就会变得越坚定，遇到阻碍会更愿意坚持下来。看起来，长期面对年龄和经验带来的挑战，对译者，包括口译者学习如何应对工作相关的问题起着重要的作用。像麦卡特尼（McCartney, 2016: 47）一样，我认为更彻底地探索诸如毅力这样的人格特质如何随诸如多年经验等因素而波动，一定很有意思。

1.3 受教育程度

我们在第1章提到过，特质情绪智力与教育系统内部大量的变量有关，包括学术表现和学术贡献。泽德纳和马修斯（Zeidner & Matthews, 2017）甚至提到过情绪智力可能与学术天赋有关联。我们之前也强调过就本研究中的职业翻译而言，受教育程度越高，情绪智力调节水平和情绪表达水平越高。与更多的心理学文献和其他语言相关的研究（如Dewaele, 2010）一脉相承的是，在本研究中总的特质情绪智力与受教育水平显著相关。受教育水平与情绪机能相关有一定道理。确实，因为特质情绪智力使个体能够更好地应对学习过程中的情绪压力和焦虑，所以它能对学术成就造成积极影响（Petrides, Frederickson & Furnham, 2004）。这一发现强调了译者在接受培训过程中保持情绪健康的重要性。

泽德纳和马修斯（Zeidner & Matthews, 2017: 165）认为"学生会在教室和日常生活中遇到各种不同强度的积极和消极情绪，每一种情绪都会涉及他们的情绪能力和技巧"。这对于语言类学生来说的确如此。因为语言类学生在成功地完成一个挑战性任务时会体验到积极情绪，而当团队工作影响任务表现时，他们可能会体验到负面情绪。在学生的学业生涯中，他们会经历丰富的情绪体验，所以他们在学习环境中待的时间越长，处理工作中或工作相关的认知和情感问题就越得心应手，尤其是当我们认可特质情绪智力是可以改变的这一观点时。[1]

然而，正如我在第3章和第4章中指出的，在本研究中，当涉及特质情绪智力时，翻译资质并不比其他项目更为重要。这一发现最初令人惊讶，因为研究表明，特质情绪智力可能会通过赋予某些需要考虑情感相关问题的学科选择性优势，从而影响学术表现，如文学、艺术、设计等（Petrides, Frederickson & Furnham, 2004）。人们不禁会问：越来越技术化和商务化的翻译学课程是否在一定程度上不利于发展梅西（Massey, 2017: 510）所说的翻译能力的"心理、生理维度"，尤其对管理情绪的能力无益？

事实上，至少在英国，翻译是否可以被视为人文学科尚有争议，因为学位证书上很有可能印着 Bsc/Msc 这两个缩写单词（一般指的是理科文凭），也有可能印着 BA/MA 这两个缩写单词（指艺术文凭）。有趣的是，本研究中具有较高特质情绪智力的职业译者通常都有传统人文学科的文凭，如比较文学、历史和艺术。这一发现与其他研究的发现一致。这些研究发现了不同大学里各系的学生在特质情绪智力方面是存在差异的。例如：桑切斯-鲁伊斯、佩雷斯-冈萨雷斯和佩特里迪斯（Sanchez-Ruiz, Perez-Gonzalez & Petrides, 2010）发现艺术类学生在情绪性这个方面比工科学生得分要高。

正如佩特里迪斯、弗雷德里克森和弗纳姆（Petrides, Frederickson

& Furnham, 2004）强调的,确定情绪特质与教育水平之间存在联系的过程并不容易,尤其是因为这些过程可能是双向的。尽管如此,从本研究和其他研究中很容易发现情绪与学业表现相关,并且所学的科目类型可能在情绪特质和教育水平之间的联系方面具有不同的作用。由于情绪特质已经被证明对职业译者的职业满意度和从事翻译行业的时间有着积极影响,因此,译员培训课程应该考虑学生的情绪发展。未来要考取特定翻译资格的译者需要像选择其他资格考试的人员一样接受情绪教育。

鉴于教育水平和特质情绪智力之间关系的方向尚不明确,对于翻译资质似乎并不能像其他项目那样有利于培养出具有高情绪智力的译者这个问题,可能还有其他的解释。与其说是翻译培训有缺陷,不如说是有着高特质情绪智力的个体可能被吸引到他们认为比翻译更与情感相关的科目中去了(暂且不论他们的感觉是对的还是错的)。无论是上述哪种情况,对于翻译教育者来说都是重要的问题。因为从培训机构毕业进入翻译行业的人如果既受到充分的培训,又有很好的情绪机能,将更符合翻译教育者的期望。亚里士多德的名言稍加修改后在这里一样适用:只培训译者的头脑而不培养他们的心灵,那根本不能称之为教育。

1.4 文学翻译

本研究最具启发性的发现是文学翻译经验与特质情绪智力中的情绪调节和情绪表达这两个因素之间存在显著正相关性。我在其他研究中曾经提到过（Hubscher-Davidson, 2016）,在受访者中,职业译者的特质情绪智力与文学翻译经验正相关。这一发现与许多研究文献是一致的,表明以文学为基础的活动可以提高人的特质情绪智力和写作能力；高情绪智力的个体更可能成为成功的作家（如 Abdolrezapour，2013；Ghosn，2001；Shao, Yu & Ji，2013）。事实上，研究文献向我们证明了从事创造性的文学写作有助于提升沟通能力和表达情绪的能力。我们已经在前章也提到，翻译文学作品需要情绪投入、情绪分享和情绪疏导，文学翻译经验可以帮助磨炼译者的情绪技巧和直觉。

本研究揭示了文学翻译经验提高译者情绪智力的具体方式，今后的研究将进一步探讨哪些策略尤其具有适用性。我们在前面几章提到过，从事文学翻译包括下面一些（具有潜在适应性的）过程：将自己代入作品角色、捕捉情绪线索、习惯于诱发情绪的刺激、与读者分享/传递情绪、反复实施调节策略。随着经验的积累，这些策略在认知上的压力会越来越小。

翻译文学作品时，有意地练习实施适应性应对策略对于来自不同背景的职业译者来说是一个学习整套情绪技能的好机会。可以假设，这种刻意的练习可能会让职业译者产出质量更高的目标语译文，无论译者先前习惯的是翻译哪种体裁的文本。事实上，赫维尔普兰德和德拉格斯特（Hvelplund & Dragsted，即将出版）发现，专门翻译某种体裁文本的译者会获得某种"原语熟悉度"，能够在翻译过程中使用自动化的策略解决问题。因此可以推测，译者在文学翻译过程中学到的策略（希望是适应性的）最终会被自动化，被有效地用于解决翻译问题，如将原语的语气和风格转换到译文中去。在翻译文学材料时，自动化的和刻意的策略都会影响情绪的发生和体验。

如前所述，情感与所有类型的写作和翻译活动都十分相关，甚至那些没有情感成分的写作和翻译活动。因此译者在翻译文学作品时学到的策略可以用在翻译其他题材或文本类型上。文学翻译可以是一种练习活动，让译者在一种安全的环境下尝试实施策略，因为我们已经看到：比起那些以事实为基础的事件和人物，文学事件和角色都不太可能引发极端情绪。在心理学文献中，有人（如 Hoyt, Austenfeld & Stanton, 2016）建议：可以通过创造性写作的途径探索策略的使用和各种情绪加工风格的益处。文学翻译正是这样一种创造性写作活动。

文学翻译带来的益处并不止于此。我们在第3章中提到，使用适应性的情绪调节策略将使人减少疲惫感、压力和表面扮演（surface acting）；还能提升个人洞察力、促使对挑战性工作保持开放性和积极的心态。这些都是职业译者的理想品质。如果文学翻译能促进这些品质的发展，那么可以在设计培训课程时将它们纳入其中。从这个意义上说，对文学翻译进行一定程度的日常培训和练习似乎非常有用，这种活动不应再被视为可有可无——它具有明显的价值，超出了公认的文化意义和声望。

尽管如此，虽然研究证明了某些特质情绪智力与翻译经验（文学或非文学）之间的重要联系，但是关于特质情绪智力的具体方面与在翻译上花费的时间变量之间关系的研究结果却是非常复杂的。也就是说，虽然翻译经验与特质情绪智力有关，但职业译者用于翻译的总工作时间似乎并不能预测特质情绪智力得分。情绪调节的确与这一变量（工作时间）之间存在正相关关系，究其原因，也许是因为高强度的翻译工作为译者提供了练习情绪调节的机会，但也可能是因为情绪调节水平高的译者永远干劲十足，愿意花费更长的时间在翻译上面。然而，这种联系并不具有统计学上的显著性。虽然从表面看来这一发现令人惊奇，但相关参考文献却为我们提供了可能的解释：定期的翻译练习比长时间的高强度翻译活动可能更有助于发展情绪感知和表达的技巧。因为长时间的翻译可能会令人筋疲力尽、情绪枯竭，会损害健康及认知加工能力；而短时期的翻译、有规律的休息可能更符合译者的利益，尤其是在翻译具有挑战性的、耗费心神的情绪性文本时。长时间的定期翻译实践，可能会减轻全职翻译带来的情绪损耗，最终会提高译员的情绪加工水平和自我监控水平。

什里夫和安吉隆（Shreve & Angelone，2011）的研究强调了职业译者自我调节、自我监控的关键作用。这些能力被定义为"能够反省、规划，并刻意地、有策略地对问题解决的过程进行控制"（Angelone，2010：19）。这些学者认为具有这些能力的职业译者将会发展出更有效的工作机制（Shreve & Angelone，2011：110）。通过一段时间有规律但强度不太大的工作，译者就能够投入必要的时间和精神资源以有效地规划、反省和解决问题。这似乎特别重要，因为解决问题可能非常复杂并且劳神。

2. 对教学和职业发展的启示

2.1 总体设想

李-扬克（Lee-Jahnke，2005：361）和梅西（Massey，2017：497）强调，以过程为导向的研究方法有着教育学上的潜力，因为它会使人更好地理解导致翻译质量差异的不同过程，例如，通过从职业译者那里收集资料识别成功的行为模式。本研究收集了职业译者的相关资料，确定了可能对翻译表现产生积极影响的具体行为。例如，我们已经看到，学习管理翻译工作中的情绪过程与翻译经验和职业满意度是并行不悖的，而后两者显然有可能影响翻译质量。特质情绪智力对真实世界的意义在翻译研究和翻译行业中目前都是被低估了的，尽管如此，这些研究发现对于翻译教学有着巨大的启示。

鉴于在翻译工作中可能存在情绪投入，译者必须在培训阶段和职业发展阶段做好准备去驾驭他们在本行业工作时可能遇到的情绪。对于准备进入翻译行业的学生来说，花点时间反思一下他们情绪的触发点，想想如何处理有可能引发强烈情绪的各种文本和场景，是非常有必要的。翻译培训讲师可能会考虑是否有必要在培训中积极地培养这些情绪技巧，因为这些技巧以后都是会在翻译工作中培养起来的。然而，在入行早期就接触这些话题，可能会在一定程度上帮助译者为未来的职业生涯做好准备，可能会影响他们未来对本专业的投入程度。

虽然关于提升译者的心理技巧在其他文献中（如 Atkinson, 2014）也被提到过，但是在翻译教育研究领域，这一课题还未受到关注，尽管这两者密切相关。佩特里迪斯等人（Petrides et al., 2016：338）认为，在职业心理学领域以及在就业指导和就业培训实践中，都应该对特质情绪智力予以认真的考虑。培训者应该帮助译者提高自己的情绪能力，尤其是因为这样做能使他们在工作中尽快获得资源，提升职业满意度（参见 Miao, Humphrey & Qian, 2017b）。在翻译培训项目中触及情绪发展问题可以帮助译者更有技巧地应对工作中充满情绪和困难的问题，以及在情绪劳动之后缓解压力感和情绪枯竭感，发展自我察觉和对于工作的平衡态度，并更为有效地应对环境的要求。然而，有两点需要注意：

首先，如第 1 章所述，尽管最近有迹象表明，情绪机能在一定程度上是可塑的，而且特质情绪智力可能发生改变（如 Kotsou et al., 2011），但是鉴于特质情绪智力是一种广泛的人格特征，很有可能在一生中保持相对稳定。我们已经在之前的章节中看到特质情绪智力的改善是非常短暂的。特质情绪智力量表强调，有两种主要方法可以促使特质情绪智力的改变。

第一，一个人的生活境遇中发生的不可预见的严重事件（离异、快速升迁、健康问题）可能对人格的所有方面产生显著而长久的影响，包括特质情绪智力。第二，个人有意识的努力会带来个性的改变。

（Petrides，2009：21）

这些个人有意识的努力正是翻译培训可以关注的地方。必须牢记的是，这种人格发展需要付出大量的努力。佩特里迪斯（同上）的报告声称，比起尝试改变潜在的人格特征，通过努力管理人格倾向的外化来改变行为，更有可能取得成效。所以，特质情绪智力训练只有当致力改变行为时才是最有效的，"最好直接培训必需的技巧，而不是寻求改变情绪智力中更为模糊的特点"（Matthews，Zeidner & Robert，2017：323）。有趣的是，最新的研究已经表明情绪智力培训项目在改善心理、生理和社会适应力，以及在压力环境下培养韧性等方面非常有效（Austin & Saklofske，2014；Nelis et al.，2011；Mikolajczak & Bellegem，2017）。

第二点要注意的是：并没有一个理想的高情绪智力的人物特征模板。某些情绪智力方面可能在某些情境中是有利的，而在另外一些情境中却是不利的（Petrides et al.，2016）。重要的是，要记住有时特质情绪智力得分高，也可能会导致适应不良，这取决于具体的情境。一个有着高情绪感知能力的译者在阅读令人悲伤的原语文章时，可能比在这方面得分低的译者体验到更大的情绪低落，这会给翻译过程带来不好的影响。如果特质情绪智力评估要被用于译者培训以及之后的职业发展，那么就应该牢记需要给应试者提供情境化的反馈（Petrides，2009：8）。

与此相关的是，还要记住，不论是积极的还是消极的情绪都可能产生积极或消极的后果。我们已经看到有益的或适应性的情绪体验并不一定是愉快的，已经有充分理由支持在情绪性的写作范式中将"积极"和"消极"的情绪结合起来（Hefferon，2015）。因为积极和消极的情绪，根据其持续的时长和背景，可能会导致适应性良好或不良的后果。翻译培训者应该考虑与译员们一起探索海耶斯和赫弗伦（Hayes & Hefferon, 2015：80）称之为积极情绪的"阴暗面"以及消极情绪的"光明面"。只有这样，才能帮助译员培养出有益的情绪，以备后用。

当然，正如有一些个体不会从致力提高情绪加工能力的、以情绪为中心的写作干预中获益（Frattaroli，2006），一些译者也有可能不会从情绪智力培训中受益。西利等人（Seeley et al.，2017）提出：带有情绪加工成分的写作最适合那些有能力加工与压力相关的情绪的人，这对译者同样适用。译者的个体差异可以调节以情绪为中心的干预措施的益处。关于译者的气质与他们对培训的适应性之间的相互影响，不在本书的讨论范围之内，但这是一个在教育干预背景下值得探讨的话题。

根据现有文献，情绪自我效能的变化在经过几周的培训之后非常明显，随后可以保持大约一年时间（Petrides et al., 2016）。这就意味着，定期培训对于保持一个人的情绪感知、情绪调节、情绪表达的技巧非常必要。如果我们考虑到翻译可以作为情绪表露和其他一些适应性情绪反应的渠道（见第4章），那么需要时间和练习来提升情绪效能这一事实可以部分解释本书的研究发现，即翻译经验与情绪感知能力强有关。确实，有经验的译者会有更多的机会承担情绪性工作并从中受益。因此，旨在提高情绪能力的译者培训可以为译者提供必要的时间和空间，以发展他们所需的自我意识、自我监督、洞察力、反思，使译者从情绪性工作中获益并学会识别成功或不成功的策略和行为。在当今许多速成且以技术为主的翻译培训项目中,训练译员自我监测和反思能力的机会变得越来越少。

培训可以包括小组讨论、角色扮演、翻译日记、自我观察等。通过自我观察,鼓励译者体验和练习各种方法和基于某种理论的策略,以发展各种情绪能力。根据科特斯等人(Kotsou et al., 2011:830)的研究,情绪加工领域的训练课程通常致力提升"参加者用适应性的方式处理情绪困难和压力的能力"。参加者通过克服困难情绪而不是回避或抗争困难情绪,学会改变与困难情绪的关系。正如其他研究中(Hubscher-Davidson,即将出版)提到的,集中培训可以提升译者的特质情绪智力水平,对于行为的改变产生实在的影响。译者的特质情绪智力培训可以通过下面三个步骤进行:(1)设计翻译练习,为译者提供多种多样的引发情绪的挑战,帮助他们获得在情绪参与的情况下做出决策的经验和耐性;(2)定期让译员们以小组形式讨论引发情绪的文章,以便他们接触到不同立场的观点和态度,知晓应该怎样处理引发情绪的翻译,在不过度焦虑的情况下,找出成功处理译文的方法;(3)积极宣传在有可能诱发情绪的情境中从事翻译的益处,让译者建立起责任感,以发展特质情绪智力技巧。

前几章中提到过的可以纳入译者培训的技巧包括"彭纳贝克式"写作干预,即考虑到隐性受众的叙事写作、积极写作,以及其他情绪驱动的沟通练习。首先,学员需要先填写一张关于情绪的问卷调查表——这一简单过程很有帮助。本研究中的受访者均报告称在完成特质情绪智力量表后有一种新的自我觉察:"我知道了关于我自己的几件事";"这个调查表让我对自己进行了很多思考,虽然它未必总是一件好事,但是总得做,不是吗?"

如前所述，通过采用适应性策略，承担文学翻译任务可以为学生和职业译者提供提高情绪能力的机会。在我看来，译者培训应该包括精心设计的针对情绪和情绪应对策略的文学翻译活动。文学作品的翻译对于有经验的译者来说也是合理的职业培训，对那些没有或只有很少文学翻译经验的人来说，尤其如此。我们已经看到文学译员的知识背景和他们受到的译员培训可能早已经使他们习惯于情绪工作的挑战。因此，在这一领域进一步积累经验对于他们来说，可能并没有像对非文学译者那么重要，因为对于后者来说文学翻译带来的情绪激发可能会产生更积极的影响。

因此，无论职业译者未来是否会获得有偿文学翻译工作，我都认为文学翻译应该被纳入译员培训项目以及 CPD 活动（非持续专业进修）。近来，英国华威大学新开设了一门有关文学和心理健康[2]的未来学习课程，课程名为为幸福而读。该课程致力展示诗歌、戏剧、小说如何帮助个体理解和应对深层的情绪压力。本书推荐的方法（将文学翻译作为一种提升职业译者情绪健康水平的手段），推广的是类似的理念。从事以文学为基础的活动可以磨炼译者的情绪技能和直觉，这对翻译各种体裁的译者都有用。

泽德纳和马修斯（Zeidner & Matthews，2017：170）观察到开设旨在提高情绪智力和社交能力的培训课程已经成了许多学校的优先选择；研究也证明在学术环境中有效地实施情绪智力干预会带来许多积极的影响。这两位学者提供了一套情绪智力培训的课程大纲，也可以用在翻译培训项目上。最重要的是，他们强调培训情绪技巧应该包含对个体差异的尊重、对环境的敏感，避免简单化的建议，以及扩展个体应对困难局面的能力和增强个体自我洞察力（同上，177）。舒特、马洛夫和索斯坦森（Schutte, Malouff & Thorsteinsson, 2013）也就未来的研究如何揭示什么类型的培训最能有效地提升情绪智力提出了建议。他们建议将重点放在探索正念干预等上。

在口译研究中，邦特波和马尔科姆（Bontempo & Malcolm, 2012）提出了一些有用的保障措施，以便在口译员培训中处理具有情绪挑战性的内容，对于希望在翻译培训课堂上探讨这些问题的教育工作者们来说，这些内容都是必读的。如果进展得好的话，关于情绪能力，尤其是情绪调节的培训可能给译员们带来很多益处，事实已经表明相关培训可能对译员产生重大影响，其对心理健康、自尊和幸福感、社会关系、就业能力都有显著影响。在学校的课程表中加入致力改进情绪智力的课程，从长远来看，甚至可能会为学校减少财政开销（Makolajczak & Bellegem, 2017）。

2.2 实际的策略

本论文的主要贡献是为翻译与情绪这一主题提供了坚实的理论基础，并提供了实证数据来支撑这些理论。本研究的重点不在于提供简单的建议，如"如何成为一个成功的译者"。然而，对培养翻译能力感兴趣的职业翻译和学者们来说，情绪有何实际应用价值，似乎也值得简单讨论一下。

如前所述，如果个体在某些方面受到过符合他们需求的培训，而不是在总体上改变情绪智力，特质情绪智力的干预可能会更成功。马修斯、泽德纳和罗伯茨（Matthews, Zeidner & Roberts, 2017: 323）声称：训练个体的情绪调节技巧尤其有用，因为这些技巧可以被用于其他地方。[3] 在第 3 章中我们也提到过，希尔德（Hild, 2014）认为：口译专业学生自己很难成为自我调节技能的习得者，自我调节的技巧应该被纳入培训项目。同样，笔译专业的学生可能需要很多年的专业翻译经验才能学会自主调节情绪。如此一来，在译员培训教育中纳入对情绪调节的有效策略的培训就很重要了。[4]

情绪调节策略和技巧分为许多不同的类型，有些是自动的，有些则是需要付出努力的：

"策略可以包括旨在选择或改变压力源的努力，将注意力引向或引开压力源，重新评估自己的相关想法，或调节对所体验的情绪的内部或外部反应。"（Gross, 2001; Austenfeld & Stanton, 2016: 1183）。如果考虑到第3章中讨论的情感过程模型中的五个点，则译员针对这些点有一些明确的策略可以影响他们的情绪产生过程。

第一，情境选择。译者可以学习回避某些人、地方或活动，以便避免可能与引发负面情绪的情境接触。例如，一位译者如果以前被性骚扰过，可能希望拒绝翻译关于性骚扰的刑事案卷。通过拒绝这项任务，译者选择了不参与有可能带来巨大痛苦的情境。格罗斯和汤普森（Gross & Thomspon, 2007: 11）声称这一特殊策略"需要了解远程情境的可能特征，以及对这些特点的可预见的情绪反应"。这一程度的自我了解很难获得，因为个体会错误地估计他们对未来事件的情绪反应。让翻译学员考虑在哪种情境下他们会为自己做出情境选择，这在我看来是一个需要反思的关键领域。克里斯蒂娜·维蒂，一位意大利诗人兼译者，在2014年在伦敦召开的一次研讨会上声称她经常问自己允许什么样的文本进入她一天的工作日程，走进她的内心。

第二，情境修正。译者要学会调整或者改变情境，以减少负面情绪冲击。例如，一位译员同意翻译一份医学报告，因为他或她已经有丰富的相关题材翻译经验，但是这次这份报告描述了一位病人和癌症斗争并且身体每况愈下的过程。这是该译员尤其不愿面对的，因为他的父亲就是在经过与癌症长期斗争后刚刚去世的。这名译员也许会选择与另一位译员讨论，甚至与他们共同翻译这份报告，从而改变情境，也相应地改变对他的情绪冲击力。在这个例子中，情绪调节和表达均发挥了作用。因此，要求翻译学员想想怎样能够改变和改善引发情绪的情境，似乎是值得思考和讨论的重要议题。

第三，注意力分配。引导学员学会将注意力放在情境中负面冲击力比较小的方面，要么分散注意力，要么将注意力集中到其他地方。在2014年伦敦的同一个研讨会上，日-英译者松岛葵举了这样一个例子：一位译员在亲身经历过2011年的海啸之后，发现翻译与其相关的文本变得非常困难。然而，这位译员或许可以想想通过翻译将这件事传达给更多的人无疑会带来很多益处，防止未来出现更大的生命损失。如果译员能这样转换思维，或许就可以将自己的注意力重新导向情境中的其他方面。引导翻译学员将注意力转移到引发情绪的情境中去似乎颇有成效，尤其是当译员无法靠自身改变翻译情境本身时，转移注意力的方法同样适用。

第四，认知改变。译员可以学习如何从很多与情境相关的意义中建构更为积极的意义，比如认知重评。事实上，特质情绪智力的确在很大程度上与使用认知重评策略相关（Matthews, Zeidner & Roberts, 2017：320）。例如，一位译员可能会在翻译了一份冗长、单调、枯燥的操作手册后感到郁闷厌烦，但当他想到未来有可能遇到更糟的文本时，就会庆幸自己学会了新的术语；译者因此可能会改变他对情境的看法或感受，开始享受翻译任务。学会改变我们对所处情境的评价方式，以便改变这些情境的情绪意义，可以说是译者需要学会使用的另一个重要策略。

第五，反应修正。译者可以学习在情绪反应被引发之后，调整对情绪的反应趋势。例如，一位译者准备用几个月时间翻译阿道夫·希特勒的自传。当他注意到这项工作对他情绪上的消耗时，可能会决定在每天开始翻译之前做一些运动，结束之后做做瑜伽或用其他方式放松，以减少负面情绪，改变自己的情绪体验。格罗斯和汤普森（Gross & Thompson, 2007: 15）提出：试图调节情绪的生理和体验的尝试是很常见的，适应性反应的替代方案的可用性取决于具体情境，并随着年龄的增长而增长。因此，教会翻译专业的学生如何根据不同的情境改变反应方式是非常明智的。

上述这些都是具有实证理论支撑的策略，为我们指导译员干预情绪提供了基础。此外，译者也可以通过其他方式进行情绪加工，如情感标签（辨认情绪，把情绪体验诉诸文字）、洞察力利用（建构连贯的叙事，从经验中创造意义），这些也被证明对情绪健康有着积极的影响（如 Hoyt, Austenfeld & Stanton, 2016）。[5] 探索翻译工作期间情绪投入的具体方法，是对关于译员培训的研究文献的重要补充。用情绪加工的方法来助益传统的译员培训项目有着广阔的发展前景，因为这不仅会提升译员是否使用适应性策略的自我意识，还会提升译者的幸福感和翻译表现。

在培训期间，译者可以开始学习如何通过正规的翻译练习来调节情绪。这些翻译练习通常涉及各种类型的文本，需要译者使用适应性策略。如前所述，这能为译者提供处理情绪的机会，帮助他们运用个人的洞察力和努力，练习解决问题的应对方式，使自己习惯于引发情绪的工作所带来的影响。最终，这将提高他们的情绪沟通能力，使他们具有更高水平的幸福感、更享受翻译的乐趣、体验到更积极的情绪、减少焦虑感和悲伤。反过来，这又会正面影响创造性和发散思维（如 Rojo & Ramos Caro, 2016）。

在培训未来的译员时，我们的目标是培养出称职、高效的译者，让他们乐于成为翻译行业的一分子，并愿意接受挑战。译员培训讲师并非医生，但是鉴于越来越多的证据证明人格对翻译表现的影响，我们可以认为培训讲师也是治疗师。在我看来，我们作为培训讲师的一个基本的任务就是使译员在工作中遇到蕴含着复杂情绪又难翻译的文本时变得更加坚韧，并培养他们调动自己的精神和物质资源的能力。对自己的性格和处事风格了然于胸的译者一般都能在达姆和泽特森（Dam & Zethesen，2016：174）称之为"千疮百孔且不稳定"的翻译行业中茁壮成长。

2.3 译者的职业责任

职业译者，如我们所见，可以通过情绪分享借用别人的情绪完成翻译。邦特波和马尔科姆（Bontempo & Malcolm，2012）提示人们关注情绪传染的可能性，认为这造成了在医疗保健环境中工作的口译员的心理创伤表现，他们列出了一些可以教授给译员的策略，以便他们更好地在职业场合管理好自己的情绪。更重要的是，两位学者认为口译行业应该意识到口译员在翻译具有情绪挑战性的资料时的心理脆弱性，并做出恰当反应（同上，127）。同样的道理也适用于笔译行业，只不过笔译行业需要更多地承认译者作为人的感情和反应。

译者还需要积极行动，并且有勇气使用各种策略来承担责任。在第2章，我强调译者最好每天花两个小时翻译引发情绪的文本，连续四天，而不是一天翻译八个小时，因为这样他们就有更多的时间来考虑和加工文本，腾出时间来自我监控和加工引发情绪的文本。对于很多在截止日期将近的情况下翻译的译者来说，这并不总是可行的，尽管如此，如果译员意识到交给他们翻译的文章可能会让他们产生共鸣，他们就有责任调动情绪相关的知识和技巧来掌控局势。这种知情决策可能会导致需要额外的时间,或者拒绝工作,或使用其他应对策略(如谈话疗法、写日记、认知重评等)以产出成功的译本。从这个意义上说,译者可以根据文本的情感潜力评估文本,就像根据文本的专业水平来评估文本一样。这种评估行为既符合伦理,又有益于健康,专业译者可以通过这样的评估获得一种能力,使得他们既对自己负责,又能对客户和委托人负责。重要的是,我们要挑战一个广泛流行的信念,即译者翻译时应该是不偏不倚置身事外的。不仅如此,我们还要提升翻译群体的意识,以及群体外的意识,让他们知道情绪对翻译工作的重要性。正如邦特波和马尔科姆(Bontempo & Malcolm, 2012: 127)所言,虽然在整个行业进行大规模变革非常困难,但促成这种变化是该领域所有参与者的义务。

2.4 优点和缺点

本研究是首次针对情绪的研究。它可以丰富我们对特质情绪智力及其在翻译中起到的作用的了解。我们所讨论的对象是大而庞杂的。研究结果虽然表明了有趣的相关影响,但只是管中窥豹而已。毫无疑问,特质情绪智力是影响翻译的诸多复杂因素之一,除此之外还有很多变量会与翻译过程互动并影响翻译过程。这种复杂性意味着并非所有可能的因素和变量都会被包含在一项单一的研究中,所以关注的焦点必然会有局限性。我们的研究揭示了特质情绪智力与翻译的关系,尤其是翻译与情绪感知、情绪协调、情绪表达之间的关系,但是却无法建立因果关系,而且在翻译这个背景之下还有其他有趣的关系需要我们去分析。德韦勒(Dewaele, 2017: 444)曾经提到过外语焦虑,"狭隘的关注并不会降低研究结果的价值,但是对结论的普遍性需要保持学术诚信"。

尽管如此，来自155名职业译者的开放式和封闭式问卷调查，以及数不清的存在于研究之外的个人陈述，提供了足够的信息来阐明本研究的研究问题。本研究设计的一个显著优点就在于使用了不同的研究方法收集数据，包括有着较强理论和心理测量基础的研究工具。基于研究设计，收集到的数据将来自相对大而异质的职业译者群，从而使样本有着各种语言组合，并且来自不同的国家和背景，这有助于提高本研究的生态效度，同时明显区别于心理学领域的其他大量研究。心理学的样本通常是由学生组成的。然而，本研究的参与者样本并不代表整个翻译群体，因此研究结果并不具有普适性。重要的是，要在不同的人群和不同的背景下复制本研究，以评估研究结果的可信度。样本规模也可以再大一些。

本研究并没有分析翻译产品及其质量。虽然我同意鲍灵和赫维尔普兰德（Balling & Hvelpund，2015）的观点，即理想状态下，数据加工应该辅以对该流程结果的考虑，但对于如此大的样本，产品分析将是一项非常艰巨的任务，甚至还没有考虑如何测量翻译质量这一棘手问题。如前所述，其他类型的定性分析都是对量化数据的补充，有助于解释量化数据，但是未来的研究可以在探索产品质量变化的同时探索情绪智力特质，这将非常有意义。

基于自我报告的研究的局限性在心理学和翻译学研究文献中均有广泛报道，在本书前几章也有提及。虽然自我报告可以很好地预测行为（Martinsville, Ramalho & Morin, 2010），但是这些报告也会受到社会期望偏差的影响。自愿完成情绪智力调查表，或者谈论、书写作品中的情绪的译者，可能本身就具有较高的情绪智力，所以很有可能本研究中呈现的都是对情绪智力高的译者的积极偏向。然而，这些缺点并非本研究独有，可能在各种调查设计中都能看到。

本研究的另一个与上述观点相关的局限性是，特质情绪智力并不能解释所有问题。事实上，并非所有实验结果都具有统计学上的显著性，本研究的样本不能解释大部分方差。[6]因此，在使用特质情绪智力问卷时一定要持审慎态度。如其他文献（Hubscher-Davidson，2016）论述的那样，试图预测复杂的人类行为的研究一般相关系数都很低，但这并不意味着从数据中得不出宝贵的信息。事实上，人类行为要比物理过程更难预测。然而，当效应值很低但结果具有统计学上的显著性时，人们就可以得出重要的结论。在某种程度上，质性数据的收集（译者的自述）弥补了量化数据收集过程中固有的不足，让我们可以更清楚地看到译者具有情绪并为情绪所影响。参考翻译人员的表现和观点以及更广泛的文献，从统计分析得来的结果似乎很有价值。

正如邦特波等人（Bontempo et al., 2014：36）在对手语译员人格的研究中发现的，本研究的研究结果也表明在总的认知能力的基础上，考虑人格对认识能力的加性效应将成为潜在且有力的预测指标，而且"人格变量"是理论"馅饼"中最重要的成分。尽管有种种局限，本研究还是提供了一些令人信服的证据，证明情绪智力是一种人格变量，在职业翻译背景下，可以产生不同的效果。

3. 结论与未来的研究方向

本研究的目的是阐明情绪在翻译中的作用，展示情绪对职业译者的不同影响。质性研究和量化的数据使得我们能够对职业译者的经历进行详细的分析，并且发现了职业译者自我感觉到的情绪技能与大量的社会生物变量之间的重要联系。研究表明，情绪可以影响译者生活和工作的各个方面，有着不同水平的情绪感知、情绪调节、情绪表达的职业译者在年龄、教育、经历、职业满意度等方面存在差异，从而支持了本研究的总体假设。研究还指出，有着较高特质情绪水平的译者更善于处理工作中的情绪，包括对原语中包含的情绪材料的感知、对自我情绪的调节，以及对目的语读者的情绪表达。译者的特质情绪智力得分与一些职业技能相关的关键变量之间的关联表明，译者行为的各方面与职业成功都有赖于情绪智力。因此，本研究的结果似乎可以证明，特质情绪智力是一个有意义的变量，可以在未来的翻译过程研究领域中用以描述译者。同理，译者的情绪技能应该在职业培训和职业环境中予以认真考虑。怀亚特（Whyatt，2012：275）认为人的身体、智力和情感领域之间需要相互作用，才能使翻译事业充满成就感和满足感。很多研究发现支撑这一观点。

很显然，没有理想的翻译学生，也就没有理想的译者。如果翻译教育家们对学生的情绪智力以及其他信息（工作记忆能力、语言能力、文化水平等）足够了解的话，就能够考虑到受训译者的需求和愿望，并据此更好地设计和讲授他们的课程，为译员情绪技能的发展提供更多的支持。根据个人情况和环境，他们可能更适合教授在特定情况下最具适应性的情绪行为。掌握这些信息不仅可以将培训的益处最大化，而且可以帮助译者管理好自己的情绪健康和长期的心理健康。本研究的一些结果表明，有高特质情绪智力的职业译者可能在本行业待得更久，对工作更为满意。虽然增加对情绪知识的了解并不一定能保证译者在进入本行业时能够将它们付诸实践，但这显然是重要的第一步。尤其是对于翻译行业来说，培养出自认为情绪智力很高的译者符合他们的利益，因为"这些自称情绪智力高的人对自己的感受更为关注，对新的经验态度更为开放，对别人更具同情心，表现出更高的人际适应性"（Kang & Shaver，2004）。这些在职业环境中非常理想的品质，可能在跨文化过程中,更是如此。

在收集材料阶段,我收到很多邮件,甚至是专业译者的来信。他们热衷于讨论译者的情绪,并想知道在职业发展和培训中可以培养哪些技巧以应用到实践中。有些译者似乎非常清楚情绪对他们的工作意味着什么。有一位译者称:"我发现在经过一段时间后,我就能通过自己的人生经验理解我要翻译的那个人物。"2014年在伦敦召开的一次关于翻译与情绪的研讨会上,一位日一英译员松岛茂谈到翻译恐怖电影的字幕会影响译者的心境;糟糕的原文会让译者感到生气、沮丧、恼火;但是如果翻译的是非常贴近译者内心的话题,译者则会倾注大量心血,感到斗志昂扬,甚至最后赢得翻译大奖。这些叙述有力地证明了译者的情绪不仅仅是一个行为的前提或者结果,而且是翻译过程本身不可或缺的一部分。情绪会影响翻译过程,翻译过程也会影响译者的情绪。

职业译者对于本研究的积极反馈和强烈兴趣,为我们在通过制定翻译培训项目和继续教育课程培养翻译情绪能力提供了新的理由。情绪智力培训是有前景的,但是这一领域的理论导向以及实践导向的研究还有待进一步开发。还需要干预研究来确定情绪智力培训在翻译中的有效程度。虽然这个研究是开拓性的,还需要进一步的工作来将其完善。

翻译过程研究的最新进展表明,人们已经注意到了感情和情绪过程在翻译行为中所起的作用,但是这一领域的研究才开始开花结果,很显然在这个蓬勃发展的领域还需要做系统化的研究。达马西奥(Damasio,1994)提出的论点——情绪与决策过程相关——直到最近才开始进入我们的研究视野。本研究探索了情绪对于翻译过程的影响,深入分析了不同情绪和调节策略对于翻译表现的影响。理论更新加上实证研究，正是本研究的主要优势所在。

然而，要想充分了解情绪在译者行为中所起的作用，以及如何管理这些情绪，仍有很多工作要做。随着我们对情绪对职业译者的影响的了解不断加深，我们还需要进一步厘清和分享研究成果。情绪研究可以激发新的解读，或者使关于翻译过程的既有观点更精确更丰富。例如，在研究了经验丰富的诗歌译者之后，琼斯（Jones，2011）认为情绪可以影响译者是否愿意承担或者继续从事一个项目。情绪是影响他们动机的关键因素，可以影响翻译决策的评价。尽管如此，他得出结论：情绪本身似乎在翻译过程中起着微乎其微的作用，除非是帮助判断译文的可接受度。基于诗人叙事的研究中，琼斯的解释可能是完全合理的，但可能很少有研究情绪的学者会得出类似的结论。情绪可以在很多层面对翻译任务的各种关键性认知过程产生重要影响，因此，情绪在翻译过程中可能比许多译者和学者认为的更重要。

有人可能会认为，既然翻译行为是蕴含在翻译实践中的，那么情绪所起到的重要作用，例如，影响是否承接某一翻译任务，就可能延伸到"翻译过程本身"（Jones，2011：142）。

本论文的研究对于该领域的文献做出了一定贡献：提供了证据证明情绪常常会渗入对原文本内容的感知、译者的调节过程和译语的表达中。这对翻译研究的各个方面有着长远的影响，也有可能激发新的更为激动人心的研究。比如，探索情绪智力（以及情绪智力培训）对于译者道德决策的可能影响，特别是因为情绪智力与道德观之间可能存在联系（Grieve & Maharaja，2010）。基于最近关于翻译方法的研究（如 Risku，2014），未来的研究还可以探索环境因素在优化译者情绪能力习得中的作用，因为据说其他人表现出较高情绪能力的社会环境能对个人学习情绪能力起到激励作用（Schutte，Malouff &

Thorsteinsson，2013），因此探讨职业译者的社会环境对他们情绪智力水平的影响是非常重要的。未来研究的另一个方向是译者的文化与情绪世界的联系程度。不同文化对感知能力和感知方式的定义不同，所以我们需要做更多的研究来理解在情绪机能中，文化背景对于性格差异和相似性的影响。

本研究得出的结论还为未来探索更多在本研究范围之内无法分析的情绪智力维度提供了路线图。未来专注于翻译职业的研究可以探索本研究发现的译者的情绪机能与他们的职业满意度/成就、职业翻译经验之间的其他联系。例如，各种变量已经说明了乐观主义、幸福感、压力管理、自我激励、自尊、人际关系、情绪管理和适应性与职业满意度之间的关系（见附录2）。尤其是适应性（灵活、喜欢新事物和变化）和自我激励对于自由译者来说似乎是非常有益的性格特征。根据达姆和科斯基宁（Dam & Koskinen，2012）的研究，业余的自由译者构成了翻译职业的主体。自信和社会意识与自我感觉的工作成就之间显著相关这一事实也值得探索。事实上，能够在保持社交敏感的同时提出要求和面对问题似乎是职业译者的核心技能。本论文的另外一个变量显示压力管理与译者的职业满意度和职业经验有着显著关系。人们可能要猜测，能够应对压力并有着良好的应对机制是使得译者留在这一行业更久以及乐于工作的原因。译员的职业生涯之所以短暂（见 Dam & Zethsen，2016），不堪职业压力可能是一个关键原因。因此我们希望本论文可以激励更多的这方面的研究。

根据罗霍（Rojo，2017：382）的研究，为了进一步研究情绪对于翻译的作用，需要做方法上的改进，包括更为精确的测试方法和不同的测量工具。我个人认为，随着简化版的情绪智力测试的出现，应该鼓励更多的翻译研究者将有效的心理测量方法纳入研究。即使在那些不以研究情绪智力为目标的项目中,这也是非常有用的,因为情绪特质一直是信息的来源。在翻译过程研究中,心理测量工具的系统使用应该是本领域最重要的方法革新。

但是,这并不意味着其他方法不能用来研究译者的情绪自我效能。虽然本研究使用了心理测量工具和个人陈述,但未来的研究可以使用更为传统的翻译过程法——在这个领域,与其他领域的合作至关重要。例如,针对个体在学习时的感情状态的研究已经使用了有声情绪的过程,其机制类似于有声思维,即让受试主体口述自己在学习期间的感情状态(如 Craig et al., 2008)。学者们得出结论:有声情绪法被证明对研究学习过程中的感情状态有效,但是研究者也报告说并非所有的学习者都能口头表达出他们的思想,这一点翻译过程研究者们也经常报道并且形成了理论。最近,情绪研究者提出实施有声思维法来研究写作过程中的认知和感情状态。如果翻译和情绪研究者使用同样的方法研究同样的内容,就可以避免重复劳动。口头报告的方法是翻译研究和心理学研究可以结合在一起的一个明确领域。

此外,未来研究需要解决的一个问题就是如何将特质理论融入翻译研究领域。这一问题越来越重要,因为目前翻译研究借用了人格心理学和个体差异心理学的模型和概念。翻译学者正在运用心理学范式,采用心理学概念,但是目前两个领域的对话还局限于独白形式,至少在笔译界是这样的。人格心理学研究者还没有与翻译学者展开正式的对话,也没有将过程研究与他们的工作联系起来。如果这两大学科之间没有真正的对话,就很难将特质理论正确地融入翻译过程研究。翻译教育领域的学者所面临的挑战,就是实现这两大学科间的对话。这一点尤其重要,因为情绪智力已经在当今社会受到了前所未有的关注。最近出版的论文探讨了性别刻板印象与情绪智力的关系、情绪感染现象，以及语言对情绪体验的影响。为此，对情绪智力和翻译的科学研究需要蓬勃开展起来，以便将科学和迷信区别开来。我们应该组织一些跨学科的会议和研讨小组以吸引两大领域对不同学科的关注。例如对建构性和非建构性情绪调节过程感兴趣的心理学家可以分析译者对引发情绪的文本的加工。那些想提高个体情绪表达技巧的人可以在他们的实验中使用语内翻译任务。正如本论文所展示的，翻译所需的认知和感情技巧需要一个沟通情绪的理想环境。翻译研究可以为特质和情绪研究提供不同的视角和应用。

本研究通过将心理学与情绪智力研究和翻译学中关于翻译过程的研究结合起来，对翻译与情绪研究贡献了新的内容，这为从心理学角度研究翻译开了个好头。我们希望，未来的研究可以将人格心理学中的理论、模板、方法和发现与翻译过程研究结合起来。心理学家和翻译过程研究者需要更紧密的合作以进一步推动翻译研究。两个领域的双向对话将带领我们走向未知的领域和更光明的前途。毕竟，情绪技能对译者生活的方方面面，尤其是对他们的健康和工作有着重要的影响。

注释

1. 有趣的是，在对医疗保健花费的研究中，米科莱恰克和贝勒海姆（Mikolajczak & Bellehgem，2017）发现与高学历的人相比，低教育水平的人更易从干预手段中获益，从而提升自己的情绪智力。这就支持了如下观点，即一个人受教育的时间越长，他越会拥有更多的机会磨炼自己的特质情绪智力，因此尝试提升它的价值就越小。

2. www. Futureleran. Com /courses/ literature，最后访问时间为 2017 年 6 月 13 日。

3. 值得注意的是，各种特质情绪智力是高度关联的。发展情绪管理技巧更可能会影响自我效能的其他方面。

4. 有意识的技巧可以用来改变译者对情绪刺激的反应，这突显了认知对情绪的影响，使得情绪与认知机制之间紧密而复杂的关系显而易见。

5. 霍伊特、奥斯丁和斯坦顿（Hoyt，Austen & Stanton，2016）认为情感标签是有益的，因为辨别各种情绪会将人的注意力引向自己的情绪状态，从而加速习惯化。

6. 尽管如此，佩特里迪斯、弗雷德里克森和弗纳姆（Petrides, Frederick & Furnham，2004）提出：特质情绪智力研究的重要性应该根据样本效应量来判断，而不是根据其阐明和解释该概念性质的程度来决定。近来，也有人提出某些特质情绪智力维度也许会低估了这个概念在整体上的预测能力（Siegling, Vesely, & Saklofske, 2013；Siegling, Petrides & Martskvishvili, 2015）。

附录1

背景问题

    1. 您的性别和出生年份：

        （男）（女）

        19____年

    2. 您的母语以及工作语言是什么？

    3. 您截至目前获得的最高翻译资质是什么？

        （没有任何资质）

        （学士学位，即BA）

        （硕士学位，即MA）

        （翻译博士）

        （其他）

    4. 如果您拥有任何非翻译资格或学位，请在下面列出。

    5. 以下哪一项符合您的就业现状？

        （受雇于一家翻译公司或机构）

        （作为译员受雇于一家非翻译公司或机构）

        （自由译者）

        （目前未就业）

        （退休）

    6. 您有多少年的职业翻译经验？

    7. 作为译员，您用在翻译上的时间有多少？

（全职，至少 85% 的工作时间）

（工作时间的四分之三）

（工作时间的三分之二）

（一半时间）

（偶尔，少于四分之一工作时间）

（很少或其他情况，如有，请详细说明）

8. 您认为自己是一名专业的文学译者吗？（如您已退休，请结合您的职业生涯作答）

（是的，我是一名专业的文学译者，且每两到三年至少出版一部文学译著）

（我不是一名专业的文学译者）

9. 在您的职业生涯中，您认为您翻译文学作品的经验如何？

（毫无经验，职业生涯的 0%）

（很少的经验，职业生涯的 0%—20%）

（一些经验，职业生涯的 20%—50%）

（很多经验，职业生涯的 50%—70%）

（大量经验，职业生涯的 75%—100%）

10. 如果您已出版的译作曾获得任何奖项，请详细说明。

11. 如果您是任何专业翻译协会的会员，请详细说明。

附录 2

特质情绪智力维度与各项研究变量的相关系数（$N=155$）

	年龄	职业经历	职业满意度	工作成就	所花费的时间	文学翻译经验	翻译资质	受教育程度
适应性	.08	.05	.26**	.02	.03	.04	−.06	.14
坚定性	.01	.05	.12	.20*	.08	.05	.01	.10
情绪表达	.24**	.22**	.29**	.12	−.07	.16*	−.05	.16*
情绪管理	−.04	.04	.17*	.08	−.02	.01	.06	.13
情绪感知	.12	.10	.10	.12	−.12	.08	.03	.05
情绪调节	.29**	.24**	.07	.09	.09	.17*	−.04	.20*
冲动性	.10	.14	.07	.06	.01	.07	.06	.07
人际关系	.01	.04	.19*	−.05	−.21**	−.03	.08	.07
自尊	.07	.10	.16*	.16	−.06	.10	−.13	.05
自我激励	.19*	.13	.30**	.18*	−.01	−.03	−.07	.07
社会意识	.11	.14	.13	.23**	−.13	.19*	−.11	.18*
压力管理	.17*	.21**	.23**	.04	.07	.19*	−.06	.21*
同理心	.09	.14	−.01	.03	−.14	.06	.08	.12
幸福感	.15	.12	.41**	−.01	−.00	.03	−.04	−.01
乐观精神	.14	.08	.28**	.02	−.07	−.00	−.09	.06

注：文学翻译经验变量的一些数字与许布舍尔-戴维森（Hubscher-Davidson，2016）提供的数字略有不同。因为该文章删除了异常值。在该研究的背景下，删除异常值是必要的，并且不会改变结果。

*相关性在.05上显著（双尾）

**相关性在.01上显著（双尾）

参考文献

绪 论

Anderson, Jean. 2005. "The Double Agent: Aspects of Literary Translator Affect as Revealed in Fictional Work by Translators". *Linguistica Antverpiensa* 4: 171–182.

Bell, Roger. 2001. "Psycholinguistic/Cognitive Approaches". In *Routledge Encyclopedia of Translation Studies*, 1st edition, edited by Mona Baker, 242–248. London and New York: Routledge.

Bush, Peter. 2012. "Toil, Trouble and *Jouissance*: A Case-Study-Editing *Juan the Landless* ". In *Creative Constraints: Translation and Authorship*, edited by Rita Wilson and Leah Gerber, 119–131. Clayton, VIC: Monash University Publishing.'

Cardinal, Marie. 1991. *Devotion and Disorder: A Story of Addiction, Obsession and Maternal Love [Les Grands Désordres]*. Translated by K. Montin. London: The Women's Press Ltd.

Castiglione, Baldesar. 1959. *The Book of the Courtier*. Translated by Charles S. Singleton. Garden City: Anchor Books.

Ehrensberger-Dow, Maureen, Birgitta Englund Dimitrova, Séverine Hubscher-Davidson and Ulf Norberg. (eds.) 2013. *Describing Cognitive Processes in Translation: Acts and Events*. Amsterdam and Philadelphia: John Benjamins Publishing Company.

Henitiuk, Valerie. 2012. "Optical Illusions? Literary Translation as a Refractive Process". In *Creative Constraints: Translation and Authorship*, edited by Rita Wilson and Leah Gerber, 3–20. Clayton, VIC: Monash University Publishing.

Hills, Lia. 2012. "Effective Self-Translation: How Not to Completely Lose Yourself in Another's Language". In *Creative Constraints: Translation and Authorship*, edited by Rita Wilson and Leah Gerber, 77–84. Clayton, VIC: Monash University Publishing.

Holmes, James S. 2000/1972. "The Name and Nature of Translation Studies". In *The Translation Studies Reader*, edited by Lawrence Venuti, 172–185. London and New York: Routledge.

Jacovina, Matthew E., and Richard GerrigJ. 2010. "How Readers Experience Characters' Decisions". *Memory and Cognition* 38 (6): 753–761.

Jones, Anne. 2009. "The Translator's Self". Paper presented at the *American Translators Association 50th Annual Conference*, October 28–31, New York City.

Lee, Hyeseung. 2003. "Analysis of Russian-Korean Translation of Emotion Metaphor". *Conference Interpretation and Translation* 5 (1): 183–200.

Rajah, Rashimah, Zhaoli Song, and Richard D. Arvey. 2011. "Emotionality and Leadership: Taking Stock of the Past Decade of Research". *The Leadership Quarterly* 22: 1107–1119.

Shreve, Gregory and Erik Angelone. (eds.) 2010. *Translation and Cognition: American Translators Association Scholarly Monograph Series 15*. Amsterdam and Philadelphia: John Benjamins Publishing Company.

——. 2012. "Introduction". In *Creative Constraints: Translation and Authorship*, edited by Rita Wilson and Leah Gerber, ix–xv. Clayton, VIC: Monash University Publishing.

Wittwer, Michael. 2007. "Emotion and Translation: Using the Example of Popularising Medical Texts in Paediatrics". In *Evidence-Based LSP: Translation, Text and Terminology*, edited by

Ahmad Khurshid and Margaret Rogers, 345–356. Bern: Peter Lang.

第1章　情绪与翻译过程

Abdolrezapour, Parisa. 2013. "The Relationship Between Emotional Intelligence and EFL Learners' Writing Performance". *Procedia—Social and Behavioural Sciences* 70: 331–339.

Abdolrezapour, Parisa, and Mansoor Tavakoli. 2012. "The Relationship Between Emotional Intelligence and EFL Learners' Achievement in Reading Comprehension". *Innovation in Language Learning and Teaching* 6: 1–13.

Ahmetoglu, Gorkan, Franziska Leutner, and Tomas Chamorro-Premuzic. 2011. "EQ-Nomics: Understanding the Relationship Between Individual Differences in Trait Emotional Intelligence and Entrepreneurship". *Personality and Individual Differences* 51 (8): 1028–1033.

Akhtar, Reece, Lara Boustani, Dimitrios Tsivrikos, and Tomas Chamorro-Premuzic. 2015. "The Engageable Personality: Personality and Trait EI as Predictors of Work Engagement". *Personality and Individual Differences* 73: 44–49.

Alves, Fabio, and Amparo Hurtado Albir. 2010. "Cognitive Approaches". *Handbook of Translation Studies* 1: 28–35.

Anderson, Jean. 2005. "The Double Agent: Aspects of Literary Translator Affect as Revealed in Fictional Work by Translators". *Linguistica Antverpiensa* 4: 171–182.

Andrei, Federica, Siegling, A. B., Aloe Ariel M., Baldaro Bruno, and Petrides K. V. 2016. "The Incremental Validity of the Trait Emotional Intelligence Questionnaire (TEIQue): A Systematic Review and Meta-Analysis". *Journal of Personality Assessment* 98 (3): 261–276.

Apfelthaler, Matthias. 2014. "Stepping into Others' Shoes: A Cognitive Perspective on Target Audience Orientation in Written Translation". *MonTI: Monografías de Traducción e Interpretación*Special Issue 1: 303–330.

Austin, Elizabeth J., Timothy C. P Dore, and Katharine M. O'Donovan. 2008. "Associations of Personality and Emotional Intelligence with Display Rule Perceptions and Emotional Labour". *Personality and Individual Differences* 44 (3): 679–688.

Austin, Elizabeth J., and Donald H. Saklofske. 2014. "Introduction to the Special Issue on Emotional Intelligence". *Personality and Individual Differences* 65:1–2.

Balling, Laura Winther, and Kristian Tangsgaard Hvelplund. 2015. "Design and Statistics in Quantitative Translation (Process) Research". *Translation Spaces* 4 (1): 169–186.

Barboni, Thilde. 1999. "Inconscient et Traduction". In *Théorie et Pratique de la Traduction 3*, edited by Claire Lejeune, 23–33. Mons: Le Ciephum.

Barenbaum, Nicole B., and David G. Winter. 2008. "History of Modern PersonalityTheory and Research". In *Handbook of Personality*, edited by Oliver P. John, Richard W. Robins, and Lawrence A. Pervin, 3–26. New York: The Guildord Press.

Bayer-Hohenwarter, Gerrit. 2010. "Comparing Translational Creativity Scores of Students and Professionals: Flexible Problem-Solving and/or Fluent Routine Behaviour". *New Approaches in Translation Process Research* 39: 83.

Bernardini, Silvia. 1999. "Using Think-Aloud Protocols to Investigate the Translation Process: Methodological Aspects". In *RCEAL Working Papers in English and Applied Linguistics 6*, edited by J. N. Williams, 179–199. Cambridge: University of Cambridge.

——. 2001. "Think-Aloud Protocols in Translation Research: Achievements, Limits, Future Prospects". *Target: International Journal of Translation Studies* 13 (2): 241–263.

Bernofsky, Susan. 2013. "Translation and the Art of Revision". In *Translation— Translators on Their Work and What It Means*, edited by Esther Allen and Susan Bernofsky, 223–233. New York: Columbia University Press.

Bolaños Medina, Alicia. 2014. "Self-efficacy in Translation". *Translation and Interpreting Studies: *The Journal of the American Translation and Interpreting Studies Association* 9（2）: 197–218.Bontempo, Karen, and Karen Malcolm. 2012. "An Ounce of Prevention Is Worth a Pound of Cure: Educating Interpreters About the Risk of Vicarious Trauma in Healthcare Settings". In *In our Hands: Educating Healthcare Interpreters*, edited by Laurie Swabey and Karen Malcolm, 105–130. Washington, DC: Gallaudet University Press.

Bontempo, Karen, and Jemina Napier. 2011. "Evaluating Emotional Stability as a Predictor of Interpreter Competence and Aptitude for Interpreting". *Interpreting* 13（1）: 85–105.

Bontempo, Karen, Jemina Napier, Laurence Hayes, and Vicki Brashear. 2014. "Does Personality Matter? An International Study of Sign Language Interpreter Disposition". *Translation & Interpreting* 6（1）: 23–46.

Brasseur, Sophie, Jacques Grégoire, Romain Bourdu, and Moïra Mikolajczak. 2013. "The Profile of Emotional Competence（PEC）: Development and Validation of a Self-Reported Measure that Fits Dimensions of Emotional Competence Theory". *PLoS One* 8（5）: e62635.

The British Psychological Society. 2014. *Test Review—Trait Emotional Intelligence Questionnaire（TEIQue）*. Leicester: BPS Psychological Testing Centre.

Brownlie, Siobhan. 2016. *Mapping Memory in Translation*. Basingstoke and New York: Palgrave Macmillian.

Bryman, Alan. 2008. *Social Research Methods*. 3rd edition. Oxford: Oxford University Press.

Chamorro-Premuzic, Tomas, Sophie Von Stumm, and Adrian Furnham.（eds.）2011. *The Wiley-Blackwell Handbook of Individual Differences*. Vol. 3. Chichester: Wiley Blackwell.

CILT, the National Centre for Languages. 2007. *National Occupational Standards in Translation*. Accessed August 2017. http://www.skillscfa.org/images/ pdfs/National%20Occupational%20 Standards/Languages%20and%20Intercultural%20Working/2007/Translation.pdf

Cole, Peter. 2013. "Making Sense in Translation: Toward an Ethic of the Art". In *In Translation—Translators on Their Work and What It Means*, edited by Esther Allen and Susan Bernofsky, 3–16. New York: Columbia University Press.

Davis, Sarah K., and Neil Humphrey. 2012. "Emotional Intelligence Predicts Adolescent Mental Health Beyond Personality and Cognitive Ability". *Personality and Individual Differences* 52（2）: 144–149.

Davou, Bettina. 2007. "Interaction of Emotion and Cognition in the Processing of Textual Material". *Meta: Translator's Journal* 52（1）: 37–47.

Dewaele, Jean-Marc. 2010/2013. *Emotions in Multiple Languages*. Basingstoke and New York: Palgrave Macmillan.

——. 2013. "Aneta Pavlenko". In *The Encyclopedia of Applied Linguistics*, edited by Carol A. Chapelle. Oxford: Wiley-Blackwell.

——. 2016a. "Multi-Competence and Personality". In *The Cambridge Handbook of Linguistic Multi-Competence*, edited by Vivian Cook and Li Wei, 403–419. Cambridge: Cambridge University Press.

——. 2016b. "Multi-Competence and Emotion". In *The Cambridge Handbook of Linguistic Multi-Competence*, edited by Vivian Cook and Li Wei, 461–477. Cambridge: Cambridge University Press.

——. 2017. "Psychological Dimensions and Foreign Language Anxiety". In *The Routledge Handbook of Instructed Second Language Acquisition*, edited by Shawn Loewen and Masatoshi Sato, 433–450. London: Routledge.

Dewaele, Jean-Marc, and James McCloskey. 2015. "Attitudes Towards Foreign Accents Among Adult Multilingual Language Users". *Journal of Multilingual and Multicultural Development* 36（3）: 221–238.

Dewaele, Jean-Marc, Konstantinos V. Petrides, and Adrian Furnham. 2008. "Effects of Trait Emotional Intelligence and Sociobiographical Variables on Communicative Anxiety and Foreign

Language Anxiety Among Adult Multilinguals: A Review and Empirical Investigation". *Language Learning* 58 (4): 911–960.
Di Fabio, Annamaria, and Letizia Palazzeschi. 2015. "Beyond Fluid Intelligence and Personality Traits in Scholastic Success: Trait Emotional Intelligence". *Learning and Individual Differences* 40: 121–126.
Dixon, Thomas. 2012. " 'Emotion' " : The History of a Keyword in Crisis". *Emotion Review* 4 (4): 338–344.
Dörnyei, Zoltán. 2005. *The Psychology of the Language Learner: Individual Differences in Second Language Acquisition*. Mahwah, NJ: Lawrence Erlbaum.
——. 2007. *Research Methods in Applied Linguistics: Quantitative, Qualitative, and Mixed Methodologies*. Oxford: Oxford University Press.
Duncan, Seth, and Lisa Feldman Barrett. 2007. "Affect is a Form of Cognition: A Neurobiological Analysis. "*Cognition and Emotion* 21, no. 6: 1184–1211.
Ehrensberger-Dow, Maureen, and Gary Massey. 2014. "Translators and Machines: Working Together". *Man vs. Machine* 1: 199–207.
Ehrensberger-Dow, Maureen, and Sharon O'Brien. 2015. "Ergonomics of the Translation Workplace". *Translation Spaces* 4 (1): 98–118.
Englund Dimitrova, Birgitta. 2005. *Expertise and Explicitation in the Translation Process*. Amsterdam and Philadelphia: John Benjamins.
Feltrin-Morris, Marella. 2012. "The Art Concealed". In *Translation and Literary Studies: Homage to Marilyn Gaddis Rose*, edited by Marella Feltrin-Morris, Deborah Folaron, and María Constanza Guzmán, 69–76. Manchester and Kinderhook: St. Jerome Publishing.
Ferrando, Mercedes, María Dolores Prieto, Leandro S. Almeida, Carmen Ferrándiz, Rosario Bermejo, José Antonio López-Pina, Daniel Hernández, Marta Sáinz, and Mari-Carmen Fernández. 2011. "Trait Emotional Intelligence and Academic Performance: Controlling for the Effects of IQ, Personality, and Self-Concept". *Journal of Psychoeducational Assessment* 29: 150–159.
Ferreira,Aline,John W. Schwieter, and Daniel Gile. 2015. "The Position of Psycholinguistic and Cognitive Science in Translation and Interpreting: An Introduction". In *Psycholinguistic and Cognitive Inquiries into Translation and Interpreting*, edited by Aline Ferreira, John W. Schwieter, and Daniel Gile, 3–16. Amsterdam and Philadelphia: John Benjamins.
Fiske, Susan T., and Shelley E. Taylor. 2013. *Social Cognition: From Brains to Culture*. Second edition. London: Sage.
Fraser, Janet. 1996. "The Translator Investigated: Learning from Translation Process Analysis". *The Translator* 2 (1): 65–79.
——. 2000. "What Do Real Translators Do? Developing the Use of TAPs from Professional Translators". In *Tapping and Mapping the Processes of Translation and Interpreting*, edited by Riitta Jääskeläinen and Sonja Tirkkonen-Condit, 111– 123. Amsterdam and Philadelphia: John Benjamins.
Frijda, Nico H. 2008. "The Psychologists' Point of View". In *Handbook of Emotions*, Third edition, edited by Michael Lewis, Jeannette M. Haviland-Jones, and Lisa Feldman Barrett, 68–87. New York and London: The Guilford Press.
Frijda, Nico H. and Klaus R. Scherer. 2009. "Emotion Definitions (Psychological Perspectives) ". In *The Oxford Companion to Emotion and the Affective Sciences*, edited by David Sander and Klaus R. Scherer, 142–144. Oxford: Oxford University Press.
Furmanek, Olgierda. 2005. *Emotions and Language Choices in Multilingual Discourse*. Kraków: Księgarnia Akademicka.
Gaddis Rose, Marilyn. 2012. "Celebrating the Inevitable". In *Translation and Literary Studies: Homage to Marilyn Gaddis Rose*, edited by Feltrin-Morris, Marella, Deborah Folaron, and

María Constanza Guzmán, 25–31. Manchester and Kin-derhook: St. Jerome Publishing.
Gardner, Howard. 1983. *Frames of Mind*. New York: Basic Books Inc.
Gökçen, Elif, Adrian Furnham, Stella Mavroveli, and K. V. Petrides. 2014. "A Cross-Cultural Investigation of Trait Emotional Intelligence in HongKong and the UK". *Personality and Individual Differences* 65: 30–35.
Goleman, Daniel. 1995. *Emotional Intelligence*. New York: Bantam Books.
Göpferich, Susanne. 2013. "Translation Competence: Explaining Development and Stagnation from a Dynamic Systems Perspective". *Target: International Journal of Translation Studies* 25 (1): 61–76.
Gross, James. 2008. "Emotion and Emotion Regulation: Personality Processes and Individual Differences". In *Handbook of Personality*, edited by Oliver P. John, Richard W. Robins, and Lawrence A. Pervin, 701–724. New York: The Guildford Press.
Halverson, Sandra. 2014. "Reorienting Translation Studies: Cognitive Approaches and the Centrality of the Translator". In *Translation: A Multidisciplinary Approach*, edited by Juliane House, 116–139. Basingstoke: Palgrave Macmillan.
——. 2017. "Multimethod Approaches". In *Handbook of Translation and Cognition*, edited by John W. Schweiter and Aline Ferreira, 195–212. Hoboken: Wiley-Blackwell.
Hammersley, Martyn, and Paul Atkinson. 2007. *Ethnography: Principles in Practice*. Abingdon and New York: Routledge.
Hansen, Gyde. 2005. "Experience and Emotion in Empirical Translation Research with Think-Aloud and Retrospection". *Meta: Translators'Journal* 50 (2): 511–521.
——. 2006. "Retrospection Methods in Translator Training and Translation Research". *Journal of Specialised Translation* 5 (1): 2–41.
——. 2013. "The Translation Process as Object of Research". In *The Routledge Handbook of Translation Studies*, edited by Carmen Millán and Francesca Bartrina, 88–101. Abingdon and New York: Routledge.
Harris, Mathew A., Caroline E. Brett, Wendy Johnson, and Ian J. Deary. 2016. "Personality Stability from Age 14 to Age 77 Years". *Psychology and Aging* 31 (8): 862–874.
Harzing, Anne-Wil. 2006. "Response Styles in Cross-National Survey Research: A 26-Country Study". *International Journal of Cross-Cultural Management* 6: 243–266.
Henderson, John A. 1984. "Personality and the Linguist: A Comparison of the Personality Profiles of Professional Translators and Conference Interpreters". Dissertation, University of Bradford.
Hild, Adelina. 2014. "The Role of Self-Regulatory Processes in the Development of Interpreting Expertise". In Special Issue of *Translation and Interpreting Studies* 9 (1): 128–149.
Holmes, James S. 1988. "The Name and Nature of Translation Studies". In *Translated! Papers on Literary Translation and Translation Studies*, edited by James Holmes, 67–80. Amsterdam: Rodopi.
Hubscher-Davidson, Séverine. 2009. "Personal Diversity and Diverse Personalities in Translation: A Study of Individual Differences". *Perspectives: Studies in Translatology* 17 (3): 175–192.
——. 2011. "A Discussion of Ethnographic Research Methods and Their Relevance for Translation Process Research". *Across Languages and Cultures* 12 (1): 1–18.
——. 2013a. "Emotional Intelligence and Translation Studies: A New Bridge". *Meta: Translators'Journal* 58 (2): 324–346.
——. 2013b. "The Role of Intuition in the Translation Process: A Case Study". *Translation and Interpreting Studies* 8 (2): 211–232.
——. 2016. "Trait Emotional Intelligence and Translation: A Study of Professional Translators". *Target* 28 (1): 132–157.

———. forthcoming. "Do Translation Professionals Need to Tolerate Ambiguity to Be Successful? A Study of the Links Between Tolerance of Ambiguity, Emotional Intelligence and Job Satisfaction". In *American Translators Association Scholarly Monograph Series*, edited by Riitta Jääskeläinen and Isabel Lacruz. Amsterdam and Philadelphia: John Benjamins.

Isle of Anglesey County Council. 2017. Translator Job Description. Accessed April 2017. http://www.anglesey.gov.uk/Journals/j/f/a/Translator-31.03.15.pdf

Jääskeläinen, Riitta. 1999. *Tapping the Process: An Explorative Study of the Cognitive and Affective Factors Involved in Translating*. Joensuu: University of Joensuu.

———. 2012. "Translation Psychology". In *Handbook of Translation Studies 3*, edited by Yves Gambier and Luc van Doorslaer, 191–198. Amsterdam and Philadelphia: John Benjamins.

Jakobsen, Arnt Lykke. 2017. "Translation Process Research". In *Handbook of Translation and Cognition*, edited by John W. Schweiter and Aline Ferreira, 21–49. Hoboken: Wiley-Blackwell.

Janks, Hilary. 2002. "Critical Literacy: Beyond Reason". *Australian Educational Researcher* 29 (1): 7–27.

Joseph, Dana L. and DanielA. Newman. 2010. "Emotional Intelligence: An Integrative Metaanalysis and Cascading Model". *Journal of Applied Psychology* 95 (1): 54–78.

Kaplan, Alice. 2013. "Translation: The Biography of an Artform". In *In Translation— Translators on Their Work and What It Means*, edited by Esther Allen and Susan Bernofsky, 67–81. New York: Columbia University Press.

Kassin, Saul M. 2004. *Essentials of Psychology*. Upper Saddle River, NJ: Prentice Hall.

Kong, Feng, Jingjing Zhao, and Xuqun You. 2012. "Emotional Intelligence and Life Satisfaction in Chinese University Students: The Mediating Role of Self-Esteem and Social Support". *Personality and Individual Differences* 53: 1039–1043.

Koster, Cees. 2014. "Literary Translation". In *Translation: A Multidisciplinary Approach*, edited by Juliane House, 140–157. Basingstoke and New York: Palgrave Macmillian.

Krings, Hans P. 1986. "Translation Problems and Translation Strategies of Advanced German Learners of French (L2)". In *Interlingualand Intercultural Communication*, edited by Juliane House and Shoshana Blum-Kulka, 263–276. Tübingen: Narr.

Kußmaul, Paul. 1995. *Training the Translator*. Amsterdam and Philadelphia: John Benjamins.

———. 2000 *Kreatives Übersetzen*. Tübingen: Stauffenburg.

Künzli, Alexander. 2004. "Risk Taking: Trainee Translators vs. Professional Translators: A Case Study". *The Journal of Specialised Translation* 2: 34–49.

Kyaga, Simon, Mikael Landén, Marcus Boman, Christina M. Hultman, Niklas Långström, and Paul Lichtenstein. 2013. "Mental Illness, Suicide and Creativity: 40-Year Prospective Total Population Study". *Journal of Psychiatric Research* 47 (1): 83–90.

Laukkanen, Johanna. 1996. "Affective and Attitudinal Factors in Translation Processes". *Target: International Journal of Translation Studies* 8 (2): 257–274.

Lehka-Paul, Olha, and Bogusława Whyatt. 2016. "Does Personality Matter in Translation? Interdisciplinary Research into the Translation Process and Product". *Poznan Studies in Contemporary Linguistics* 52 (2): 317–349.

Lehr, Caroline. 2013. "Influences of Emotion on Cognitive Processing in Translation: A Framework and Some Empirical Evidence". Paper delivered at the *International Online Workshop on Affective Factors in Translation Process Research: To Feel or Not to Feel? That Is the Question*, Aston University, December 6.Lörscher, Wolfgang. 1991. *Translation Performance, Translation Process, and Translation Strategies*. Tübingen: Narr.

MacIntyre, Peter D. 2007. "Willingness to Communicate in the Second Language: Understanding the Decision to Speak as a Volitional Process". *The Modern Language Journal* 91 (4): 564–576.

Magai, Carol. 2008. "Long-Lived Emotions: A Life Course Perspective on Emotional Development". In *Handbook of Emotions*, Third edition, edited by Michael Lewis, Jeannette M. Haviland-Jones, and Lisa Feldman Barrett, 376–392. New York and London: The Guilford Press.

Martins, Alexandra, Nelson Ramalho, and Estelle Morin. 2010. "A Comprehensive Meta-Analysis of the Relationship Between Emotional Intelligence and Health". *Personality and Individual Differences* 49 (6): 554–564.

Mauss, Iris B., Catharine Evers, Frank H. Wilhelm, and James J. Gross. 2006. "How to Bite Your Tongue Without Blowing Your Top: Implicit Evaluation of Emotion Regulation Predicts Affective Responding to Anger Provocation". *Personality and Social Psychology Bulletin* 32 (5): 589–602.

Matthews, Gerald, Ian J. Deary, and Martha C. Whiteman. 2003. *Personality Traits*. Second edition. Cambridge and New York: Cambridge University Press.

Mavroveli, Stella, Kostantinos V. Petrides, Yolanda Sangareau, and Ndrian Furnham. 2009. "Exploring the Relationships Between Trait Emotional Intelligence and Objective Socio-Emotional Outcomes in Childhood". *British Journal of Educational Psychology* 79: 259–272.

Mavroveli, Stella, and María José Sanchez-Ruiz. 2011. "Trait Emotional Intelligence Influences on Academic Achievement and School Behaviour". *British Journal of Educational Psychology* 81: 112–134.

Mayer, John D., and Peter Salovey. 1993. "The Intelligence of Emotional Intelligence". *Intelligence* 17 (4): 433–442.

Mayer, John D., Peter Salovey, and David R. Caruso. 2008. "Emotional Intelligence: New Ability or Eclectic Traits? "*American Psychologist* 63: 503–517.

McCartney, Jamie L. 2016. "Is Grit the 'X-factor' for Interpreters Leaving the Profession? "*Translation & Interpreting* 8 (1): 30.

McCrae, Robert R. 2002. "The Maturation of Personality Psychology: Adult Personality Development and Psychological Well-Being". *Journal of Research in Personality* 36: 307–317.

McCrae, Robert R., and Paul T. Costa, Jr. 1996. "Toward a New Generation of Personality Theories: Theoretical Contexts for the Five-Factor Model". In *The Five-Factor Model of Personality*, edited by Jerry S. Wiggins, 51–87. New York: The Guildford Press.

——. 2008. "The Five-Factor Theory of Personality". In *Handbook of Personality*, edited by Oliver P. John, Richard W. Robins, and Lawrence A. Pervin, 159–181. New York: The Guildford Press.

——. 2012. *Personality in Adulthood: A Five-Factor Theory Perspective*. Second edition. New York and London: The Guilford Press.

McKinley, Sophia K., Emil R. Petrusa, Carina Fiedeldey-Van Dijk, John T. Mullen, Douglas S. Smink, Shannon E. Scott-Vernaglia, Tara S. Kent, W. Stephen Black-Schaffer, and Roy Phitayakorn. 2015. "A Multiinstitutional Study of the Emotional Intelligence of Resident Physicians". *The American Journal of Surgery* 209 (1): 26–33.

Merlini, Raffaela. 2015. "Empathy: A 'Zone of Uncertainty' in Mediated Healthcare Practice". *Cultus—The Journal of Intercultural Mediation and Communication* 8: 27–49

Mikolajczak, Moïra. 2010. "Going Beyond the Ability-Trait Debate: The Three-Level Model of Emotional Intelligence". *Sensoria: A Journal of Mind, Brain and Culture* 5 (2): 25–31.

Mikolajczak, Moïra, Kerrin Bodarwé, Olivier Laloyaux et al. 2010. "Association Between Frontal EEG Asymmetries and Emotional Intelligence Among Adults". *Personality and Individual Differences* 48 (2): 177–181.

Mikolajczak, Moïra, and Olivier Luminet. 2008. "Trait Emotional Intelligence and the Cognitive Appraisal of Stressful Events: An Exploratory Study". *Personality and Individual Differences* 44: 1445–1453.

Mikolajczak, Moïra, Olivier Luminet, Cécile Leroy, and Emmanuel Roy. 2007b. "Psychometric Properties of the Trait Emotional Intelligence Questionnaire: Factor Structure, Reliability, Construct, and Incremental Validity in a French-Speaking Population". *Journal of Personality Assessment* 88 (3): 338–353.

Mikolajczak, Moïra, Clémentine Menil and Olivier Luminet. 2007. "Explaining the Protective Effect of Trait Emotional Intelligence Regarding Occupational Stress: Exploration of Emotional Labour Processes". *Journal of Research in Personality* 41 (1): 107–1117.

Mikolajczak, Moïra, K. V. Petrides, Nathalie Coumans et al. 2009. "The Moderating Effect of Trait Emotional Intelligence on Mood Deterioration Following Laboratory Induced Stress". *International Journal of Clinical and Health Psychology* 9 (3) :455–477.

Mikolajczak, Moïra, Emmanuel Roy, Olivier Luminet, Catherine Fillée,and Philippe de Timary. 2007a. "The Moderating Impact of Emotional Intelligence on Free Cortisol Responses to Stress". *Psychoneuroendocrinology* 32 (8): 1000–1012.

Mikolajczak, Moïra, Emmanuel Roy, Valérie Verstrynge and Olivier Luminet. 2009. "An Exploration of the Moderating Effect of Trait Emotional Intelligence on Memory and Attention in Neutral and Stressful Conditions". *British Journal of Psychology* 100: 699–715.

Mischel, Walter, and Yuichi Shoda. 2008. "Toward a Unified Theory of Personality: Integrating Dispositions and Processing Dynamics Within the Cognitive-Affective Processing System". In *Handbook of Personality*, edited by Oliver P. John, Richard W. Robins, and Lawrence A. Pervin, 208–241. New York: The Guildford Press.

Momm, Tassilo, Gerhard Blickle, Yongmei Liu, Andreas Wihler, Mareike Kholin, and Jochen I. Menges. 2015. "It Pays to Have an Eye for Emotions: Emotion Recognition Ability Indirectly Predicts Annual Income". *Journal of Organizational Behavior* 36 (1): 147–163.

Muñoz Martín, Ricardo. 2010a. "The Way they Were: Subject Profiling in Translation Process Research". *Copenhagen Studies in Language* 38: 87–108.

——. 2010b. "On Paradigms and Cognitive Translatology". In *Translation and Cognition*, edited by Gregory M. Shreve and Erik Angelone, 169–187. Amsterdam and Philadelphia: John Benjamins.

——. 2012. "Standardizing Translation Process Research Methods and Reports". In *Iberian Studies on Translation and Interpreting*, edited by Isabel García-Izquierdo and Esther Monzó, 11–22. Oxford: Peter Lang.

——. 2014. "A Blurred Snapshot of Advances in Translation Process Research". In *Minding Translation*, Special Issue of *MonTI*, edited by Ricardo Muñoz Martín, 49–84. San Vicente del Raspeig: Publicaciones dela Universidad de Alicante.

——. 2016a. "Reembedding Translation Process Research: An Introduction". In *Reembedding Translation Process Research*, edited by Ricardo Muñoz Martín, 1–19. Amsterdam and Philadelphia: John Benjamins Publishing Company.

——. 2016b. "Of Minds and Men—Computers and Translators". *Poznan Studies in Contemporary Linguistics* 52 (2): 351–381.

Nelis, Delphine, Jordi Quoidbach, Moïra Mikolajczak et al. 2009. "Increasing Emotional Intelligence: (How) Is It Possible? "*Personality and Individual Differences* 47: 36–41.

Niiya, Yu, Phoebe C. Ellsworth, and Susumu Yamaguchi. 2006. "Amae in Japan and the United States: An Exploration of a 'Culturally Unique' Emotion". *Emotion* 6 (2): 279–295.O'Brien, Sharon. 2012. "Translation as Human—Computer Interaction". *Translation Spaces* 1 (1): 101–122.

O'Connor, Peter, Jessica Nguyen, and Jeromy Anglim. 2017. "Effectively Coping with Task Stress: A Study of the Validity of the Trait Emotional Intelligence Questionnaire—Short Form (TEIQue—SF) ". *Journal of Personality Assessment* 99 (3): 1–11.

Oatley, Keith,and P. N. Johnson-Laird. 2014. "Cognitive Approaches to Emotions". *Trends in*

Cognitive Sciences 18 (3): 134–140.
Ortony, Andrew, Donald A. Norman, and William Revelle. 2005. "Affect and Proto-Affect in Effective Functioning". In *Who Needs Emotions? The Brain Meets the Robot*, edited by Jean-Marc Fellous and Michael A. Arbib, 173–202. Oxford: Oxford University Press.
Ozaiska-Ponikwia, Katarzyna. 2013. *Emotions from a Bilingual Point of View— Personality and Emotional Intelligence in Relation to Perception and Expression of Emotions in the L1 and L2.* Newcastle upon Tyne: Cambridge Scholars Publishing.
PACTE Group. 2011. "Results of the Validation of the PACTE Translation Competence Model: Translation Project and Dynamic Translation Index". In *Cognitive Explorations of Translation*, edited by Sharon O'Brien, 30–53. London and New York: Continuum Studies in Translation.
Pavlenko, Aneta. 2008. "Emotion and Emotion-Laden Words in the Bilingual Lexicon". *Bilingualism: Language and Cognition* 11 (2): 147–164.
——. 2012. "Affective Processing in Bilingual Speakers: Disembodied Cognition?" *International Journal of Psychology* 47 (6): 405–428.
Pérez-González, Juan Carlos, and Maria-Jose Sanchez-Ruiz. 2014. "Trait Emotional Intelligence Anchored Within the Big Five, Big Two and Big One Frameworks". *Personality and Individual Differences* 65: 53–58.
Petrides, Kostantinos Vasily. 2001. "A Psychometric Investigation into the Construct of Emotional Intelligence". Unpublished Doctoral Dissertation, University CollegeLondon, UK.
——. 2004. "Empirical Findings from the Trait Emotional Intelligence Programme". Paper presented at the *First European CERE Conference on Emotions*, Amsterdam and The Netherlands.
——. 2009a. *Technical Manual for the Trait Emotional Intelligence Questionnaire* (TEIQue; 1st edition, 1st printing). London: London Psychometric Laboratory.
——. 2009b. "Psychometric Properties of the Trait Emotional Intelligence Questionnaire (TEIQue)". In *Advances in the Measurement of Emotional Intelligence*, edited by Con Stough, Donald H. Saklofske, and James D. A. Parker, 85–101. New York: Springer.
——. 2010. "Trait Emotional Intelligence Theory". *Industrial and Organizational Psychology* 3: 136–139.
——. 2011. "Ability and Trait Emotional Intelligence". In *The Wiley-Blackwell Handbook of Individual Differences*, edited by Tomas Chamorro-Premuzic, Sophie von Stumm, and Adrian Furnham, 656–678. Chichester: Wiley Blackwell.
Petrides, Kostantinos V., Norah Frederickson, and Adrian Furnham. 2004. "The Role of Trait Emotional Intelligence in Academic Performance and Deviant Behavior at School". *Personality and Individual Differences* 36 (2): 277–293.
Petrides, Kostantinos V., Moïra Mikolajczak, Stella Mavroveli, Maria-Jose Sanchez-Ruiz, Adrian Furnham, and Juan-Carlos Pérez-González. 2016. "Developments in Trait Emotional Intelligence Research". *Emotion Review* 8 (4): 1–7.
Petrides, Kostantinos Vasily, Lisa Niven, and Thalia Mouskounti. 2006. "The Trait Emotional Intelligence of Ballet Dancers and Musicians". *Psicothema* 18: 101–107.
Petrides, Kostantinos V., Ria Pita, and Flora Kokkinaki. 2007. "The Location of Trait Emotional Intelligence in Personality Factor Space". *British Journal of Psychology* 98 (2): 273–289.
Petrides, Kostantinos V., Philip A. Vernon, Julie Aitken Schermer and Livia Veselka. 2011. "Trait Emotional Intelligence and the Dark Triad Traits of Personality". *Twin Research and Human Genetics* 14: 35–41.Phelps, Elizabeth A. 2006. "Emotion and Cognition: Insights from Studies of the Human Amygdala". *Annual Review of Psychology* 57: 27–53.
Piirto, Jane. 2009. "The Personalities of Creative Writers". In *The Psychology of Creative Writing*, edited by Scott B. Kaufman and James C. Kaufman, 3–22. Cambridge: Cambridge University Press.
Pourjalali, Samaneh, E. M. Skrzynecky, and James C. Kaufman. 2009. "The Creative Writer,

Dysphoric Rumination, and Locus of Control". In *The Psychology of Creative Writing*, edited by Scott B. Kaufman and James C. Kaufman, 23–40. Cambridge: Cambridge University Press.

Ramos Caro, Marina. 2016. "Testing Audio Narration: The Emotional Impact of Language in Audio Description". *Perspectives* 24 (4): 606–634.

Ramos Caro, Marina, and Ana María Rojo López. 2014. " 'Feeling' Audio Description: Exploring the Impact of AD on Emotional Response". *Translation Spaces* 3 (1): 133–150.

Reiss, Katarina. 2000. *Translation Criticism*. Manchester: St. Jerome Publishing.

Revelle, William, and Klaus R. Scherer. 2009. "Personality (and Emotion)". In *The Oxford Companion to Emotion and the Affective Sciences*, edited by David Sander and Klaus R. Scherer, 304–305. Oxford: Oxford University Press.

Risku, Hanna. 2014. "Translation Process Research as Interaction Research: From Mental to Socio-Cognitive Processes". In *MonTI*, edited by Ricardo Muñoz Martín, 331–353. San Vicente del Raspeig: Publicaciones de la Universidad de Alicante.

Robinson, Michael D., Edward R. Watkins, and Eddie Harmon-Jones. 2013. "Cognition and Emotion: An Introduction". In *Handbook of Cognition and Emotion*, edited by Michael D. Robinson, Edward R. Watkins, and Eddie Harmon-Jones, 3–18. New York and London: The Guilford Press.

Rodríguez-Castro, Mónica. 2016. "Intrinsic and Extrinsic Sources of Translator Satisfaction: An Empirical Study". *Entreculturas* 7-8: 195–229.

Rojo, Ana. 2015. "Translation Meets Cognitive Science: The Imprint of Translation on Cognitive Processing". *Multilingua* 34 (6): 721–746.

——. 2017. "The Role of Emotions". In *Handbook of Translation and Cognition*, edited by John W. Schweiter and Aline Ferreira, 369–385. Hoboken: Wiley-Blackwell.

Rojo, Ana, and Marina Ramos Caro. 2016. "Can Emotion Stir Translation Skill? "In *Reembedding Translation Process Research*, edited by Ricardo Muñoz Martín, 107–130. Amsterdam and Philadelphia: John Benjamins.

Rojo, Ana, Marina Ramos, and Javier Valenzuela. 2014. "The Emotional Impact of Translation: A Heart Rate Study". *Journal of Pragmatics* 71: 31–44.

Rose, Julie. 2013. "The Art of Hearing the Voice". In *Perspectives on Literature and Translation—Creation, Circulation, Reception*, edited by Brian Nelson and Brigid Maher, 13–30. New York and London: Routledge.

Rosiers, Alexandra, June Eyckmans, and Daniel Bauwens. 2011. "A Story of Attitudes and Aptitudes? Investigating Individual Difference Variables Within the Context of Interpreting". *Interpreting* 13 (1): 53–69.

Russ, Sandra. 2009. "Pretend Play, Emotional Processes, and Developing Narratives". In *The Psychology of Creative Writing*, edited by Scott B. Kaufman and James C. Kaufman, 247–263. Cambridge: Cambridge University Press.

Rydell, Ann-Margret, Lisa Berlin, and GunillaBohlin. 2003. "Emotionality, Emotion Regulation, and Adaptation Among 5-to 8-Year-Old Children". *Emotion* 3 (1): 30.

Saldanha, Gabriela and Sharon O'Brien. 2013. *Research Methodologies in Translation Studies*. London and New York: Routledge.

Salovey, Peter and John D. Mayer. 1990. "Emotional Intelligence". *Imagination, Cognition and Personality* 9 (3): 185–211.

Schein, Jerome D. 1974. "Personality Characteristics Associated with Interpreter Proficiency". *Journal of the American Deafness and Rehabilitation Association* 7 (3): 33–43.

Scherer, Klaus. 2009. "Emotion Theories and Concepts (Psychological Perspectives)". In *The Oxford Companion to Emotion and the Affective Sciences*, edited by David Sander and Klaus R. Scherer, 145–151. Oxford: Oxford University Press.

Schweda-Nicholson, Nancy. 2005a. "Personality Characteristics of Interpreter Trainees: The My-

ers-Briggs Type Indicator (MBTI)". *The Interpreters'Newsletter* 13: 109–142.
——. 2005b. "What Makes a Good Interpreter? A Study of Interpreter Trainees' Personality Traits". 국제회의 통역과 번역 7 (2): 61–100.
Secret Intelligence Service MI6. 2017. Language Specialists. Accessed April 2017. https://www.sis.gov.uk/language-specialist.html
Shao, KaiQi, WeiHuaYu, and ZhongMin Ji. 2013. "The Relationship Between EFL Students' Emotional Intelligence and Writing Achievement". *Innovation in Language Learning and Teaching* 7: 107–124.
Shaw, Sherry, Sarka Timarová and Heidi Salaets. 2008. "Measurement of Cognitive and Personality Traits in Determining Aptitude of Spoken and Signed Language Interpreting Students". In *Putting the Pieces Together: A Collaborative Approach to Educational Excellence*, edited by Len Roberson and Sherry Shaw. University of North Florida: Conference of Interpreter Trainers.
Shields, Kathleen M., and Michael J. Clarke. (eds.) 2011. *Translating Emotion: Studies in Transformation and Renewal Between Languages*. Oxford: Peter Lang.
Siegling, Alexander B., Charlotte Nielsen, and K. V. Petrides. 2014. "Trait Emotional Intelligence and Leadership in a European Multinational Company". *Personality and Individual Differences* 65: 65–68.
Siegling, Alexander. B., K. V. Petrides, and Khatuna Martskvishvili. 2015. "An Examination of a New Psychometric Method for Optimizing Multi-Faceted Assessment Instruments in the Context of Trait Emotional Intelligence". *European Journal of Personality* 29 (1): 42–54.
Siegling, Alexander B., Donald H. Saklofske, Ashley K. Vesely, and David W. Nordstokke. 2012. "Relations of Emotional Intelligence with Gender-Linked Personality: Implications for a Refinement of EI Constructs". *Personality and Individual Differences* 52: 776–781.
Siegling, Alexander B., Mireille Sfeir, and Hedley John Smyth. 2014. "Measured and Self-Estimated Trait Emotional Intelligence in a UK Sample of Managers". *Personality and Individual Differences* 65: 59–64.
Sjørup, Annette C. 2011. "Cognitive Effort in Metaphor Translation: An Eye-Tracking Study". In *Cognitive Explorations of Translation*, edited by Sharon O'Brien, 197–214. London and New York: Continuum Studies in Translation.
Spranger, Eduard. 1920. *Lebensformen: Geisteswissenschaftliche Psychologie und Ethik der Persönlichkeit*. Halle: M. Niemeyer.
Stern, Hans Heinrich. 1983. *Fundamental Concepts of Language Teaching: Historicaland Interdisciplinary Perspectives on Applied Linguistic Research*. Oxford: Oxford University Press.
Suri, Gaurav, Gal Sheppes, and James J. Gross. 2013. "Emotion Regulation and Cognition". In *Handbook of Cognition and Emotion*, edited by Michael D. Robinson, Edward R. Watkins, and Eddie Harmon-Jones, 195–209. New York and London: The Guilford Press.
Thorndike, Edward L. 1920. "Intelligence and Its Uses". *Harper's Magazine* 140: 227–235.
Timarová, Sárka, and Heidi Salaets. 2011. "Learning Styles, Motivation and Cognitive Flexibility in Interpreter Training: Self-Selection and Aptitude". *Interpreting* 13 (1): 31–52.
Tsaousis, Ioannis, and Smaragda Kazi. 2013. "Factorial Invariance and Latent Mean Differences of Scores on Trait Emotional Intelligence Across Gender and Age". *Personality and Individual Differences* 54 (2): 169–173.
United Nations Development Programme. 2017. Senior Translator/Interpreter, UNDP Iraq. Accessed April 2017. https://jobs.undp.org/cj_view_job.cfm? cur_job_id= 36267
Uva, de Sousa M. C., Philippe de Timary, Marie Cortesi, Moïra Mikolajczak, Paul du Roy de-Blicquy, and Olivier Luminet. 2010. "Moderating Effect of Emotional Intelligence on the Role of Negative Affect in the Motivation to Drink in AlcoholDependent Subjects Undergoing Protracted Withdrawal". *Personality and Individual Differences* 48 (1): 16–21.
Vernon, Philip A., Vanessa C. Villani, Julie Aitken Schermer, and K. V. Petrides. 2008. "Phe-

notypic and Genetic Associations Between the Big Five and Trait Emotional Intelligence". *Twin Research and Human Genetics* 11 (5): 524–530.

Wilcox, Sherman. 1981. "The Myers-Briggs Type Indicator: Personality Types of Sign Language Students". *Journal of Interpretation* 1 (1): 39–50.

Wilson, Rosemary, and Jean-Marc Dewaele. 2010. "The Use of Web Questionnaires in Second Language Acquisition and Bilingualism Research". *Second Language Research* 26 (1): 103–123.

Wranik, Tanja, Lisa Feldman Barrett, and Peter Salovey. 2007. "Intelligent Emotion Regulation". In *Handbook of Emotion Regulation*, edited by James J. Gross, 393–428. New York: The Guilford Press.

Zannirato, Alessandro. 2013. "The Quest for 'Perfection' Multidisciplinary Reflections on Aptitude and Affect in Interpreter Selection and Training". *The Interpreter and Translator Trainer* 7 (1): 107–127.

第2章 情绪感知

Adolphs, Ralph. 2010. "Recognition of Emotion". In *The Oxford Companion to Emotion and the Affective Sciences*, edited by David Sander and Klaus R. Scherer, 330–333. Oxford: Oxford University Press.

Atkinson, Anthony P., and Ralph Adolphs. 2005. "Visual Emotion Perception: Mechanisms and Processes". In *Emotion and Consciousness*, edited by Lisa Feldman Barrett, Paula M. Niedenthal, and Piotr Winkielman, 150–182. New York and London: The Guilford Press.

Austin, Elizabeth J. 2004. "An Investigation of the Relationship Between Trait Emotional Intelligence and Emotional Task Performance". *Personality and Individual Differences* 36 (8): 1855–1864.

———. 2005. "Emotional Intelligence and Emotional Information Processing". *Personality and Individual Differences* 39 (2): 403–414.

Aviezer, Hillel, Ran R. Hassin, Jennifer Ryan, Cheryl Grady, Josh Susskind, Adam Anderson, Morris Moscovitch, and Shlomo Bentin. 2008. "Angry, Disgusted, or Afraid? Studies on the Malleability of Emotion Perception". *Psychological Science* 19 (7): 724–732.

Bänziger, Tanja, Marcello Mortillaro, and Klaus R. Scherer. 2012. "Introducing the Geneva Multimodal Expression Corpus for Experimental Research on Emotion Perception". *Emotion* 12 (5): 1161–1179.

Barrett, Lisa Feldman. 2006. "Solving the Emotion Paradox: Categorization and the Experience of Emotion". *Personality and Social Psychology Review* 10 (1): 20–46.

Barrett, Lisa Feldman, and Elizabeth A. Kensinger. 2010. "Context Is Routinely Encoded During Emotion Perception". *Psychological Science* 21 (4): 595–599.

Barrett, Lisa Feldman, Kristen A. Lindquist, and Maria Gendron. 2007. "Language as Context for the Perception of Emotion". *Trends in Cognitive Sciences* 11 (8): 327–332.

Barrett, Lisa Feldman, BatjaMesquita, and Maria Gendron. 2011. "Context in Emotion Perception". *Current Directions in Psychological Science* 20 (5): 286–290.

Bassnett, Susan. 2006. "Writing and Translating". In *The Translator as Writer*, edited by Susan Bassnett and Peter Bush, 173–183. London and New York: Continuum.

Baumgartner, Thomas, Michaela Esslen, and Lutz Jäncke. 2006. "From Emotion Perception to Emotion Experience: Emotions Evoked by Pictures and Classical Music". *International Journal of Psychophysiology* 60 (1): 34–43.

Bernofsky, Susan. 2013. "Translation and the Art of Revision". In *In Translation—Translators on Their Work and What It Means*, edited by Esther Allen and Susan Bernofsky, 223–233. New York: Columbia University Press.

Berns, Gregory S., Kristina Blaine, Michael J. Prietula, and Brandon E. Pye. 2013. "Short-and

Long-Term Effects of a Novel on Connectivity in the Brain". *Brain Connectivity* 3（6）：590–600.

Bornhofen, Cristina, and Skye McDonald. 2008. "Treating Deficits in Emotion Perception Following Traumatic Brain Injury". *Neuropsychological Rehabilitation* 18（1）：22–44.

Bouhuys, Antoinette L., Gerda M. Bloem, and Ton G. G. Groothuis. 1995. "Induction of Depressed and Elated Mood by Music Influences the Perception of Facial Emotional Expressions in Healthy Subjects". *Journal of Affective Disorders* 33（4）：215–226.

Brosch, Tobias, Gilles Pourtois, and David Sander. 2010. "The Perception and Categorisation of Emotional Stimuli: A Review". In *Cognition and Emotion*, edited by Jan De Houwer and Dirk Hermans, 66–99. Hove and New York: Psychology Press.

Bush, Peter. 2013. "Memory, War and Translation: Mercè Rodoreda's *In Diamond Square* ". In *Perspectives on Literature and Translation—Creation, Circulation, Reception*, edited by Brian Nelson and Brigid Maher, 31–46. New York and London: Routledge.

Byron, Kristin. 2008. "Carrying Too Heavy a Load? The Communication and Miscommunication of Emotion by Email". *Academy of Management Review* 33（2）：309–327.

Canli, Turhan, Zuo Zhao, James Brewer, John D. E. Gabrieli, and Larry Cahill. 2000. "Event-Related Activation in the Human Amygdala Associates with Later Memory for Individual Emotional Experience". *The Journal of Neuroscience* 20：1–5.

Cole, Peter. 2013. "Making Sense in Translation: Toward an Ethic of the Art". In *In Translation—Translators on Their Work and What It Means*, edited by Esther Allen and Susan Bernofsky, 3–16. New York: Columbia University Press.

Costa, Margaret Jull. 2007. "Mind the Gap: Translating the 'Untranslatable' Mind the Gap: Translating the 'Untranslatable' ". In *Voices in Translation: Bridging Cultural Divides*, edited by Gunilla Anderman, 111–122. Clevedon and New York: Multilingual Matters.

Davidoff, Jules. 2001. "Language and Perceptual Categorisation". *Trends in Cognitive Sciences* 5（9）：382–387.

Del Rio, Isabel. 2014. "Affective Translation". Seminar, School of Advanced Study, University of London, May 10.

Dewaele, Jean-Marc. 2010. *Emotions in Multiple Languages*. Basingstoke and New York: Palgrave Macmillan.

——. 2013. "Communicating Emotions in a Foreign Language". In *Applied Linguistics in the Age of Globalisation*, CD-Rom, edited by A. Llances Baro, L. A. Ciro, L. Gallego Balsa, and R.M. Matea Serra, 16–26. Lleida: Edicions dela Universitat de Lleida.

Elfenbein, Hillary A., and Nalini Ambady. 2003. "When Familiarity Breeds Accuracy: Cultural Exposure and Facial Emotion Recognition". *Journal of Personality and Social Psychology* 85（2）：276–290.

Emmerich, Michael. 2013. "Beyond, Between: Translation, Ghosts, Metaphors". In *In Translation—Translators on Their Work and What It Means*, edited by Esther Allen and Susan Bernofsky, 44–57. New York: Columbia University Press.

Gendron, Maria, Debi Roberson, Jacoba Marietta van der Vyver, and Lisa Feldman Barrett. 2014. "Perceptions of Emotion from Facial Expressions Are Not Culturally Universal: Evidence from a Remote Culture". *Emotion* 14（2）：251–262.

Gross, James. 2008. "Emotion and Emotion Regulation: Personality Processes and Individual Differences". In *Handbook of Personality*, edited by Oliver P. John, Richard W. Robins, and Lawrence A. Pervin, 701–724. New York: The Guildord Press.

Guarino, Leticia, Derek Roger, and Daniel Thor Olason. 2007. "Reconstructing N: A New Approach to Measuring Emotional Sensitivity". *Current Psychology* 26（1）：37–45.

Halverson, Sandra L. 2014. "Reorienting Translation Studies: Cognitive Approaches and the Centrality of the Translator". In *Translation: A Multidisciplinary Approach*, edited by Juliane

House, 116-139. Basingstoke and New York: Palgrave Macmillian.
Herbert, Cornelia, Markus Junghofer, and Johanna Kissler. 2008. "Event Related Potentials to Emotional Adjectives During Reading". *Psychophysiology* 45: 487-498.
Higgins, E. Tory, and Abigail A. Scholer. 2008. "When is Personality Revealed? A Motivated Cognition Approach". In *Handbook of Personality: Theory and Research*, edited by Oliver P. John, Richard W. Robins, and Lawrence A. Pervin, 182-207. New York: The Guilford Press.
Hvelplund, Kristian T., and Barbara Dragsted. forthcoming. "Genre Familiarity and Translation Processing: Differences and Similarities Between Literary and LSP Translators". In *American Translators Association Scholarly Monograph Series*, edited by Riitta Jääskeläinen and Isabel Lacruz. Amsterdam and Philadelphia: John Benjamins.
Holierhoek,J. 2008. "De Memoires Van een Moordenaar: Les Bienveillantes Vertaald". *Filter* 15 (4): 3-11.
Hubscher-Davidson, Séverine. 2013. "The Role of Intuition in the Translation Process: A Case Study". *Translation and Interpreting Studies* 8 (2): 211-232.
Jääskeläinen, Riitta. 2012. "Translation Psychology". In *Handbook of Translation Studies: Volume 3*, edited by Yves Gambier and Luc Van Doorslaer, 191-197. Amsterdam and Philadelphia: John Benjamins.
Johnson, D. R., Huffman, B. L., Jasper, D. M. 2014. "Changing Race Boundary Perception by Reading Narrative Fiction". *Basic and Applied Social Psychology* 36 (1): 83-90.
Jones, Francis R. 2011. *Poetry Translating as Expert Action: Processes, Priorities and Networks*. Amsterdam and Philadelphia: John Benjamins.
Kaplan, Alice. 2013. "Translation: The Biography of an Artform". In *In Translation— Translators on Their Work and What It Means*, edited by Esther Allen and Susan Bernofsky, 67-81. New York: Columbia University Press.
Kenesei, Andrea. 2010. *Poetry Translation Through Reception and Cognition: The Proof of Translation Is in the Reading*. Newcastle: Cambridge Scholars Publishing.
Kidd, David C., and Emanuele Castano. 2013. "Reading Literary Fiction Improves Theory of Mind". *Science* 342 (6156): 377-380.
King, Laura A. 1998. "Ambivalence Over Emotional Expression and Reading Emotions in Situations and Faces". *Journal of Personality and Social Psychology* 74: 753-762.
Kinsella, John. 2011. "East Meets West: Some Portuguese Translations of Eastern Poetry". In *Translating Emotion: Studies in Transformation and Renewal Between Languages*, edited by Kathleen Shieds and Michael Clarke, 55-66. Bern: Peter Lang.
Kissler, Johanna, Cornelia Herbert, Peter Peyk, and Markus Junghofer. 2007. "Buzzwords: Early Cortical Responses to Emotional Words During Reading". *Psychological Science* 18 (6): 475-480.
Kissler, Johanna, Cornelia Herbert, Irene Winkler, and Markus Junghofer. 2009. "Emotion and Attention in Visual Word Processing: An ERP Study". *Biological Psychology* 80 (1): 75-83.
Kolb, Waltraud. 2013. " 'Who Are They?"Decision-Making in Literary Translation". In *Tracks and Treks in Translation Studies: Selected Papers from the EST Congress, Leuven 2010*, edited by Catherine Way, Sonia Vandepitte, Reine Meylaerts, and Magdalena Bartlomiejczyk, 207-221. Amsterdam and Philadelphia: John Benjamins.
Koster, Cees. 2014. "Literary Translation". In *Translation: A Multidisciplinary Approach*, edited by Juliane House, 140-157. Basingstoke and New York: Palgrave Macmillan.Lindquist, Kristen A., Lisa Feldman Barrett, Eliza Bliss-Moreau, and James A. Russell. 2006. "Language and the Perception of Emotion". *Emotion* 6 (1): 125-138.
Lindquist, Kristen A., and Maria Gendron. 2013. "What's in a Word? Language Constructs Emotion Perception". *Emotion Review* 5 (1): 66-71.
Lindquist, Kristen A., Tor D. Wager, Hedy Kober, Eliza Bliss-Moreau, and Lisa Feldman Bar-

rett. 2012. "The Brain Basis of Emotion: A Meta-Analytic Review". *Behavioral and Brain Sciences* 35 (3): 121–143.

Magai, Carol. 2008. "Long-Lived Emotions: A Life Course Perspective on Emotional Development". In *Handbook of Emotions*, edited by Michael Lewis, Jeannette M. Haviland-Jones, and Lisa Feldman Barrett, 376–392. New York and London: The Guilford Press.

Maier, Carol. 2002. "Translation, *Dépaysement*, and Their Figuration". In *Translation and Power*, edited by Maria Tymoczko and Edwin Gentzler, 184–194. Amherst: University of Massachusetts Press.

——. 2006. "Translating as a Body: Meditations on Mediation (Excerpts 1994–2004)". In *The Translator as Writer*, edited by Susan Bassnett and Peter Bush, 137–148. London and New York: Continuum.

Marsh, Abigail A., Hillary Anger Elfenbein, and Nalini Ambady. 2003. "Nonverbal 'Accents': Cultural Differences in Facial Expressions of Emotion". *Psychological Science* 14 (4): 373–376.

Martin, RodA., Glen E. Berry, Tobi Dobranski, Marilyn Horne, and Philip G. Dodgson. 1996. "Emotion Perception Threshold: Individual Differences in Emotional Sensitivity". *Journal of Research in Personality* 30 (2): 290–305.

Mather, Mara, and Matthew R. Sutherland. 2011. "Arousal-Biased Competition in Perception and Memory". *Perspectives on Psychological Science* 6 (2): 114–133.

Momm, Tassilo, Gerhard Blickle, Yongmei Liu, Andreas Wihler, Mareike Kholin, and Jochen I. Menges. 2015. "It Pays to Have an Eye for Emotions: Emotion Recognition Ability Indirectly Predicts Annual Income". *Journal of Organizational Behavior* 36 (1): 147–163.

Murphy, Fionnuala C., Michael P. Ewbank, and Andrew J. Calder. 2012. "Emotion and Personality Factors Influence the Neural Response to Emotional Stimuli". *Behavioral and Brain Sciences* 35 (3): 156–157.

Neal, David. T., and Tanya L. Chartrand. 2011. "Embodied Emotion Perception: Amplifying and Dampening Facial Feedback Modulates Emotion Perception Accuracy". *Social Psychological and Personality Science* 2 (6): 673–678.

O'Sullivan, Carol. 2006. "Retranslating Ireland: Orality and Authenticity in French and German Translations of Blasket Island Autobiography". In *Translating Others 2*, edited by Theo Hermans, 380–391. Manchester: St Jerome Publishing.

Ozaiska-Ponikwia, Katarzyna. 2013. *Emotions from a Bilingual Point of View— Personality and Emotional Intelligence in Relation to Perception and Expression of Emotions in the L1 and L2*. Newcastle upon Tyne: Cambridge Scholars Publishing.

Petrides, Kostantinos V. 2009. *Technical Manual for the Trait Emotional Intelligence Questionnaire* (TEIQue; 1st edition, 1st printing). London: London Psychometric Laboratory.

Petrides, Kostantinos V., and Adrian Furnham. 2003. "Trait Emotional Intelligence: Behavioural Validation in Two Studies of Emotion Recognition and Reactivity to Mood Induction". *European Journal of Personality* 57: 39–57.

——. 2006. "The Role of Trait Emotional Intelligence in a Gender-Specific Model of Organizational Variables". *Journal of Applied Social Psychology* 36 (2): 552–569.

Phelps, Elizabeth A. 2006. "Emotion and Cognition: Insights from Studies of the Human Amygdala". *Annual Review of Psychology* 57: 27–53.

Phelps, Elizabeth A., Sam Ling, and Marisa Carrasco. 2006. "Emotion Facilitates Perception and Potentiates the Perceptual Benefits of Attention".*Psychological Science* 17 (4): 292–299.

Pinkham, Amy E., David L. Penn, Diana O. Perkins, Karen A. Graham, and Monica Siegel. 2007. "Emotion Perception and Social Skill Over the Course of Psychosis: A Comparison of Individuals 'at-Risk' for Psychosis and Individuals with Early and Chronic Schizophrenia Spectrum Illness". *Cognitive Neuropsychiatry* 12 (3): 198–212.

Poon, June M. L. 2004. "Career Commitment and Career Success: Moderating Role of Emotion-Perception". *Career Development International* 9 (4): 374–390.

Porter, Catherine. 2013. "Translation as Scholarship". In *In Translation—Translators on Their Work and What It Means*, edited by Esther Allen and Susan Bernofsky, 58–66. New York: Columbia University Press.

Pourtois, Gilles, Antonio Schettino, and Patrik Vuilleumier. 2013. "Brain Mechanisms for Emotional Influences on Perception and Attention: What is Magic and What Is Not". *Biological Psychology* 92: 492–512.

Reynolds, Sian. 2014. "Affective Translation". Seminar, School of Advanced Study, University of London, May 10.

Robinson, Douglas. 1991. *The Translator's Turn*. Baltimore: John Hopkins University Press.

Rose, Julie. 2013. "The Art of Hearing the Voice". In *Perspectives on Literature and Translation—Creation, Circulation, Reception*, edited by Brian Nelson and Brigid Maher, 13–30. New York and London: Routledge.

Rutherford, Mel D., and Ashley M. Towns. 2008. "Scan Path Differences and Similarities During Emotion Perception in Those with and Without Autism Spectrum Disorders". *Journal of Autism and Developmental Disorders* 38 (7): 1371–1381.

Scherer, Klaus R., Elizabeth Clark-Polner, and Marcello Mortillaro. 2011. "In the Eye of the Beholder? Universality and Cultural Specificity in the Expression and Perception of Emotion". *International Journal of Psychology* 46 (6): 401–435.

Shields, Kathleen. 2011. "Auditory Images as Sites of Emotion: Translating Gerard Manley Hopkins into French". In *Translating Emotion: Studies in Transformation and Renewal Between Languages*, edited by Kathleen Shieds and Michael Clarke, 87–105. Bern: Peter Lang.

Shields, Kathleen, and Michael Clarke. (eds.) 2011. "Introduction". In *Translating Emotion: Studies in Transformation and Renewal Between Languages*, edited by Kathleen Shieds and Michael Clarke, 1–8. Bern: Peter Lang.

Sleek, Scott. 2014. "Literary Character: Researchers Test Fiction as a Foundation for Empathy and Social Skills". *Observer* 27 (7). Accessed September 2014. www. psychologicalscience. org/index.php/publications/observer/2014/september-14/ literary character.html.

Tamietto, Marco, and Beatrice de Gelder. 2010. "Neural Bases of the Non-Conscious Perception of Emotional Signals". *Nature Reviews Neuroscience* 11: 697–709.

Tanaka, Akihiro, Ai Koizumi, Hisato Imai, Saori Hiramatsu, Eriko Hiramoto, and Beatrice de Gelder. 2010. "I Feel Your Voice: Cultural Differences in the Multisensory Perception of Emotion". *Psychological Science* 21 (9): 1259–1262.

Tracy, Jessica L, and Richard W. Robins. 2008. "The Automaticity of Emotion Recognition". *Emotion* 8 (1): 81–95.

Van Boven, Leaf, Katherine White, and Michaela Huber. 2009. "Immediacy Bias in Emotion Perception: Current Emotions Seem More Intense than Previous Emotions". *Journal of Experimental Psychology* 138 (3): 368–382.

Vaskinn, Anja, Kjetil Sundet, Svein Friis, Carmen Simonsen, Astrid B. Birkenaes, John A. Engh, H. Jónsdóttir, Petter A. Ringen, Stein Opjordsmoen, and Ole A. Andreassen. 2007. "The Effect of Gender on Emotion Perception in Schizophrenia and Bipolar Disorder". *Acta Psychiatrica Scandinavica* 116 (4): 263–270.

Vuoskoski, Jonna K., and Tuomas Eerola. 2011. "The Role of Mood and Personality in the Perception of Emotions Represented by Music". *Cortex* 47 (9): 1099–1106.

Winkielman, Piotr, Kent C. Berridge, and Julia L. Wilbarger. 2005a. "Unconscious Affective Reactions to Masked Happy Versus Angry Faces Influence Consumption Behavior and Judgments of Value". *Personality and Social Psychology Bulletin* 31 (1): 121–135.

——. 2005b. "Emotion, Behavior, and Conscious Experience: Once More Without Feeling". In

Emotion and Consciousness, edited by Lisa Feldman Barrett, Paula M. Niedenthal, and Piotr Winkielman, 335–362. New York and London: The Guilford Press.

Yoo, Seung Hee, David Matsumoto, and Jeffrey A. LeRoux. 2006. "The Influence of Emotion Recognition and Emotion Regulation on Intercultural Adjustment". *International Journal of Intercultural Relations* 30（3）: 345–363.

Zeelenberg, René, Eric-Jan Wagenmakers, and Mark Rotteveel. 2006. "The Impact of Emotion on Perception: Bias or Enhanced Processing? "*Psychological Science* 17（4）: 287–291.

第3章 情绪调节

Aldao, Amelia. 2013. "The Future of Emotion Regulation Research: Capturing Context". *Perspectives on Psychological Science* 8（2）: 155–172.

Allen, Esther, and Susan Bernofsky. 2013. "Introduction: A Culture of Translation". In *In Translation—Translators on Their Work and What It Means*, edited by Esther Allen and Susan Bernofsky, xiii–xxiii. New York: Columbia University Press.

Augustine, Adam, A., Randy J. Larsen, and Hwaryung Lee. 2013. "Affective Personality Traits and Cognition". In *Handbook of Cognition and Emotion*, edited by Michael D. Robinson, Edward R. Watkins, and Eddie Harmon-Jones, 312–328. New York: The Guilford Press.

Bargh, John A., and Lawrence E. Williams. 2007. "The Nonconscious Regulation of Emotion". In *Handbook of Emotion Regulation*, edited by James J. Gross, 429–445. New York: The Guilford Press.

Beal, Daniel J., John P. Trougakos, Howard M. Weiss, and Reeshad S. Dalal. 2013. "Affect Spin and the Emotion Regulation Process at Work". *Journal of Applied Psychology* 98（4）: 593–605.

Bontempo, Karen, and Karen Malcolm. 2012. "An Ounce of Prevention Is Worth a Pound of Cure: Educating Interpreters About the Risk of Vicarious Trauma in Healthcare Settings". In *In Our Hands: Educating Healthcare Interpreters*, edited by Karen Malcolm and Laurie Swabey, 105–130. Washington, DC: Gallaudet University Press.

Butler, Emily A., Tiane L. Lee, and James J. Gross. 2007. "Emotion Regulation and Culture: Are the Social Consequences of Emotion Suppression Culture-Specific? "*Emotion* 7（1）: 30–48.Campbell-Sills, Laura, and David H. Barlow. 2007. "Incorporating Emotion Regulation into Conceptualizations and Treatments of Anxiety and Mood Disorders". In *Handbook of Emotion Regulation*, edited by James J. Gross, 542–559. New York: The Guilford Press.

Campbell-Sills, Laura, David H. Barlow, Timothy A. Brown, and Stefan G. Hofmann. 2006. "Effects of Suppression and Acceptance on Emotional Responses of Individuals with Anxiety and Mood Disorders". *Behaviour Research and Therapy* 44（9）: 1251–1263.

Cleary, Timothy J., and Peter Platten. 2013. "Examining the Correspondence Between Self-Regulated Learning and Academic Achievement: A Case Study Analysis". *Education Research International*. Accessed January 2014. www.hindawi.com/journals/edri/2013/272560/.

Cole, Peter. 2013. "Making Sense in Translation: Toward an Ethic of the Art". In *In Translation—Translators on Their Work and What It Means*, edited by Esther Allen and Susan Bernofsky, 3–16. New York: Columbia University Press.

Dan-Glauser, Elise S., and James J. Gross. 2013. "Emotion Regulation and Emotion Coherence: Evidence for Strategy-Specific Effects". *Emotion* 13（5）: 832–842.

D'Avanzato, Catherine, and JuttaJoormann. 2013. "Emotion Regulation in Depression and Anxiety: Examining Diagnostic Specificity and Stability of Strategy Use". *Cognitive Therapy Research* 37: 968–980.

De Castella, Krista, Philippe Goldin, Hooria Jazaieri, Michal Ziv, Carol S. Dweck, and James J. Gross. 2013. "Beliefs About Emotion: Links to Emotion Regulation, Well-Being, and Psychological Distress". *Basic and Applied Social Psychology* 35（6）: 497–505.

EMT Expert Group, European Commission. 2009. "EMT Competences". Accessed January 2014. http://ec.europa.eu/dgs/translation/programmes/emt/key_docu ments/emt_competences_translators_en.pdf.

English, Tammy, John P. Iliver, Sanjay Srivastava, and James J. Gross. 2012. "Emotion Regulation and Peer-Rated Social Functioning: A 4-Year Longitudinal Study". *Journal of Research in Personality* 46: 780–784.

EROS Research Group. "About EROS". Accessed January 2013. www.erosresearch. org/index.php/about%20eros/.

Grant, Adam M. 2013. "Rocking the Boat but Keeping It Steady: The Role of Emotion Regulation in Employee Voice". *Academy of Management Journal* 56 (6): 1703–1723.

Gross, James J. 1998a. "Antecedent-and Response-Focused Emotion Regulation: Divergent Consequences for Experience, Expression, and Physiology". *Journal of Personality and Social Psychology* 74: 224–237.

——. 1998b. "The Emerging Field of Emotion Regulation: An Integrative Review". *Review of General Psychology* 2: 271–299.

——. (ed.) 2007. *Handbook of Emotion Regulation*. New York: The Guilford Press.

——. 2013. "Emotion Regulation: Taking Stock and Moving Forward". *Emotion* 13 (3): 359–365.

Gross, James J., and Oliver John. 2003. "Individual Differences in Two Emotion Regulation Processes: Implications for Affect, Relationships, and Well-Being". *Journal of Personality and Social Psychology* 85 (2): 348–362.

Gross, James J., and Ross A. Thompson. 2007. "Emotion Regulation: Conceptual Foundations". In *Handbook of Emotion Regulation*, edited by James J. Gross, 3–24. New York: The Guilford Press.

Hansen, Gyde. 2005. "Experience and Emotion in Empirical Translation Research with Think-Aloud and Retrospection". *Meta—Translators'Journal* 50 (2): 511–521.

Hild, Adelina. 2014. "The Role of Self-Regulatory Processes in the Development of Interpreting Expertise". In Special Issue of *Translation and Interpreting Studies* 9 (1): 128–149.

John, Oliver P., and James J. Gross. 2004. "Healthy and Unhealthy Emotion Regulation: Personality Processes, Individual Differences, and Life Span Development". *Journal of Personality* 72 (6): 1301–1334.

——. 2007. "Individual Differences in Emotion Regulation". In *Handbook of Emotion Regulation*, edited by James J. Gross, 351–372. New York: The Guilford Press.

Kaplan, Alice. 2013. "Translation: The Biography of an Artform". In *In Translation— Translators on Their Work and What It Means*, edited by Esther Allen and Susan Bernofsky, 67–81. New York: Columbia University Press.

Layder, Derek. 2004. *Social and Personal Identity: Understanding Yourself*. London and Thousand Oaks, CA: Sage.

Layton, Rebekah L., and Mark Muraven. 2014. "Self-Control Linked with Restricted Emotional Extremes". *Personality and Individual Differences* 58: 48–53.

Lopes, PauloN., John B. Nezlek, Natalio Extremera, Janine Hertel, Pablo Fernández-Berrocal, Astrid Schütz, and Peter Salovey. 2011. "Emotion Regulation and the Quality of Social Interaction: Does the Ability to Evaluate Emotional Situations and Identify Effective Responses Matter? "*Journal of Personality* 79 (2): 429–467.

Matsumoto, David. 2006. "Are Cultural Differences in Emotion Regulation Mediated by Personality Traits? "*Journal of Cross-Cultural Psychology* 37 (4): 421–437.

Matsumoto,David, Yoo Seung Hee, and Sanae Nakagawa. 2008. "Culture, Emotion Regulation, and Adjustment". *Attitudes and Social Cognition* 94 (6): 925–937.

McRae, Kateri, Megan S. Heller, Oliver P. John, and James J. Gross. 2011. "Context-Depend-

ent Emotion Regulation: Suppression and Reappraisal at the Burning Man Festival". *Basic and Applied Social Psychology* 33: 346–350.
Mesquita, Batja, and Dustin Albert. 2007. "The Cultural Regulation of Emotions". In *Handbook of Emotion Regulation*, edited by James J. Gross, 486–503. New York: The Guilford Press.
Mikolajczak, Moïra, and Olivier Luminet. 2008. "Trait Emotional Intelligence and the Cognitive Appraisal of Stressful Events: An Exploratory Study". *Personality and Individual Differences* 44: 1445–1453.
Mikolajczak, Moïra, Olivier Luminet, and Clémentine Menil. 2006. "Predicting Resistance to Stress: Incremental Validity of Trait Emotional Intelligence Over Alexithymia and Optimism". *Psicothema* 18: 79–88.
Mikolajczak, Moïra, Clémentine Menil, and Olivier Luminet. 2007. "Explaining the Protective Effect of Trait Emotional Intelligence Regarding Occupational Stress: Exploration of Emotional Labour Processes". *Journal of Research in Personality* 41: 1107–1117.Mikolajczak, Moïra, Delphine Nelis, Michel Hansenne, and Jordi Quoidbach. 2008. "If You Can Regulate Sadness, You Can Probably Regulate Shame: Associations Between Trait Emotional Intelligence, Emotion Regulation and Coping Efficiency Across Discrete Emotions". *Personality and Individual Differences* 44: 1356–1368.
Mikolajczak, Moïra, K. V. Petrides, and Jane Hurry. 2009. "Adolescents Choosing Self-Harm as an Emotion Regulation Strategy: The Protective Role of Trait Emotional Intelligence". *British Journal of Clinical Psychology* 48: 181–193.
Muñoz Martín, Ricardo. 2012. "Just a Matter of Scope—Mental Load in Translation Process Research". *Translation Spaces* 1 (1): 169–188.
Murakami, Haruki. 2013. "As Translator, as Novelist". In *In Translation—Translators on Their Work and What It Means*, edited by Esther Allen and Susan Bernofsky, 169–182. New York: Columbia University Press.
Neubert, Albrecht, and Gregory M. Shreve. 1992. *Translation as Text*. Kent: Kent State University Press.
Niven, Karen, Daniel Holman, Peter Totterdell, and Tara Headley. 2012. "Does Regulating Others' Feelings Influence People's Own Affective Well-Being?" *Journal of Social Psychology* 152 (2): 246–260.
Nolen-Hoeksema, Susan. 1991. "Responses to Depression and Their Effects on the Duration of Depressive Episodes". *Journal of Abnormal Psychology* 100 (4): 569–582.
Ozaiska-Ponikwia, Katarzyna. 2013. *Emotions from a Bilingual Point of View— Personality and Emotional Intelligence in Relation to Perception and Expression of Emotions in the L1 and L2*. Newcastle upon Tyne: Cambridge Scholars Publishing.
PACTE. 2009. "Results of the Validation of the PACTE Translation Competence Model: Acceptability and Decision Making". *Across Languages and Cultures* 10 (2): 207–230.
Pavlenko, Aneta. 2008. "Emotion and Emotion-Laden Words in the Bilingual Lexicon". *Bilingualism Language and Cognition* 11 (2): 147–164.
Pennebaker, James W., and Cindy K. Chung. 2011. "Expressive Writing and Its Links to Mental and Physical Health". In *Oxford Handbook of Health Psychology*, edited by Howard S. Friedman, 417–437. New York: Oxford University Press.
Petrides, Kostantinos V. 2009. *Technical Manual for the Trait Emotional Intelligence Questionnaire* (TEIQue; 1st edition, 1st printing). London: London Psychometric Laboratory.
Petrides, Kostantinos V., Juan Carlos Pérez-González, and Adrian Furnham. 2007. "On the Criterion and Incremental Validity of Trait Emotional Intelligence". *Cognition and Emotion* 21: 26–55.
Petrides, Kostantinos V., Philip A. Vernon, Julie A. Schermer, Lannie Ligthart, Dorret I. Boomsma, and Livia Veselka. 2010. "Relationships Between Trait Emotional Intelligence and

the Big Five in the Netherlands". *Personality and Individual Differences* 48: 906–910.

Porter, Catherine. 2013. "Translation as Scholarship". In *In Translation—Translators on Their Work and What It Means*, edited by Esther Allen and Susan Bernofsky, 58–66. New York: Columbia University Press.

Prospects. 2012. "Postgraduate Study". Accessed January 2014. www.prospects. ac.uk/postgraduate_study_why_do_postgraduate_study.htm.

Rimé, Bernard. 2007. "Interpersonal Emotion Regulation". In *Handbook of Emotion Regulation*, edited by James J. Gross, 466–485. New York: The Guilford Press.

Rydell, Ann-Margret, Lisa Berlin, and Gunilla Bohlin. 2003. "Emotionality, Emotion Regulation, and Adaptation Among 5-8-Year-Old Children". *Emotion* 3 (1): 30–47.

Sapolsky, Robert, M. 2007. "Stress, Stress-Related Disease, and Emotional Regulation". In *Handbook of Emotion Regulation*, edited by James J. Gross, 606–615. New York: The Guilford Press.

Suri, Gaurav, Gal Sheppes, and James J. Gross. 2013. "Emotion Regulation and Cognition". In *Handbook of Cognition and Emotion*, edited by Michael D. Robinson, Edward R. Watkins, and Eddie Harmon-Jones, 195–209. New York: The Guilford Press.

Tamir, Maya. 2009. "Differential Preferences for Happiness: Extraversion and Trait-Consistent Emotion Regulation". *Journal of Personality* 77 (2): 447–470.

Tamir, Maya, and Michael D. Robinson. 2004. "Knowing Good from Bad: The Paradox of Neuroticism, Negative Affect, and Evaluative Processing". *Journal of Personality and Social Psychology* 87: 913–925.

Totterdell, Peter, Sandy M. Hershcovis, Karen Niven, Tara Reich, and Chris Stride. 2012. "Can Employees Be Emotionally Drained by Witnessing Unpleasant Interactions Between Co-Workers? A Diary Study on Induced Emotion Regulation". *Work & Stress* 26 (2): 112–129.

Tymoczko, Maria, and Edwin Gentzler. (eds.) 2002. *Translation and Power*. Amherst: University of Massachusetts Press.

Tyulenev, Sergey. 2012. *Applying Luhmann to Translation Studies: Translation in Society*. New York: Routledge.

University of Portsmouth. "Talking with the Translators". Accessed January 2014. www.port.ac.uk/translation/talking-with-the-translators/.

Verhaeghen, Paul, Jutta Joorman, and Rodney Khan. 2005. "Why We Sing the Blues: The Relation Between Self-Reflective Rumination, Mood, and Creativity". *Emotion* 5 (2): 226–232.

Weaver, William. 1989. "The Process of Translation". In *The Craft of Translation*, edited by John Biguenet and Rainer Shulte, 117–125. Chicago: Chicago University Press.

Webb, Thomas L., Eleanor Miles, and Paschal Sheeran. 2012. "Dealing with Feeling: A Meta-Analysis of the Effectiveness of Strategies Derived from the Process Model of Emotion Regulation". *Psychological Bulletin* 138 (4): 775–808.

Weinberger, Eliot. 2013. "Anonymous Sources—On Translators and Translation". In *In Translation—Translators on Their Work and What It Means*, edited by Esther Allen and Susan Bernofsky, 17–30. New York: Columbia University Press.

Wranik, Tanja, Lisa Feldman Barrett, and Peter Salovey. 2007. "Intelligent Emotion Regulation". In *Handbook of Emotion Regulation*, edited by James J. Gross, 393–407. New York: The Guilford Press.

Yoo, Seung Hee, David Matsumoto, and Jeffrey A. LeRoux. 2006. "The Influence of Emotion Recognition and Emotion Regulation on Intercultural Adjustment". *International Journal of Intercultural Relations* 30 (3): 345–363.

第4章　情绪表达

Abbamonte, Lucia, and Flavia Cavaliere. 2006. "Lost in Translation—Politically Incorrect Rendering: English vs. Italian Unicef 'The State of the World's Children 2004' Report". In *Insights into Specialized Translation*, edited by Susan Šarcevic and Maurizio Gotti, 235–258. Bern: Peter Lang.

Abdolrezapour, Parisa, and Mansoor Tavakoli. 2012. "The Relationship Between Emotional Intelligence and EFL Learners' Achievement in Reading Comprehension". *Innovation in Language Learning and Teaching* 6（1）: 1–13.

Abe, Keiko, Phillip Evans, Elizabeth J. Austin, Yasuyuki Suzuki, Kazuhiko Fujisaki, Masayuki Niwa, and Muneyoshi Aomatsu. 2013. "Expressing One's Feelings and Listening to Others Increases Emotional Intelligence: A Pilot Study of Asian Medical Students". *BMC Medical Education* 13（82）: 1–9.

Adam, Julie. 1998. "*The Four-Letter Word*, ou Comment Traduire les Mots *Fuck* et *Fucking* dans un Texte Littéraire? "*Meta: Translators' Journal* 43（2）: 236–241.

Albin, Joanna. 2012. "Competencia y Autoeficacia: Estudio delos Factores Afectivos en el Traductor". *Hikma* 11: 9–33.

Averill, Alyssa J., Edward J. Kasarskis, and Suzanne C. Segerstrom. 2013. "Expressive Disclosure to Improve Well-Being in Patients with Amyotrophic Lateral Sclerosis: A Randomised, Controlled Trial". *Psychology and Health* 28（6）: 701–713.

Baikie, Karen A., Liesbeth Geerligs, and Kay Wilhelm. 2012. "Expressive Writing and Positive Writing for Participants with Mood Disorders: An Online Randomized Controlled Trial". *Journal of Affective Disorders* 136（3）: 310–319.

Baikie, Karen A., and Kay Wilhelm. 2005. "Emotional and Physical Health Benefits of Expressive Writing". *Advances in Psychiatric Treatment* 11（5）: 338–346.

Beyer, Jonathan A., Mark A. Lumley, Deborah V. Latsch, Lindsay M. S Oberleitner, Jennifer N. Carty, and Alison M. Radcliffe. 2014. "Computer-Based Written Emotional Disclosure: The Effects of Advance or Realtime Guidance and Moderation by Big 5 Personality Traits". *Anxiety, Stress, & Coping* 27（5）: 477–493.

Blank-Spadoni, Nicholas. 2013. "Writing About Worries as an Intervention for Test Anxiety in Undergraduates". Dissertation, University of Southern California.

Boase-Beier, Jean. 2006. "Loosening the Grip of the Text: Theory as an Aid to Creativity". In *Translation and Creativity—Perspectives on Creative Writing and Translation Studies*, edited by Manuela Perteghella and Eugenia Loffredo, 47–56. London and New York: Continuum.

Bolaños-Medina, Alicia. 2014. "Self-Efficacy in Translation". *Translation and Interpreting Studies* 9（2）: 197–218.

Booth, Roger J. 2012. "Emotional Expression and Disclosure". In *The Oxford Handbook of Psychoneuroimmunology*, edited by Suzanne Segerstrom, 105–125. Oxford and New York: Oxford University Press.

Brody, Leslie R., and Suzanne H. Park. 2004. "Narratives, Mindfulness, and the Implicit Audience". *Clinical Psychology: Science and Practice* 11（2）: 147–154.

Burton, Chad M., and Laura A. King. 2004. "The Health Benefits of Writing About Intensely Positive Experiences". *Journal of Research in Personality* 38（2）: 150–163.

Bush, Peter. 2013. "Memory, War and Translation: Mercè Rodoreda's in Diamond Square". In *Perspectives on Literature and Translation—Creation, Circulation, Reception*, edited by Brian Nelson and Brigid Maher, 31–46. New York and London: Routledge.

Campbell, R. Sherlock, and James W. Pennebaker. 2003. "The Secret Life of Pronouns Flexibility in Writing Style and Physical Health". *Psychological Science* 14（1）: 60–65.

Cole, Peter. 2013. "Making Sense in Translation: Toward an Ethic of the Art". In *In Transla-*

tion—*Translators on Their Work and What It Means*, edited by Esther Allen and Susan Bernofsky, 3–16. New York: Columbia University Press.

Collier, Gary. 1985/2014. *Emotional Expression*. Hove and New York: Psychology Press.

Cooke, R. 2016. "The Subtle Art of Translating Foreign Fiction". *The Guardian*. Accessed June 2017. www.theguardian.com/books/2016/jul/24/subtle-art-of-translating-foreign-fiction-ferrante-knausgaard? CMP=share_btn_fb.

Coromomines i Calders, Diana. 2010. "Anger-Like Feelings in Translation: Intensity Shifts and Macrostructural Impact. A Case-Study of Günter Grass's Unkenrufe and its Catalan and Spanish Versions". *New Voices in Translation Studies* 6: 1–18.

Costa, Margaret Jull. 2007. "Mind the Gap: Translating the 'Untranslatable'". In *Voices in Translation: Bridging Cultural Divides*, edited by Gunilla Anderman, 111–122. Clevedon and New York: Multilingual Matters.

D'Mello, Sidney, and Caitlin Mills. 2014. "Emotions While Writing About Emotional and Non-Emotional Topics". *Motivation and Emotion* 38 (1): 140–156.

Dam-Jensen, Helle, and Carmen Heine. 2013. "Writing and Translation Process Research: Bridging the Gap". *Journal of the Writing Research* 5 (1): 89–101.

Dewaele, Jean-Marc. 2013. "Communicating Emotions in a Foreign Language". In *Applied Linguistics in the Age of Globalisation*, CD-Rom, edited by A. Llances Baro, L. A. Ciro, L. Gallego Balsa and R.M. Matea Serra, 16–26. Lleida: Edicions dela Universitat de Lleida.

——. 2016. "Multi-Competence and Emotion". In *The Cambridge Handbook of Linguistic Multi-Competence*, edited by Li Wei and Vivian Cook, 461–477. Cambridge: Cambridge University Press.

Donnelly, Daniel A., and Edward J. Murray. 1991. "Cognitive and Emotional Changes in Written Essays and Therapy Interviews". *Journal of Social and Clinical Psychology* 10 (3): 334–350.

English, Tammy, John P. Iliver, Sanjay Srivastava, and James J. Gross. 2012. "Emotion Regulation and Peer-Rated Social Functioning: A 4-Year Longitudinal Study". *Journal of Research in Personality* 46: 780–784.

Frattaroli, Joanne. 2006. "Experimental Discolusure and Its Moderators: A Meta-Analysis". *Psychological Bulletin* 132 (6): 823–865.

Gentzler, Edwin. 2003. "Interdisciplinary Connections". *Perspectives* 11 (1): 11–24.

Ghosn, Irmak. 2001. "Nurturing Emotional Intelligence Through Literature". *Readings in Methodology* 39 (1): 1–10.

——. 2002. "Four Good Reasons to Use Literature in Primary School ELT". *ELT Journal* 56 (2): 172–179.

Gortner, Eva-Maria, Stephanie S. Rude, and James W. Pennebaker. 2006. "Benefits of Expressive Writing in Lowering Rumination and Depressive Symptoms". *Behavior Therapy* 37 (3): 292–303.

Grant, Adam M. 2013. "Rocking the Boat but Keeping It Steady: The Role of Emotion Regulation in Employee Voice". *Academy of Management Journal* 56 (6): 1703–1723.

Greenberg, Melanie A., Camille B. Wortman, and Arthur A. Stone. 1996. "Emotional Expression and Physical Heath: Revising Traumatic Memories or Fostering Self-Regulation? "*Journal of Personality and Social Psychology* 71 (3): 588–602.

Gross, James J., and Ross A. Thompson. 2007. "Emotion Regulation: Conceptual Foundations". In *Handbook of Emotion Regulation*, edited by James J. Gross, 3–24. New York: The Guilford Press.

Gussago, Luigi. 2013. "Cesare De Marchi and the Author-Translator Dilemma". In *Perspectives on Literature and Translation—Creation, Circulation, Reception*, edited by Brian Nelson and Brigid Maher, 73–83. New York and London: Routledge.

Holierhoek, Jeanne. 2008. "De Memoires Van een Moordenaar: *Les Bienveillantes* Vertaald".

Filter 15（4）：3–11.
Hubscher-Davidson, Séverine. 2016. "Trait Emotional Intelligence and Translation: A Study of Professional Translators".*Target* 28（1）：132–157.
——. forthcoming. "Do Translation Professionals Need to Tolerate Ambiguity to be Successful? A Study of the Links Between Tolerance of Ambiguity, Emotional Intelligence and Job Satisfaction". In *American Translators Association Scholarly Monograph Series*, edited by Riitta Jääskeläinen and Isabel Lacruz. Amsterdam and Philadelphia: John Benjamins.
Jääskeläinen, Riitta. 2012. "Translation Psychology". In *Handbook of Translation Studies 3*, edited by Yves Gambier and Luc van Doorslaer, 191–198. Amsterdam and Philadelphia: John Benjamins.
Jones, Francis R. 2011. *Poetry Translating as Expert Action: Processes, Priorities and Networks*. Amsterdam and Philadelphia: John Benjamins.
Kafetsios, Konstantinos, and Leonidas A. Zampetakis. 2008. "Emotional Intelligence and Job Satisfaction: Testing the Mediatory Role of Positive and Negative Affect at Work". *Personality and Individual Differences* 44：712–722.
Kaplan, Alice. 2013. "Translation: The Biography of an Artform". In *In Translation— Translators on Their Work and What It Means*, edited by Esther Allen and Susan Bernofsky, 67–81. New York: Columbia University Press.
Kashdan, Todd, and Robert Biswas-Diener. 2014. *The Upside of Your Dark Side: Why Being Your Whole Self—Not Just Your"Good"Self—Drives Success and Fulfillment*. New York: Penguin Group.
Kaufman, James C., and Janel D. Sexton. 2006. "Why Doesn't the Writing Cure Help Poets?"*Review of General Psychology* 10（3）：268.
Kennedy-Moore, Eileen, Melanie A. Greenburg, and Camille B. Wortman. 1991. "Varieties of Nonexpression: A Review of Self-Report Measures of Emotional Control". Paper presented at the *meeting of the American Psychological Association*, San Francisco, CA.
Kennedy-Moore, Eileen, and Jeanne C. Watson. 2001a. *Expressing Emotion: Myths, Realities, and Therapeutic Strategies*. New York: The Guilford Press.
——. 2001b. "How and When Does Emotional Expression Help?"*Review of General Psychology* 5（3）：187–212.
King, Laura A., and Kathi N. Miner. 2000. "Writing About the Perceived Benefits of Traumatic Events: Implications for Physical Health". *Personality and Social Psychology Bulletin* 26（2）：220–230.
Kirk, Beverley A., Nicola S. Schutte, and Donald W. Hine. 2011. "The Effect of an Expressive-Writing Intervention for Employees on Emotional Self-Efficacy, Emotional Intelligence, Affect, and Workplace Incivility". *Journal of Applied Social Psychology* 41（1）：179–195.
Klein, Kitty, and Adriel Boals. 2001. "Expressive Writing Can Increase Working Memory Capacity". *Journal of Experimental Psychology: General* 130（3）：520.
Kolb, Waltraud. 2013. "'Who Are They?' Decision-Making in Literary Translation". In *Tracks and Treks in Translation Studies: Selected Papers from the EST Congress, Leuven 2010*, edited by Catherine Way, Sonia Vandepitte, Reine Meylaerts, and Magdalena Bartlomiejczyk, 207–221. Amsterdam and Philadelphia: John Benjamins.
——. 2017. "It Was on my Mind all Day": Literary Translators Working from Home – Some Implications of Workplace Dynamics". *Translation Spaces* 6（1）：27-43.
Koster, Cees. 2014. "Literary Translation". In *Translation: A Multidisciplinary Approach*, edited by Juliane House, 140–157. Basingstoke and New York: Palgrave Macmillian.
Krueger, Joel. 2014. "Dewey's Rejection of the Emotion/Expression Distinction". In *Neuroscience, Neurophilosophy and Pragmatism: Brains at Work with the World*, edited by Tibor Solymosi and John R. Shook, 140–161. Basingstoke and New York: Palgrave Macmillan.

Künzli, Alexander. 2004. "Risk Taking: Trainee Translators vs. Professional Translators— A Case Study". *JoSTrans* 2: 34–49.

Lehr, Caroline. 2014. "The Influence of Emotion on Language Performance—Study of a Neglected Determinant of Decision-Making in Professional Translators". Dissertation, University of Geneva.

Linley, P. Alex, Aimee Felus, Raphael Gillett, and Stephen Joseph. 2011. "Emotional Expression and Growth Following Adversity: Emotional Expression Mediates Subjective Distress and Is Moderated by Emotional Intelligence". *Journal of Loss and Trauma* 16 (5): 387–401.

Lu, Qian,and Annette L. Stanton. 2010. "How Benefits of Expressive Writing Vary as a Function of Writing Instructions, Ethnicity and Ambivalence Over Emotional Expression". *Psychology and Health* 25 (6): 669–684.

MacRobert, Marguerite. 2012. "Exploring an Acting Method to Contain the Potential Madness of the Creative Writing Process: Mental Health and Writing with Emotion". *New Writing* 9 (3): 349–360.

Maier, Carol. 2002. "Translation, *Dépaysement*, and Their Figuration". In *Translation and Power*, edited by Maria Tymoczko and Edwin Gentzler, 184–194. Amherst: University of Massachusetts Press.

Martin, Elizabeth A., and John G. Kerns. 2011. "The Influence of Positive Mood on Different Aspects of Cognitive Control". *Cognition and Emotion* 25 (2): 265–279.

Nelson, Brian and Brigid Maher. 2013. *Perspectives on Literature and Translation— Creation, Circulation, Reception*. New York and London: Routledge.

Niles, Andrea N., Kate E. Byrne Haltom, Catherine M. Mulvenna, Matthew D. Lieberman, and Annette L. Stanton. 2014. "Randomized Controlled Trial of Expressive Writing for Psychological and Physical Health: The Moderating Role of Emotional Expressivity". *Anxiety, Stress & Coping* 27 (1): 1–17.

Park, Daeun, Gerardo Ramirez, and Sian L. Beilock. 2014. "The Role of Expressive Writing in Math Anxiety". *Journal of Experimental Psychology: Applied* 20 (2): 103–111.

Parker-Pope, Tara. 2015. "Writing Your Way to Happiness". *The New York Times*. Accessed June 2016. http://mobile.nytimes.com/blogs/well/2015/01/19/writing-your-way-to-happiness/?ref=health&_r=1&referrer.

Pauley, Perry M., Mark T. Morman, and Kory Floyd. 2011. "Expressive Writing Improves Subjective Health Among Testicular Cancer Survivors: A Pilot Study". *International Journal of Men's Health* 10 (3): 199–219.

Pennebaker, James. W. 1997. "Writing About Emotional Experiences as a Therapeutic Process". *Psychological Science* 8 (3): 162–166.

——. 2012. *Opening Up: The Healing Power of Expressing Emotions*. New York: The Guilford Press.

Pennebaker, James W., and Sandra K. Beall. 1986. "Confronting a Traumatic Event: Toward an Understanding of Inhibition and Disease". *Journal of Abnormal Psychology* 95 (3): 274–281.

Pennebaker, James W., and Cindy K. Chung. 2011. "Expressive Writing and Its Links to Mental and Physical Health". In *Oxford Handbook of Health Psychology*, edited by Howard S. Friedman, 417–437. New York: Oxford University Press.

Pennebaker, James W., and Anna Graybeal. 2001. "Patterns of Natural Language Use: Disclosure, Personality, and Social Integration". *Current Directions in Psychological Science* 10 (3): 90–93.

Pennebaker, James W., and Janel D. Seagal. 1999. "Forming a Story: The Health Benefits of Narrative". *Journal of Clinical Psychology* 55 (10): 1243–1254.

Petrides, Kostantinos V. 2009. *Technical Manual for the Trait Emotional Intelligence Questionnaire* (TEIQue; 1st edition, 1st printing). London: London Psychometric Laboratory.

Pluth, Kate M. 2012. "Alexithymia, Emotional Intelligence, and Their Relation to Word Usage in Expressive Writing". Scripps Senior Theses, Paper 36.

Radcliffe, Alison M., Mark A. Lumley, Jessica Kendall, Jennifer K. Stevenson, and Joyce Beltran. 2010. "Written Emotional Disclosure: Testing Whether Social Disclosure Matters". *Journal of Social and Clinical Psychology* 26 (3): 362–384.

Ramirez, Gerardo, and Sian L. Beilock. 2011. "Writing About Testing Worries Boosts Exam Performance in the Classroom". *Science* 331 (6014): 211–213.

Richards, Ivor A. 1953. "Toward a Theory of Translating". In *Studies in Chinese Thought*, edited by Arthur F. Wright, 247–262. Chicago: University of Chicago Press.

Richards, Jane M., Wanda E. Beal, Janel D. Seagal, and James W. Pennebaker. 2000. "Effects of Disclosure of Traumatic Events on Illness Behavior Among Psychiatric Prison Inmates". *Journal of Abnormal Psychology* 109 (1): 156–160.

Rojo, Ana. 2017. "The Role of Emotions". In *Handbook of Translation and Cognition*, edited by John W. Schweiter and Aline Ferreira, 369–385. Hoboken: Wiley-Blackwell.

Rojo, Ana and Marina Ramos Caro. 2016. "Can Emotion Stir Translation Skill? Defining the Impact of Positive and Negative Emotions on Translation Performance". In *Reembedding Translation Process Resarch*, edited by Ricardo Muñoz Martín, 107–129. Amsterdam and Philadelphia: John Benjamins.

Rose, Julie. 2013. "The Art of Hearing the Voice". In *Perspectives on Literature and Translation—Creation, Circulation, Reception*, edited by Brian Nelson and Brigid Maher, 13–30. New York and London: Routledge.

Rosenberg, Harriet J., Stanley D. Rosenberg, Marc S. Ernstoff, George L. Wolford, Robert J. Amdur, Mary R. Elshamy, Susan M. Bauer-Wu, TimA. Ahles, and James W. Pennebaker. 2002. "Expressive Disclosure and Health Outcomes in a Prostate Cancer Population". *The International Journal of Psychiatry in Medicine* 32 (1): 37–53.

Shao, KaiQi, WeiHua Yu, and ZhongMin Ji. 2013. "The Relationship Between EFL Students' Emotional Intelligence and Writing Achievement". *Innovation in Language Learning and Teaching* 7 (2): 107–124.

Sheldon, Kennon M., and Sonja Lyubomirsky. 2006. "How to Increase and Sustain Positive Emotion: The Effects of Expressing Gratitude and Visualizing Best Possible Selves". *The Journal of Positive Psychology* 1 (2): 73–82.

Sloan, Denise M., Brian P. Marx, and Eva M. Epstein. 2005. "Further Examination of the Exposure Model Underlying the Efficacy of Written Emotional Disclosure". *Journal of Consulting and Clinical Psychology* 73 (3): 549.

Sloan, Denise M., Brian P. Marx, and Eva M. Greenberg. 2011. "A Test of Written Emotional Disclosure as an Intervention for Posttraumatic Stress Disorder". *Behaviour Research and Therapy* 49 (4): 299–304.

Smyth, Joshua. M., James W. Pennebaker, and Danielle Arigo. 2012. "What Are the Health Effects of Disclosure?" In *Handbook of Health Psychology*, edited by Andrew Baum, Tracey A. Revenson, and Jerome Singer, 175–192. Hove and New York: Psychology Press.

Stickney, Lisa T. 2010. "Who Benefits from Pennebaker's Expressive Writing? More Research Recommendations: A Commentary on Range and Jenkins". *Sex Roles* 63 (34): 165–172.

Swanbon, Thomas, Lindsay Boyce, and Melanie A. Greenberg. 2008. "Expressive Writing Reduces Avoidance and Somatic Complaints in a Community Sample with Constraints on Expression". *British Journal of Health Psychology* 13 (1): 53–56.

Tamagawa, Rie, Rona Moss-Morris, Alexandra Martin, Elizabeth Robinson, and Roger J. Booth. 2013. "Dispositional Emotion Coping Styles and Physiological Responses to Expressive Writing". *British Journal of Health Psychology* 18 (3): 574–592.

Totterdell, Peter and Karen Niven. 2014. *Workplace Moods and Emotions: A Review of Research.*

Charleston: Createspace Independent Publishing.
Ullrich, Philip M., and Susan K. Lutgendorf. 2002. "Journaling About Stressful Events: Effects of Cognitive Processing and Emotional Expression". *Annals of Behavioral Medicine* 24 (3): 244–250.
Weinberger, Eliot. 2013. "Anonymous Sources—On Translators and Translation". In *In Translation—Translators on Their Work and What It Means*, edited by Esther Allen and Susan Bernofsky, 17–30. New York: Columbia University Press.
Wiener, Morton, and Albert Mehrabian. 1968. *Language Within Language: Immediacy, a Channel in Verbal Communication*. New York: Appleton-Century-Crofts.
Wing, Joanna F., Nicola S. Schutte, and Brian Byrne. 2006. "The Effect of Positive Writing on Emotional Intelligence and Life Satisfaction". *Journal of Clinical Psychology* 62 (10): 1291–1302.
Wittwer, Michael. 2007. "Emotion and Translation: Using the Example of Popularising Medical Texts in Paediatrics". In *Evidence-Based LSP: Translation, Text and Terminology*, edited by Khurshid Ahmad and Margaret Rogers, 345–356. Bern: Peter Lang.
Zakowski, Sandra G., Michele Herzer, Sara Dittoe Barrett, Jessica Gerfen Milligan, and Nancy Beckman. 2011. "Who Benefits from Emotional Expression? An Examination of Personality Differences Among Gynaecological Cancer Patients Participating in a Randomized Controlled Emotional Disclosure Intervention Trial". *British Journal of Psychology* 102 (3): 355–372.

第5章 结束语

Angelone, Erik. 2010. "Uncertainty, Uncertainty Management and Metacognitive Problem Solving in the Translation Task". In *Translation and Cognition*, edited by Gregory M. Shreve and Erik Angelone, 17–40. Amsterdam and Philadelphia: John Benjamins.
Abdolrezapour, Parisa. 2013. "The Relationship Between Emotional Intelligence and EFL Learners' Writing Performance". *Procedia-Social and Behavioral Sciences* 70: 331–339.
Atkinson, David P. 2014. "Developing Psychological Skill for the Global Language Industry: An Exploration of Approaches to Translator and Interpreter Training". *Translation Spaces* 3 (1): 1–24.
Austin, Elizabeth J., and Donald H. Saklofske. 2014. "Introduction to the Special Issue on Emotional Intelligence". *Personality and Individual Differences* 65:1–2.
Balling, Laura Winther, and Kristian Tangsgaard Hvelplund. 2015. "Design and Statistics in Quantitative Translation (Process) Research". *Translation Spaces* 4 (1): 169186.
Bontempo, Karen, and Karen Malcolm. 2012. "An Ounce of Prevention Is Worth a Pound of Cure: Educating Interpreters About the Risk of Vicarious Trauma in Healthcare Settings". In *In Our Hands: Educating Healthcare Interpreters*, edited by Karen Malcolm and Laurie Swabey, 105–130. Washington, DC: Gallaudet University Press.
Bontempo, Karen, Jemina Napier, Laurence Hayes, and Vicki Brashear. 2014. "Does Personality Matter? An International Study of Sign Language Interpreter Disposition". *Translation and Interpreting: The International Journal of Translation and Interpreting Research* 6 (1): 23–46.
Dam, Helle V., and Karen Zethsen. 2016. "'I Think It Is a Wonderful Job' On the Solidity of The Translation Profession". *Journal of Specialised Translation* 25: 174–187.
Dewaele, Jean-Marc. 2010/2013. *Emotions in Multiple Languages*. Basingstoke and New York: Palgrave Macmillan.
——. 2017. "Psychological Dimensions and Foreign Language Anxiety". In *The Routledge Handbook of Instructed Second Language Acquisition*, edited by Shawn Loewen and Masatoshi Sato, 433–450. London: Routledge.
Frattaroli, Joanne. 2006. "Experimental Discolusure and Its Moderators: A Meta-Analysis". *Psy-

chological Bulletin 132 (6): 823–865.

Ghosn, Irmak. 2001. "Nurturing Emotional Intelligence Through Literature". *Readings in Methodology* 39 (1): 1–10.

Gross, James J. 2001. "Emotion Regulation in Adulthood: Timing Is Everything". *Current Directions in Psychological Science* 10 (6): 214–219.

Gross, James J., and Ross A. Thompson. 2007. "Emotion Regulation: Conceptual Foundations". In *Handbook of Emotion Regulation*, edited by James J. Gross, 3–24. New York: The Guilford Press.

Hayes, Megan C., and Kate Hefferon. 2015. " 'Not Like Rose-Tinted Glasses Like Taking a Pair of Dirty Glasses Off' : A Pilot Intervention Using Positive Emotions in Expressive Writing". *International Journal of Wellbeing* 5 (4): 78–95.

Hild, Adelina. 2014. "The Role of Self-Regulatory Processes in the Development of Interpreting Expertise". In Special Issue of *Translation and Interpreting Studies* 9 (1): 128–149.

Hoyt, Michael A., Jennifer Austenfeld, and Annette L. Stanton. 2016. "Processing Coping Methods in Expressive Essays About Stressful Experiences: Predictors of Health Benefit". *Journal of Health Psychology* 21 (6): 1183–1193.

Hubscher-Davidson, Séverine. 2016. "Trait Emotional Intelligence and Translation". *Target: International Journal of Translation Studies* 28 (1): 132–157.

——. forthcoming. "Do Translation Professionals Need to Tolerate Ambiguity to Be Successful? A Study of the Links Between Tolerance of Ambiguity, Emotional Intelligence and Job Satisfaction". In *American Translators Association Scholarly Monograph Series*, edited by Riitta Jääskeläinen and Isabel Lacruz. Amsterdam and Philadelphia: John Benjamins.

Hvelplund, Kristian T., and Barbara Dragsted. forthcoming. "Genre Familiarity and Translation Processing: Differences and Similarities Between Literary and LSP Translators". In *American Translators Association Scholarly Monograph Series*, edited by Riitta Jääskeläinen and Isabel Lacruz. Amsterdam and Philadelphia: John Benjamins.

Kotsou, Ilios, Delphine Nelis, Jacques Grégoire, and Moïra Mikolajczak. 2011. "Emotional Plasticity: Conditions and Effects of Improving Emotional Competence in Adulthood". *Journal of Applied Psychology* 96 (4): 827–839.

Lee-Jahnke, Hannelore. 2005. "Processes and Pathways in Translation and Interpretation". *Meta* 50 (2): 337–794.

Magai, Carol. 2008. "Long-Lived Emotions: A Life Course Perspective on Emotional Development". In *Handbook of Emotions*, Third edition, edited by Michael Lewis, Jeannette M. Haviland-Jones, and Lisa Feldman Barrett, 376–392. New York and London: The Guilford Press.

Martins, Alexandra, Nelson Ramalho, and Estelle Morin. 2010. "A Comprehensive Meta-Analysis of the Relationship Between Emotional Intelligence and Health". *Personality and Individual Differences* 49 (6): 554–564.

Massey, Gary. 2017. "Translation Competence Development and Process-Oriented Pedagogy". In *Handbook of Translation and Cognition*, edited by John W. Schweiter and Aline Ferreira, 496–518. Hoboken: Wiley-Blackwell.

Matthews, Gerald, Moshe Zeidner, and Richard D. Roberts. 2017. "Emotional Intelligence, Health, and Stress". *The Handbook of Stress and Health: A Guide to Research and Practice* 1: 312–326.

McCartney, Jamie L. 2016. "Is Grit the 'X-factor' for Interpreters Leaving the Profession?" *Translation & Interpreting* 8 (1): 30–51.

Miao, Chao, Ronald H. Humphrey, and Shanshan Qian. 2017a. "Are the Emotionally Intelligent Good Citizens or Counterproductive? A Meta-Analysis of Emotional Intelligence and Its Relationships with Organizational Citizenship Behaviour and Counterproductive Work Behavior". *Personality and Individual Differences* 116: 144–156.

———. 2017b. "A Meta-Analysis of Emotional Intelligence Effects on Job Satisfaction Mediated by Job Resources, and a Test of Moderators". *Personality and Individual Differences* 116: 281–288.

Mikolajczak, Moïra, and Sébastien Van Bellegem. 2017. "Increasing Emotional Intelligence to Decrease Healthcare Expenditures: How Profitable Would It Be? "*Personality and Individual Differences* 116: 343–347.

Nelis, Delphine,Ilios Kotsou, Jordi Quoidbach, Michel Hansenne, Fanny Weytens, Pauline Dupuis, and Moira Mikolajczak. 2011. "Increasing Emotional Competence Improves Psychological and Physical Well-Being, Social Relationships, and Employability". *Emotion* 11 (2): 354–366.

Petrides, Kostantinos V. 2009. *Technical Manual for the Trait Emotional Intelligence Questionnaire* (TEIQue; 1st edition, 1st printing). London: London Psychometric Laboratory.

Petrides, Kostantinos V., Norah Frederickson, and Adrian Furnham. 2004. "The Role of Trait Emotional Intelligence in Academic Performance and Deviant Behavior at School". *Personality and Individual Differences* 36 (2): 277–293.

Petrides, Kostantinos V., Moïra Mikolajczak, Stella Mavroveli, Maria-Jose Sanchez-Ruiz, Adrian Furnham, and Juan-Carlos Pérez-González. 2016. "Developments in Trait Emotional Intelligence Research". *Emotion Review* 8 (4): 335–341.

Rodríguez-Castro, Mónica. 2016. "Intrinsic and Extrinsic Sources of Translator Satisfaction: An Empirical Study". *Entreculturas* 7–8: 195–229.

Rojo, Ana, and Marina Ramos Caro. 2016. "Can Emotion Stir Translation Skill? "In *Reembedding Translation Process Research*, edited by Ricardo Muñoz Martín, 107–130. Amsterdam and Philadelphia: John Benjamins.

Sánchez-Ruiz, María José, Juan Carlos Perez-Gonzalez, and Kostantinos V. Petrides. 2010. "Trait Emotional Intelligence Profiles of Students from Different University Faculties". *Australian Journal of Psychology* 62 (1): 51–57.

Schutte, Nicola S., John M. Malouff, and Einar B. Thorsteinsson. 2013. "Increasing Emotional Intelligence Through Training: Current Status and Future Directions". *International Journal of Emotional Education* 5 (1): 56–72.

Seeley, Saren H., Betina Yanez, Annette L. Stanton, and Michael A. Hoyt. 2017. "An Emotional Processing Writing Intervention and Heart Rate Variability: The Role of Emotional Approach". *Cognition and Emotion* 31 (5): 988–994.

Shao, KaiQi, WeiHua Yu, and ZhongMin Ji. 2013. "The Relationship Between EFL Students' Emotional Intelligence and Writing Achievement". *Innovation in Language Learning and Teaching* 7 (2): 107–124.

Shreve, Gregory M., and Erik Angelone. 2011. "Uncertainty Management, Metacognitive Bundling in Problem-Solving and Translation Quality". In *Cognitive Explorations of Translation*, edited by Sharon O'Brien, 108–130. London: Continuum.

Siegling, Alexander B., K. V. Petrides, and Khatuna Martskvishvili. 2015. "An Examination of a New Psychometric Method for Optimizing Multi-Faceted Assessment Instruments in the Context of Trait Emotional Intelligence". *European Journal of Personality* 29 (1): 42–54.

Siegling, Alexander B., Ashley K. Vesely, and Donald H. Saklofske. 2013. "Advancing the Trait EI Content Domain: Further Evidence for the Distinctiveness of Interpersonal Facets". *Personality and Individual Differences* 54 (1): 81–86.

Tiselius, Elisabet, and Adelina Hild. 2017. "Expertise and Competence in Translation and Interpreting". In *Handbook of Translation and Cognition*, edited by John W. Schweiter and Aline Ferreira, 425–444. Hoboken: Wiley-Blackwell.

Zeidner, Moshe, and Gerald Matthews. 2017. "Emotional Intelligence in Gifted Students". *Gifted Education International* 33 (2): 163–182.

索 引

Abbamonte, Lucia 168–169, 176
acceptance 111, 115
Adams, Julie 176
adaptive strategies 111, 208–210
Adolphs, Ralph 73–74, 97
affect 66, 77, 79, 85, 120; adaptive strategies for positive 130; as constant source of information 220; happening during the writing process 154; influence on cognitive control 152; labelling of 209; regulation 111; self-efficacy 173
affective costs 122–123
affective information, multisensory integration of 71
affective meanings 95
affective reactions 114, 117, 126–127, 148
affective science 2, 5, 10
affect spin 126
age and emotion perception 90–91
Aggreableness 15, 116
Albert, Dustin 121
Aldao, Amalia 114
Alexithymia 17, 161
Allen, Esther 120
Ambady, Nalini 71
American Literary Translators Association (ALTA) 35, 38
American Translators Association (ATA) 38
American Translator's Association Conference 2, 36
Anderson, Jean 2, 4
Andrei, Federica 19–20, 22, 39
Angelone, Erik 202

antecedent-focused strategies 111
appraisal theories 66
Arigo, Danielle 152, 159, 161, 168
Aristotle 195
Armand, Octavio 81, 84, 85, 172
Association for Professional Translators and Interpreters in Catalunya (APTIC) 38
Atkinson, Anthony P. 73–74, 97
attentional deployment 116, 139, 208–209
Austin, Elizabeth 78
Averill, Alyssa J. 155, 162

Baikie, Karen A. 154, 156
Balling, Laura Winther 39, 212
Bänziger, Tanja 75
Barboni, Thilde 30
Barenbaum, Nicole B. 14
Barlow, David H. 110, 111, 129
Barrett, Lisa Feldman 67, 69–70, 74, 76, 114
basic emotion theories 11, 66–67
Bassnett, Susan 82
Baumgartner, Thomas 74
Beal, Daniel J. 126
Bernofsky, Susan 84, 120
Berns, Gregory S. 83
Beyer, Jonathan A. 162
Big Five personality traits 15, 17, 29–31, 116, 134, 162
Biswas-Diener, Robert 153
Boals, Adriel 152–153, 172
Boase-Beier, Jean 171
Bontempo, Karen 29, 46, 139, 140, 207, 210, 213

Booth, Roger J. 151
Bornhofen, Christina 76
British Centre for Literary Translation (BCLT) 38
British Psychological Society 49
British Secret Intelligence Service (MI6) 34
Brody, Leslie R. 158–159, 175
Brosch, Tobia 65–66, 67, 74–75
Burton, Chad M. 153, 154, 157
Bush, Peter 3, 85, 169, 172, 173
Byrne, Brian 164, 165
Byron, Kristin 73, 77

Campbell, R. Sherlock 157
Campbell-Sills, Laura 110, 111, 129
Cardinal, Marie 1
Carrasco, Marisa 67
case study, translation process 37–50; see also translation process research (TPR); emotion expression in 176–186; emotion perception in 88–98; emotion regulation in 127–139; implications for teaching and professional development 203–211; methods 40–45; note on variables, correlations, and effect sizes 45–46; other considerations 49–50; participants 38–40; research aims and hypotheses 37–38; strengths and limitations 211–213; summary of key findings 195–202; validity, reliability, and related issues 46–47
Castano, Emanuele 83
Castiglione, Baldesar 1
Cavaliere, Flavia 168–169, 176
Chacel, Rosa 82, 85
Clarke, Michael J. 35, 94
cognition 10–11
cognitive change 209
Cole, Peter 98, 125, 179

Collier, Gary 147, 150, 159
Conscientiousness 15, 29, 31, 116
Conseil Europeen des Associations de Traducteurs Litteraires (CEATL) 38
constructivist theories 66
Cooke, R. 182
Coromines i Calders, Diana 169, 170
Costa, Paul T., Jr. 14, 16, 170–171

Dam, Helle V. 198, 210, 220
Damasio, Antonio 219
D'Avanzato, Catherine 111
Davou, Bettina 32–33
Deary, Ian J. 15–16
Devotion and Disorder 1
Dewaele, Jean-Marc 16, 24, 37, 95, 211
dimensional theories 66
disinhibition-catharsis 156
dissonance and emotional labour 122–127
D'Mello, Sidney 154, 156, 221
Dörnyei, Zoltán 45

education levels 199–200; emotion expression and 181–184; emotion regulation and 131–133
EI see emotional intelligence (EI)
electroencephalogram (EEG) studies 18
Elfenbein, Hillary Anger 71
Ellsworth, Phoebe C. 16
Emmerich, Michael 87, 97
"emote-aloud" 221
emotional intelligence (EI); see also trait EI model: individual differences and 16–19; in language and writing research 23–25; practical strategies 207–210; summary of key findings 195–202; translation and 25–26
emotionality 3–5, 96–98
emotional labour and dissonance 122–127
emotion expression: in the case study 176–186; defined 147–151; personality

processes and 160–163; positively associated with acquisition of literary translation experience but not with time spent translating 184–186; positively associated with education levels, but not with translation qualifications 181–184; positively associated with job satisfaction and success 180–181; positively associated with professional translation experience 178–180; psychology and 147–165; research limitations 159–160; trait EI and 163–165; translation and 165–176; in writing 151–159

emotion perception: in the case study 88–98; defined 65–68; familiarity with foreign languages / cultures and 94–96; personality processes and 75–77; positively associated with acquisition of literary translation experience, but not with time spent translating 91–94; positively associated with age 90–91; in practice, empirical findings on 68–73; psychology and 65–80; reception and identification 82–85; research limitations 73–75; resolution, bias, and culture 85–88; trait EI and 77–80; translation and 80–88; violent and individual 80–82

emotion regulation: in the case study 127–139; defined 107–110; emotional labour and dissonance in 122–127; interpersonal, cultural, contextual, and linguistic factors 119–122; positively associated with job satisfaction and success 134–137; positively associated with time spent translating 133–134; psychology and 107–119; research limitations 112–114; significantly positively associated with education levels, but not with translation qualifications 131–133; significantly positively associated with professional translation experience 129–131 strategies 110–112, 208–210; trait EI and 117–119; translation and 119–127

emotion research in process-oriented translation 31–34

emotions: basic theories of 11, 66–67; breadth of domain and current states of 12–13; defined 9; interaction with cognition 10–11; link with language 9; personality and 13–16; in professional translators' work 34–37; suppression and reappraisal 109–112, 114, 115, 121–127

emotion science 10

emotions in psychology 9, 10–26; case study 37–50; definitions and theoretical frameworks of 10–13; emotion traits and translation process and 27–37

English, Tammy 112
Epstein, Eva M. 155, 173
Esslen, Michaela 74
European Masters in Translation (EMT) Expert Group 132
exposure 158
Extraversion 15, 116

Feltrin-Morris, Marella 35
Ferrante, Elena 180
Fraser, Janet 32
Frattaroli, Joan 151, 156–158, 160–161
Frederickson, Norah 200
Frijda, Nico H. 13
Furmanek, Olgierda 30
Furnham, Adrian 24, 78–79, 91, 117, 200

Gaddis Rose, Marilyn 35–36
Garcá Márquez, Gabriel 182
Gardner, Howard 17
Geerligs, Liesbeth 154

Gendron, Maria 69–70
German Federal Association of Interpreters and Translators (BDU) 38
Gökçen, Elif 46
Goldstein, Ann 180–181
Gorz, Andre 171
Grant, Adam M. 153, 175
Grass, Gunter 169
Graybeal, Anna 161
Great Gatsby, The 134
Greenberg, Eva M. 152, 155, 180
Greenburg, Melanie A. 148
Grenier, Roger 83
Gross, James J. 11, 49, 139, 208–209; on emotion expression 148; on emotion perception 67; on emotion regulation 108–109, 112, 114–117; on suppression 123–124
Grossman, Edith 182

habituation 198
Hansen, Gyde 32, 35, 37, 122
Hayes, Megan C. 205
Hefferon, Kate 205
Hemingway, Ernest 86
Henderson, John A. 29
Henitiuk, Valerie 4
Higgins, E. Tory 76
Hild, Adelina 30, 124–125, 130, 132, 207
Hills, Lia 4
Hine, Donald W. 165
Hitler, Adolf 209
Holierhoek, Jeanne 166–168, 172, 175, 181
Holmes, James S. 3
Hubscher-Davidson, Séverine 47, 158
Huffman, B. L. 83, 87
Hugo, Victor 81, 173
Humphrey, Ronald H. 196
Hvelplund, Kristian Tangsgaard 39, 212

individual differences and emotional intelligence 16–19
Institute of Translation and Interpreting (ITI) 38

Jääskeläinen, Riitta 83
Jäncke, Lutz 74
Jasper, D. M. 83, 87
Ji, ZhongMin 182
job satisfaction 196–197; emotion expression and 180–181; emotion perception and 96–98; emotion regulation and 134–137
John, Oliver 116–117, 123, 124, 139
Johnson, D. R. 83, 87
Johnson-Laird, P. N. 13
Jones, Anne 2–3
Jones, Francis R. 172, 219
Joormann, Jutta 111

Kaplan, Alice 9, 83, 175
Kasarskis, Edward J. 155, 162
Kashdan, Todd 153
Kaufman, James C. 157, 171, 185
Kenesei, Andrea 83
Kennedy-Moore, Eileen 147–148, 150, 153, 155, 157–161, 167, 171
Kensinger, Elizabeth A. 74
Kerns, John G. 152–153
Kidd, David C. 83
King, Laura A. 153, 154, 157
Kinsella, John 96
Kirk, Beverley A. 165
Kissler, Johanna 72
Klein, Kitty 152–153, 172
Kolb, Waltraud 86, 97
Koster, Cees 93, 168
Kotsou, Ilios 205
Krueger, Joel 154
Künzli, Alexander 179

Labarca, Amanda 81–82, 84, 85
language and writing research, emotional intelligence in 23–25
Laukkanen, Johanna 32
Layder, Derek 107
Lee-Jahnke, Hannelore 203
Lehka-Paul, Olha 31
Lehr, Caroline 32–33, 173–174, 184
LeRoux, Jeffrey A. 77, 79, 95–96
Les Bienveillantes 93, 166, 175
Les Misérables 81, 172, 173
Ling, Sam 67
Linley, P. Alex 163
literary translation experience 91–94, 184–186, 200–202
Lopes, Paulo N. 121, 131
Lu, Qian 155, 162
Luminet, Olivier 117
Lutgendorf, Susan K. 157, 182
Lyubomirsky, Sonja 154, 175, 180

MacRobert, Marguerite 185
Magai, Carol 198
Maher, Brigid 168
Maier, Carol 65, 80–82, 84–85, 172
Malcolm, Karen 139, 140, 207, 210
Malouff, John M. 207
Marsh, Abigail A. 71
Martin, Elizabeth A. 152–153
Martin, Rod A. 78
Martins, Alexandra 20
Marx, Brian P. 152, 155, 173, 180
Massey, Gary 199, 203
Mather, Mara 91
Matsumoto, David 77, 79, 95–96, 115
Matsushima, Aoi 209, 218
Matthews, Gerald 15–16, 197, 199, 207
Mavroveli, Stella 22
McCartney, Jamie L. 30, 198–199
McCrae, Robert R. 14, 15, 16
McDonald, Skye 76

McKenna, John 176
Mein Kampf 209
Menil, Clémentine 117
Mesquita, Batja 69–70, 121
Miao, Chao 196
Mikolojczak, Moïra 17, 19, 117
Miles, Eleanor 124
Mills, Caitlin 154, 156, 221
mindfulness 158–159
Mischel, Walter 14–15
Momm, Tassilo 40, 98
Mortillaro, Marcello 75
Muñoz Martín, Ricardo 28, 125
Murakami, Haruki 134
Myers-Briggs Type Indicator（MBTI）29

Nelson, Brian 168
Neuroticism 15, 17, 29, 76–77, 116–117, 134, 161
New York Times 153
Niiya, Yu 16
Niven, Karen 180

Oatley, Keith 13
O'Brien, Sharon 28
Openness 15, 29, 31, 116
Ożańska-Ponikwia, Katarzyna 24, 115, 118

Park, Suzanne H. 158–159, 175
Parker-Pope, Tara 153
Pavlenko, Aneta 11, 12, 122
Pennebaker, James W. 152, 154–157, 159, 161, 168
perception, emotion: case study 88–98; defined 65–68; familiarity with foreign languages/cultures and 94–96; personality processes and 75–77; positively associated with acquisition of literary translation experience, but not with time spent translating 91–94;

positively associated with age 90–91; in practice, empirical findings on 68–73; psychology and 65–80; reception and identification 82–85; research limitations 73–75; resolution, bias, and culture 85–88; trait EI and 77–80; translation and 80–88; violent and individual 80–82

Pérez-González, Juan Carlos 17, 117, 200

personality: Big Five personality traits 15, 17, 29–31, 116, 134, 162; emotion and 13–16; emotion expression and 160–163; emotion perception and 75–77; emotion regulation and 114–117; research on, in translation 29–31

Petrides, Kostantinos Vasily 91, 117, 199, 200, 203, 204; on emotion expression facet of emotionality 163; on emotion perception facet of emotionality 78–79; on emotion regulation and conventional careers 132; on emotion regulation facet of self-control 118; trait EI model 17–24, 26, 47

Phaedre 85

Phelps, Elizabeth A. 10, 67, 98

Pinkham, Amy E. 74

Pluth, Kate M. 164

Poon, June M. L. 79, 97–98

Porter, Catherine 131–132

positive refocus 138

positive reframing 115

post-traumatic stress disorder (PTSD) 152, 155

Pourtois, Gilles 65–66, 67, 74–75

problem-solving strategies 111

process-oriented research 27

professional responsibilities of translators 210–211

professional translation experience 197–199; emotion expression and 178–180; emotion perception and 96–98; emotion regulation and 129–131

psychology, emotions in: case study 37–50; definitions and theoretical frameworks of 10–13; emotion expression and 147–165; emotion perception and 65–80; emotion regulation and 107–119; emotion traits and translation process and 27–37

putting into perspective 138

Qian, Shanshan 196

Radcliffe, Alison M. 158

Ramos, Marina 33

reappraisal 109–112, 114, 115, 138, 209; cultural differences in 121–123; emotional labour and dissonance in 122–127; emotion expression and 183

regulation, emotion: in the case study 127–139; defined 107–110; emotional labour and dissonance in 122–127; interpersonal, cultural, contextual, and linguistic factors 119–122; positively associated with job satisfaction and success 134–137; positively associated with time spent translating 133–134; psychology and 107–119; research limitations 112–114; significantly positively associated with education levels, but not with translation qualifications 131–133; significantly positively associated with professional translation experience 129–131; strategies 110–112; trait EI and 117–119; translation and 119–127

Reiss, Katarina 30

resolution, bias, and culture 85–88

response modulation 209

responsibilities, professional 210–211

Revelle, William 13

Richards, Ivor 147

Rimé, Bernard 120
Roberts, Richard D. 207
Robins, Richard W. 68, 74
Rodríguez-Castro, Mónica 196
Rojo, Ana 33, 219
Rose, Julie 81, 84, 166, 169–173, 175, 179
Rotteveel, Mark 67, 91
rumination 117
Rutherford, Mel D. 74

Saldanha, Gabriela 28
Salovey, Peter 114
Sánchez-Ruiz, María José 17, 22, 200
Sander, David 65–66, 67, 74–75
Sapolsky, Robert M. 112
Scherer, Klaus R. 11–12, 13, 75
Scholer, Abigail A. 76
Schutte, Nicola S. 164, 165, 207
Seagal, Janel D. 154
Seeley, Saren H. 205
Segerstrom, Suzanne C. 155, 162
self-efficacy 173, 205
self-esteem 29
Sexton, Janel D. 157, 171, 185
Shao, KaiQi 182
Sheeran, Paschal 124
Sheldon, Kennon M. 154, 175, 180
Sheppes, Gal 109, 112
Shields, Kathleen M. 35, 94
Shoda, Yuichi 14–15
Shreve, Gregory M. 202
Singer, Isaac Bashevis 126
situation modification 116, 121, 208
situation selection 116, 130, 139, 208
Sixteen Personality Factor Questionnaire 29
Sleek, Scott 83
Sloan, Denise M. 152, 155, 173, 180
Smyth, Joshua M. 152, 159, 161, 168
Society of Authors' Translators Association (TA) 38

Spanish Association of Translators, Copy-editors and Interpreters (ASETRAD) 38
Spranger, Eduard 30
Stanton, Annette L. 155, 162
"Summer Girl, A" 176
suppression 109–112, 114, 115; authenticity and 126; cultural differences in 121–123; depleting effects of 125; emotional labour and dissonance in 122–127
surface-acting 127, 138
Suri, Gaurav 109, 112
SurveyMonkey 40, 42
Sutherland, Matthew R. 91

Tamagawa, Rie 162
Tanaka, Akihiro 71
TAPs 27
TBI see traumatic brain injury (TBI)
TEIQue (Trait Emotional Intelligence Questionnaire) 19–23, 36, 40–41, 116; descriptive statistics 47–49; emotion expression in case study on 176–186; emotion perception in case study on 88–98; emotion regulation in case study on 127–139
Think Aloud Protocols (TAPs) 27
Thompson, Ross A. 108, 109, 114–115, 148, 208–209
Thorndike, E. L. 16–17
Thorsteinsson, Einar B. 207
time spent translating and emotion regulation 133–134
Totterdell, Peter 126–127, 180
Towns, Ashley M. 74
TPR see translation process research (TPR)
Tracy, Jessica L. 68, 74
trait EI model 18–23, 36, 40–41; see also emotional intelligence (EI); descriptive

statistics 47–49; emotion expression and 163–165; emotion perception and 77–80; emotion regulation and 117–119
translation: defined 9; emotional intelligence and 25–26; emotionality in 3–5; emotion expression and 165–176; emotion perception and 80–88; emotion regulation and 119–127; experience in literary 91–94, 184–186, 200–202; as expressive writing 165–172; personality research in 29–31; process and emotion traits 27–37; professional experience in 96–98, 129–131, 178–180, 197–199; professional responsibilities in 210–211; years of professional experience in 96–98, 129–131
translation process research (TPR) 3; see also case study, translation process; case study 37–50; conclusion and future directions in 217–222; emotion research in 31–34; emotion traits and 27–37; implications for teaching and professional development 203–211; overview of 27–29; strengths and limitations 211–213
Translation Studies 2–3, 5, 31, 171; conclusions and future directions for 217–222
traumatic brain injury (TBI) 69, 76

Ullrich, Philip M. 157, 182
United Nations Development Programme (UNDP) 34
Unkenrufe 169, 170

Valenzuela, Javier 33
violent and individual perceptions 80–82
Viti, Cristina 208

Wagenmakers, Eric-Jan 67, 91
Watson, Jeanne C. 147, 150, 153, 155, 157–161, 167, 171
Webb, Thomas L. 124
Weinberger, Eliot 130
Whiteman, Martha C. 15–16
Whyatt, Bogusława 31, 217
Wilhelm, Kay 154
Wing, Joanna F. 164, 165
Winter, David G. 14
Wittwer, Michael 174
Wortman, Camille B. 148
Wranik, Tanja 114
writing: emotion expression in 151–159; translation as expressive 165–172
writing for oneself and writing for others 172–176

Yamaguchi, Susumu 16
Yoo, Seung Hee 77, 79, 95–96
Yu, Wei-Hua 182

Zakowski, Sandra G. 161
Zannirato, Alessandro 29
Zeelenberg, René 67, 91
Zeidner, Moshe 207
Zethsen, Karen 198, 210, 220
Ziedner, Moshe 197, 199, 207